试看天下谁能敌

跟毛泽东学兵法

庄可亭／著

中共中央党校出版社

图书在版编目（CIP）数据

试看天下谁能敌 / 庄可亭著. —北京：中共中央
党校出版社，2021.3
　　ISBN 978-7-5035-6975-3

　　Ⅰ.①试… 　Ⅱ.①庄… 　Ⅲ.①军队建设—研究—中国
Ⅳ.①E2

　　中国版本图书馆CIP数据核字（2020）第266073号

试看天下谁能敌

策划统筹	郭海涌　刘　君
责任编辑	刘　君　侯文敏
封面设计	宋双成
责任印制	陈梦楠
责任校对	马　晶
出版发行	中共中央党校出版社
地　　址	北京市海淀区大有庄100号
电　　话	（010）62805830（总编室）　　（010）62805821（发行部）
	（010）62805034（网络销售）　　（010）62805822（读者服务部）
传　　真	（010）62881868
经　　销	全国新华书店
印　　刷	三河市天润建兴印务有限公司
开　　本	710毫米×1000毫米　1/16
字　　数	284千字
印　　张	18
版　　次	2021年3月第1版　　2021年3月第1次印刷
定　　价	68.00元

网　址	www.dxcbs.net	邮　箱	cbs@ccps.gov.cn
微信 ID：中共中央党校出版社		新浪微博：@党校出版社	

目 录

推荐序

在一次纪念中国人民志愿军抗美援朝出国作战 70 周年诗词研讨活动上，我见到《试看天下谁能敌》这部作品。细读之后，感慨良多。作者庄可亭是我军基层的一名同志，看到我们的事业后继有人，实在令人欣慰，于是欣然作序推介。

这部作品中，作者对毛泽东军事思想的领会与阐述比较全面、准确、系统、深刻，能够熟练、恰当地运用党史、军史、战史证实由来，阐明思想，分析问题，在体系的把握、观点的提炼、现实的指导上有创新和发展。作者的视野力求贯通古今，承前启后，对以"弱"胜"强"的传统法宝作了令人信服的解读，对"不怕中国军队现代化，就怕中国军队毛泽东化"进行了独到阐发，既透彻说明了令对手惧怕的"毛泽东化"之实质，又联系当下实际揭示了如何让对手惧怕的"现代化"之路。在全面建成世界一流军队的新征程中，从哪里出发、选择什么样的道路至关重要。该书坚持守正出新，探索性地回答这一现实课题，从中可以看到基层部队学习贯彻习近平强军思想的一个缩影。

这部作品，可贵之处在于文字朴实真诚，毫无学究气、"材料"气和官腔套话。我们在读毛泽东同志的军事著作时，常常为其通俗易懂的语言所吸引，为其深入浅出娓娓道来所折服。作者虽然尚未达到这种境界，但显然是在努力用毛泽东式的活泼语言表达对毛泽东兵法的理解。同样看得出来，作者是按照毛泽东同志学习兵法的路径来学习研究毛泽东兵法：这就是在实践中学习。从实践中来，到实践中去，正是毛泽东认识战争、指导战争的基本原则。我作为一名在军队工作 50 多年的老同志，相信唯有边实践边学习边研究，才会有如此接地气的思考成果。如果单从体裁来看，似乎难以将这部作品归于哪一类：形式上严格遵循了学术规范，无一引语不见确切出处，但显然没有囿于学术书籍的套路；不是战史，却处处可见历史之现场。或许正如作者自道，并非无事著闲书，而是着眼于强军实践中的现实课题，将心得感悟和盘托出以奉同志。作者将自己的思考轨迹毫无保留地展现在读者面前，相信这是理论探索的勇气和自信使然。

这部作品，其独到之处还在于强烈的现代感，将毛泽东的军事视野毫无违和地引入现代科技，自然地运用到如何认识高科技战争甚至是信息化智能化战争上。理论是灰色的，而实践之树长青。对于毛泽东军事思想，我同意作者讲的"判断能否真正学到手的最终标准，就在于能否回答和解决在迈向世界一流强军新长征中的难题。"这部作品看似是历史类著作，着眼的其实是当下。一方面，为打赢现代战争提供了宝贵的传统资源，坚定了必胜信念；另一方面，从现实角度有力地佐证了毛泽东兵法不因时代发展而减损的蓬勃活力和不朽价值，特别是为新一代青年官兵关注进而传承人民军队胜战基因提供了契合时代的生动载体。

总体上看，全书文字流畅，见解独到，论证严谨，是一部不可多得的学习毛泽东军事思想和我党我军优良传统的辅导读物，对于学习运用习近平新时代中国特色社会主义思想培养教育新一代中国青年特别是新一代革命军人，具有很好的参考作用。

当然，对于毛泽东军事思想体系而言，这样一本并不很厚的书看起来是"薄"了些。其中有的解读可能是"解"其一点、不及其余，有些观点尚属仁者见仁、智者见智，有些地方需要进一步推敲和改进，至于对未来战争的研判无疑还需要持续用力。可以看出，作者是怀着探讨的态度，读者也不必强求一律。毕竟这只是学习理解毛泽东军事思想的心得体会和实践感悟，更加宏大的阐发论述恐怕是更多作品的任务，但有理由予以更高的期待。

习近平总书记在纪念中国人民志愿军抗美援朝出国作战 70 周年大会上指出："中国人民深知，对待侵略者，就得用他们听得懂的语言同他们对话，这就是以战止战、以武止戈，用胜利赢得和平、赢得尊重。"没有一支强大的军队，就不可能有强大的祖国。正值迎来建党百年庆典之际，在强军大潮中看到这样一本基层同志写给基层官兵的书，无论对于发扬优良传统解决现实课题，还是帮助年轻官兵认识并传承红色基因，皆大有裨益殊为难得。

是为序。

中国军事科学学会原副会长、军事科学院原副院长任海泉
2020 年 11 月于北京

自序

读者翻开这本书时，亦予笔者以机缘先说明三件事。

第一件事，为什么写这本书？

"不怕中国军队现代化，就怕中国军队毛泽东化。"笔者在近30年部队基层和机关工作实践中，曾无数次思索这个真正令敌人害怕的东西是什么？思索人民军队以"弱"胜强的秘诀是什么？思考毛主席用兵真如神的"神"在哪里？思索新中国面对超级霸权的自信自如依靠的又是什么？思索革命先辈用鲜血和生命铸就的传家法宝如何传下去？思索我军克敌制胜的独特优势如何在智能化时代彰显威力？跟毛泽东学兵法，不是无事闲翻书，而是这些魂牵梦萦挥之不去的追问，催促着你去阅读去思索。

2013年12月26日，在纪念毛泽东同志诞辰120周年座谈会上，习近平总书记指出："一切向前走，都不能忘记走过的路；走得再远、走到再光辉的未来，也不能忘记走过的过去。"① 时隔不到一年，古田会议召开85周年之际，习近平总书记在全军政治工作会议上强调，"我们再次来到这里，目的是寻根溯源，深入思考当初是从哪里出发的、为什么出发的。"② 可以说，无论是追寻历史答案还是解答现实课题，无论是寻求理论支撑还是明晰实践指引，毛泽东军事思想都是一座无法忽视的高峰；今后要想超越，仍须回到出发的地方，真正学懂弄通毛泽东军事思想，从而站在巨人的肩上继续前行。

---

① 《十八大以来重要文献选编》（上），中央文献出版社2018年版，第695页。
② 《解放军报》，2014年11月3日第2版"在古田会议光芒照耀下继续前进"。

因之，回顾过去不是为了发思古之幽情，而是为了更好地前进；传家宝亦非压箱底的古董，而是时时勤拂拭的制胜利器。不忘初心，方得始终，正是酝酿本书的源头。

第二件事，这本小册子是怎么写出来的？

毛泽东兵法不是书斋里的产物，跟毛泽东学兵法也走不了书斋式的路子。写作这本小册子同样不是从书斋出发，而是源于实践导向，为了到毛泽东军事思想宝库中寻求答案，然后再回到实践中验证思考。这种写作的过程实际上也是不断解惑的过程，阅读，实践，思考，不断有新的感悟。自然，这是一个永无止境的历程，在"看山是山，看山不是山，看山还是山"的境界中砥砺前行。

毛泽东军事思想博大精深，已有的教科书、研究专著、权威论述、通俗读物可谓汗牛充栋，笔者无意探隐索微，亦不愿拾人牙慧，为著而著，徒增书柜之一册！惟立足于实践，着眼于当下和将来，就毛泽东兵法有所体悟有所运用的部分与读者作一分享。尽管使用是更加重要的学习，但读书仍是不可或缺的基本前提，而这后一件事对"两眼一睁忙到熄灯"的基层同志着实不易，毕竟时间是有限的。通读毛泽东军事著作尚感力所不逮，读通更是不敢奢言。这本书没有按照教科书的逻辑面面俱到进行理论阐释，只是着眼于实践遇到的矛盾困惑，形成问题导向的论述框架。

20 世纪 70 年代末，邓小平在讲到实事求是问题时曾转述了毛泽东的一句话："我写文章，不大引马克思、列宁怎么说，报纸老引我的话，引来引去，我就不舒服。"[1] 书中的诸多引述显然有违这一教导，行文大体上遵循了学术规范，以公开发表的权威资料为依据，作一严谨的探讨交流。但也无意写成一本学术类著作，只是为方便读者找到原文出处，从而把属于个人思考的逻辑脉络老老实实摆在桌面。

---

① 《邓小平文选》第 2 卷，人民出版社 1994 年版，第 118 页。

第三件事，为什么花时间读这本小册子？

在人人都有麦克风的自媒体时代，时时淹没在无尽的信息黑洞，时间之于每一个眼球都是那么的稀缺，无论多么敝帚自珍的思想，期望受众"瞄一眼"已是奢望，笔者决不至于有浪费读者时间的企图。但仍怀有一点清晰的心愿，就是对强军实践一线同志关心的话题，期望能引起研究的兴趣、思考的陪伴、共识的增进，助益于探讨解决现实问题推进实际工作。文中诸多观点亦非迎合时尚故作奇思妙想，只是笔者有了这样的经历、这样的思考，不妨和盘托出以奉知音。若非实践中人，缺乏问题意识，未历那种感同身受的煎熬，恐难解其中三昧。毛泽东早年曾以"二十八画生"为化名发出一则《征友启事》，其中写到"愿嘤鸣以求友，敢步将伯之呼"，表达自己结交同志的心声。当下好学于毛泽东兵法的同仁，包括不在军事实践岗位仍关心军队和国防建设的同志或军迷朋友，不妨也感受一下来自基层一线的思考进行时态。

毛泽东军事思想是一个博大精深的体系，在大海一般的文稿资料中找出几句论述、几句语录来证明某个观点并不难。但正如明代学者邹守益所言："人只思索其理，而不着实去行，悬空思索，终是无有真见，不过窥得些影响，做成一个妄想的人。"不能回答和解决现实问题的理论，要么是理论本身不彻底，要么是学用相隔。今天我们跟毛泽东学兵法，判断能否真正学到手的最终标准，就在于能否回答和解决在迈向世界一流强军新长征中的难题。惟此，方能把毛泽东同志传下来的法宝真正接过来。这本小册子即是在这一逻辑下的尝试，不尽之处想必多多，敬请方家指正。

诚然，兵法之奥义绝非从文字可以习得。但认识事物总得有所凭籍，有个线索，有一触发认识、引导思考步步深入的契机。好的书籍应该有这种作用，友好而诚实地带路。本书亦是一窥堂奥的敲门砖而已，能否带到真理的彼岸，惟有走下去方能见分晓。

在书稿写作过程中，北京大学李零教授，国防大学相国栋教授，火箭军指挥学院李文迪教授，给予诸多指导和鼓励；军事科学院军战史专家肖裕声少将，解放军报社凌翔大校，百忙之中关心关注作品出版，饱含期望予以推介；全国国防教育专家、党史军史专家王缓平审读全书后多次给予肯定，并撰写了数万字的读后随感；中国军事科学学会原副会长、军事科学院原副院长任海泉中将，悉心审阅亲予指导，欣然作序热情推荐。诸位前辈、师友、学长扶掖后学之念令人感动，在此表示衷心的感谢和诚挚的敬意！

庄可亭

2020 年 7 月于北京

引言

关于毛泽东军事思想，学术上有着不同维度的解读，可谓仁者见仁智者见智。《中国军事百科全书》中"毛泽东军事思想"条目释为："毛泽东关于中国革命战争、人民军队和国防建设以及军事领域一般规律问题的科学理论体系。"① 其主要内容涵盖战争观和方法论、人民军队思想、人民战争思想、人民战争的战略战术思想、国防建设思想诸多方面。

那么，"毛泽东兵法"又是指什么呢？1945 年 4 月 25 日，朱德在党的七大上作《论解放区战场》的军事报告，明确提出了"毛泽东的军事思想"这一概念，并称之为"毛泽东同志的新兵法""实事求是的唯物主义的用兵新法"。② 指出这种新兵法不仅强调了建设一支什么样的军队问题，也强调注重一切从实际出发，根据客观条件灵活用兵，坚持有什么枪打什么仗，对什么敌人打什么仗，在什么时间地点打什么时间地点的仗。

在朱德提出毛泽东的新兵法之前，党的六届七次全会通过的《关于若干历史问题的决议》，从军事上概括了以毛泽东为代表的正确路线。"毛泽东同志的军事路线从两个基本观点出发：第一，我们的军队不是也不能是其他样式的军队，它必须是服从于无产阶级思想领导的、服务于人民斗争和根据地建设的工具；第二，我们的战争不是也不能是其他样式的战争，它必须在承认敌强我弱、敌大我小的条件下，充分地利用敌之劣点与我之优点，充分地依靠人民群众的力量，以求得生存、胜利和发展。"③ 在这段表述中，已经概略地指出了毛泽东兵法的精要之处。

毛泽东也几次提到过自己的兵法。1961 年 3 月 23 日，他在广州召开的

---

① 《中国军事百科全书·军事思想卷》（第二版），中国大百科全书出版社 2015 年版，第 402 页。
② 《中国军事百科全书·军事思想卷》（第二版），中国大百科全书出版社 2015 年版，第 493 页。
③ 《毛泽东选集》第 3 卷，人民出版社 1991 年版，第 982 页。

中央工作会议上说起一段往事："有人讲我的兵法靠两本书，一本是《三国演义》，一本是《孙子兵法》。《三国演义》我是看过的，《孙子兵法》当时我就没有看过。"① 传统意义上的"兵法"，泛指治军带兵、行军打仗之法。"毛泽东兵法"也是一种基于传统的习惯说法，与"毛泽东军事思想"在广义上所指一也。或者说，前者是大家通俗的叫法，后者是书面规范的称谓。

跟毛泽东学兵法，如何把握其要义？毛泽东曾在不同场合不同时机讲过"无敌于天下"这句话，并且每次都是与"人民"连在一起讲的。抗战时期，他强调兵民是胜利之本，"军队须和民众打成一片，使军队在民众眼睛中看成是自己的军队，这个军队便无敌于天下，个把日本帝国主义是不够打的。"② 在陕甘宁边区劳动英雄大会上讲到，"只要我们全体英勇善战的八路军新四军，人人个个不但会打仗，会作群众工作，又会生产，我们就不怕任何困难，就会是孟夫子说过的：'无敌于天下。'"③ 在八路军留守兵团全体模范学习代表及从敌后转战归来参加整训的各部队战斗英雄代表大会上，讲到"我们的军队是真正人民的军队，我们的每一个指战员以至每一个炊事员、饲养员，都是为人民服务的。我们的部队要和人民打成一片，我们的干部要和战士们打成一片。与人民利益适合的东西，我们要坚持下去，与人民利益矛盾的东西，我们要努力改掉，这样我们就能无敌于天下。"④ 解放战争时期，毛泽东在为解放军总部发言人起草的《评西北大捷兼论解放军的新式整军运动》中，更是在不同段落三次讲到人民的军队将"无敌于天下"。⑤

凭什么无敌于天下？毛泽东的新兵法，不同于历史上一切帝王将相的兵法，他发现了隐藏在历史背后的秘密武器：人民。坚定地相信历史是人民群众创造的，坚定地相信人民群众拥有无穷的力量，坚定地与人民群众站在一

① 《毛泽东文集》第 8 卷，人民出版社 1999 年版，第 263 页。
② 《毛泽东选集》第 2 卷，人民出版社 1991 年版，第 512 页。
③ 《毛泽东选集》第 3 卷，人民出版社 1991 年版，第 929 页。
④ 《毛泽东文集》第 3 卷，人民出版社 1996 年版，第 210 页。
⑤ 《毛泽东选集》第 4 卷，人民出版社 1991 年版，第 1291 页。

起，坚定地紧紧依靠人民群众，坚定全心全意为人民服务的宗旨，坚定地以人民为中心，这便是毛泽东兵法的精髓所在。能够发现这一点，离不开他长期在农村的成长经历。

毛泽东从少年时代，就喜欢读《水浒传》《三国演义》《隋唐演义》以及《西游记》这些"闲书""杂书"。后来他在延安对美国记者斯诺讲到："我继续读中国旧小说和故事。有一天我忽然想到，这些小说有一件事情很特别，就是里面没有种田的农民。所有的人物都是武将、文官、书生，从来没有一个农民做主人公。"[①]对于这件事，毛泽东纳闷了很久，后来才发现书中颂扬的这些人都是不必种田的，因为土地归他们所有和控制，显然是让农民替他们种田。由此，毛泽东也发现了人类历史上最强大的战争力量，悟出了战争哲学的"大本大原"。

人民一出，谁与争锋！毛泽东兵法的实质就是以人民为中心的兵法，这是他发现并运用娴熟的战争原力，也是区别于古今中外一切兵法的最鲜明特征。舍此则"泯为众人矣"，一切训法、管法、建法、战法、打法、防法都将失去根基，"军民团结如一人，试看天下谁能敌"的威力也将荡然无存。

对于兵法而言，战争无疑是永恒的主题。围绕这一主题自然就延伸到两大要素：人与武器。毛泽东兵法，当然也离不开战争这一主题，不同的是毛泽东并非就打仗讲打仗，而是牢牢抓住战争迷雾背后的主角：操纵武器的人。所谓有什么样的兵打什么样的仗，战法归于建法，"人民战争篇"与"人民军队篇"如一体之两面不可分割，只是为了论述的方便划为两篇分而言之。

无论什么时代，人都是战争的主角；而在当下，科技已经成为核心战斗力，武器装备的地位作用正发生着划时代的变化。设计武器就是设计战争，未来打什么样的仗就要发展什么样的武器。单列"人民国防篇"，旨在阐述人与武器关系的新内涵，进而挖掘科技创新潜能，聚力打造强军重器，夯实铜墙铁壁，续写人民战争的时代新篇。一言以蔽之，人民战争，人民军队，人

---

① （美）埃德加·斯诺：《西行漫记》，东方出版社 2010 年版，第 123 页。

民国防，三足鼎立构建起牢不可破的人民兵法体系。

兵法为同道者谋，个中精髓对手是学不去的。人民的兵法，意味着让兵法实现了大众化，使国之大事真正掌握在人民手里，从而转化为无穷的战争潜力，成为最具价值的国之"重器"。毋庸赘言，毛泽东兵法，一如毛泽东思想，并非毛泽东个人的独创，它凝结着全党全军的集体智慧。人民兵法的威力，只有回到人民中间方能发挥。同样，人民群众掌握了人民兵法，本身就是一种强大的战略威慑。

人民战争篇

在战争这个特殊的舞台上，毛泽东和他的战友们导演了许多威武雄壮的活剧。不过，他多次说过自己开始并不懂打仗，过去是个小学教员，后来搞群众运动，从来没有想到会去搞军事，是蒋介石逼着拿起了枪杆子。透过历史的硝烟，今天我们在安宁的环境里，回顾那段烽火岁月，还能否看清毛泽东是如何做到以弱胜强的？

第一章 以弱胜强的"秘诀"

"兵者，国之大事，死生之地，存亡之道，不可不察也。"中国古代分量最重的兵书《孙子兵法》，开篇即端出这么严重的课题，让人不得不肃然三分。而对于妙不可言、不可先传的兵法玄机，毛泽东则以其特有的语言风格讲到："打仗并没有什么神秘，打得赢就打，打不赢就走，你打你的，我打我的。什么战略战术，说来说去，无非就是这四句话。"[①]

难道兵法的奥秘就隐藏在这短短的四句话中？

1936 年 12 月，红军三大主力胜利会师结束长征的两个月后，毛泽东利用难得的战争间隙，撰写了《中国革命战争的战略问题》。这部著作是毛泽东军事思想初步形成的重要标志，但仅仅完成了前五章，因为西安事变发生，没有工夫再写就搁笔了。在这部军事名著中，毛泽东明确指出了中国革命战争的四个主要特点：

> "经过了一次大革命的政治经济不平衡的半殖民地的大国，强大的敌人，弱小的红军，土地革命——这是中国革命战争四个主要的特点。这些特点，规定了中国革命战争的指导路线及其许多战略战术的原则。第一个特点和第四个特点，规定了中国红军的可能发展和可能战胜其敌人。第二个特点和第三个特点，规定了中国红军的不可能很快发展和不可能很快战胜其敌人，即是规定了战争的持久，而且如果弄得不好的话，还可能失败。"[②]

善医者因症下方，善兵者因敌立法。在波涛汹涌的战争海洋里，倘若分

---

① 《建国以来毛泽东军事文稿》下卷，军事科学出版社、中央文献出版社 2010 年版，第 308 页。

② 《毛泽东选集》第 1 卷，人民出版社 1991 年版，第 191 页。

析不透敌我特点，就无法准确把握战争的指导规律，也就无法引领中国革命战争的大船驶向胜利的航线。上述这四个特点，不是在书斋里推演出来的，看似没有多么高深复杂的逻辑，却是无数鲜血和教训换来的，抓住了"你的"和"我的"要害所在。

"你的"与"我的"

1930 年 12 月下旬，毛泽东在中央苏区军民歼敌誓师大会上，题写了表达反"围剿"战略指导思想的大字对联："敌进我退，敌驻我扰，敌疲我打，敌退我追，游击战里操胜算；大步进退，诱敌深入，集中兵力，各个击破，运动战中歼敌人。"[①]

在这个上联中，包含着游击战的"十六字诀"，虽然朴素却威震天下。这十六个字是在井冈山革命战争时期，毛泽东和朱德为了对付湘赣两省国民党军连续发动的"进剿"，适应当时情势总结出的作战原则。下联则是对十六字诀的延伸解读，直指兵法精髓：集多打少。"我们的经验，分兵几乎没有一次不失败，集中兵力以击小于我或等于我或稍大于我之敌，则往往胜利。"[②]当然，这里还需要一个必要前提，就是指挥和行动上的自由权。行动自由是军队的命脉，失掉了这种自由，军队就接近于被打败或被消灭。对比体形庞大但尾大不掉的国民党军队，灵活机动是红军的优势。只是这种优势并非与生俱来，而是经过艰难的内外斗争实践得来的。

毛泽东曾评价，十六字诀包举了反"围剿"的基本原则，包举了战略防御和战略进攻两个阶段，在防御时又包举了战略退却和战略反攻的两个阶段。井冈山的斗争揭开了毛泽东军事实践的大幕，之后红军的战法大大丰富了，也超越了从前的朴素性，但基本的原则仍然是那个十六字诀，后来的东西只

---

① 《毛泽东年谱（1893—1949）》上卷，中央文献出版社 2013 年版，第 327 页。
② 《毛泽东选集》第 1 卷，人民出版社 1991 年版，第 67 页。

是它的发展罢了。从这副对联也可以看出，"打得赢就打，打不赢就走，你打你的，我打我的"的战略战术原则雏形已现。

"走"为上计

传统兵法有"三十六计，走为上计"的说法，本意是指战局到了无计可施的地步，没有别的法子了，为了保存实力只得撤退或逃走，这完全是迫不得已的被动选择。红军的打法，亦是惟"走"不败，但这个"走"是为了"打"，乃有意为之，主动谋之。这就是用盘旋式的打圈子政策，进退走打，灵活自如，在运动中制造敌之过失和我之优势，从而掌握避实击虚的主动权，通过间接路线达成以弱胜强的目的。

红军从井冈山撤离后，转战赣西南和闽西一带，创建了中央苏区，接着又迎来国民党军更大规模的"围剿"。劣势军队处在优势军队进攻面前该如何处置？毛泽东后来在《中国革命战争的战略问题》中，专列"战略退却"一节来总结这一斗争经验。战略退却也叫"诱敌深入"，好比两个拳师放对，聪明的拳师往往退让一步，而蠢人则其势汹汹，劈头就使出全副本领，结果却往往被退让者打倒。"如果进攻之敌在数量和强度上都超过我军甚远，我们要求强弱的对比发生变化，便只有等到敌人深入根据地，吃尽根据地的苦楚……这种时候，敌军虽强，也大大减弱了；兵力疲劳，士气沮丧，许多弱点都暴露出来。红军虽弱，却养精蓄锐，以逸待劳。此时双方对比，往往能达到某种程度的均衡，或者敌军的绝对优势改变到相对优势，我军的绝对劣势改变到相对劣势，甚至有敌军劣于我军，而我军反优于敌军的事情。"[①]

何以"敌军围困万千重，我自岿然不动"？不动的秘诀恰在于"动"，这就是"我的地盘我作主"，充分发挥"走"的优势以暴露敌之劣势，增加敌之困难，从而创造战机打便宜仗。毛泽东在中央苏区指挥的三次反"围剿"均大获全胜，一个屡试不爽的打法就是"诱敌深入"。此法观其要害尚不在

---

① 《毛泽东选集》第1卷，人民出版社1991年版，第208页。

"诱"，而在于"入"。入到哪里才是关键，鱼入水则活，高度自由，机动灵巧；怕水又不善水的置入水中，则形格势禁处处被动。放敌军深入我根据地，就是请君入瓮，使其陷入人民战争的汪洋之中，肥的拖瘦，瘦的拖死，在日益损耗中造成挨打态势。我则充分利用人民支持这一最为重要的条件，靠机动灵活选择战场确定战法，将一个个大"围剿"变为我军对敌军的许多个别的小围剿。这里的关键，即在"走"中逐步实现力量强弱的时空转换。

为什么要强调"走"呢？打仗打的是灵活机动，灵在"活"上，机在"动"中。当时的战场条件只能靠两条腿机动，这是红军装备方面的弱项，然而也可以转化为优势。"打得赢就打，打不赢就走"，正是基于这一制胜机理的主动选择，迥异于固守一隅拼老本的僵化打法，也不同于走到哪里算哪里的流寇主义。

1931年1月，党的六届四中全会通过了由王明起草的《两条路线》，"左"倾军事错误开始掌握领导权，共产国际的洋专家李德也来到苏区，毛泽东则被迫靠边站。新的领导层无视敌强我弱的客观现实，反对以往行之有效的"诱敌深入"方针，推行阵地战、堡垒战，处处设防、节节抵御，完全丧失灵活性，导致中央红军未能打破国民党军的第五次"围剿"，被迫进行战略转移。这一次完全被动的"走"，恰是在反"围剿"中不肯主动"走"的结果。解放后，毛泽东谈到这段历史时仍感喟不已："外国人认为二万五千里长征很光荣，我们也说光荣，没有被消灭掉。可是，那是犯了错误的结果"。[1]

"红军不怕远征难，万水千山只等闲。"后人看长征，无疑是气壮山河的伟大史诗。然而，唯有走进历史细节，才能真切感受到战争的残酷。1934年10月，中央红军主力开始长征，先后突破四道封锁线，在遭受惨重损失后于12月1日渡过湘江，全军则由出发时的8.6万人锐减至3万余人。在这生死攸关的转折点，血的教训宣告"左"倾冒险主义统治的破产，毛泽东在遵义会议后重新进入指挥层。此时的蒋介石，正调集约四十万兵力进逼遵义，企

---

① 《建国以来毛泽东军事文稿》下卷，军事科学出版社、中央文献出版社2010年版，第301页。

图阻断中央红军显而易见的两条生路：北渡长江同红四方面军会师，或东退湖南与贺龙的红二、六军团会合。前有敌军严阵以待的长江天险，后有围追而至的层层重兵，能否跳出重重包围？

今天看来，四渡赤水堪称毛泽东军事生涯的得意之作，但当时并非"神来之笔"。1935年1月19日，遵义会议结束后的第二天，中央红军即分三路向土城、赤水方向急进，意图从泸州上游北渡长江，然后进至川西北寻求创建新的根据地。为了实现这一战略意图，新的中央军事领导决定集中优势兵力在土城附近围歼尾追而来的川军2个旅，以保障红军下一步顺利渡江。但因敌情有误，且对川军战斗力估计不足，尽管中央红军精锐尽出也未能歼灭尾追之敌，却与蜂拥而至的增援敌军形成胶着之势。面对战场形势的突然逆转，为避免不利决战以保存实力，红军被迫撤出战斗，于1935年1月29日迅速挥师西渡赤水河（即一渡赤水），直指设防空虚的川黔滇三省交界的扎西地区。

这是毛泽东复出后指挥的第一场战役，也是一次刻骨铭心的失利。后来，毛泽东多次讲到这一段打败仗的历史："我是犯过错误的。比如打仗，高兴圩打了败仗，那是我指挥的；南雄打了败仗，是我指挥的；长征时候的土城战役是我指挥的，茅台那次打仗也是我指挥的。"[1]

红军在根据地反"围剿"用的是"诱敌深入"法，离开了根据地这个靠山，在战略转移中反"追剿"又该怎么办？优势在哪里？这时候主观能动性的作用更加突出了，就是在战略战术上必须胜敌一筹，出其不意，攻其不备，有时向东，有时向西，有时走老路，有时走新路，敌人能料到的就不要按部就班，敌人算计不到的则要努力算到，想敌所未想，能敌所不能。

此时的红军，直接面对川军8个旅的围堵截击，后面还有黔军3个旅步步进逼穷追不舍，原定的渡江方向敌军早已在两岸布下重兵张网以待，此外还有薛岳兵团正向川南分进合击。局势日趋明朗，国民党各路"追剿"大军

---

[1]《建国以来毛泽东军事文稿》中卷，军事科学出版社、中央文献出版社2010年版，第326页。

已成合围之势，杀气腾腾，危机四伏。

山重水复疑无路，柳暗花明又一村。放眼更大之局，此时黔北地区敌军防守兵力大部已被抽空，毛泽东敏锐抓住这一缝隙，当机立断提出暂缓执行北渡长江计划，回师再渡赤水，重占遵义，寻求在川黔滇边实行机动作战。在扎西集结完毕的中央红军抓住战机突然调头，于1935年18日至21日东渡赤水河（即二渡赤水），随即攻占桐梓、直取娄山关、再夺遵义城，缴获大批军用物资。在生死关头接连打了几个漂亮仗殊为难得，这是长征以来获得的一次最大胜利，在关键时刻提振了红军士气。

蒋介石闻讯后，称之为"国军追击以来之奇耻大辱"。他急忙飞往重庆亲自调整部署，企图南北夹击将红军消灭于遵义一带。为进一步调动敌人，中央红军又一次西渡赤水河（即三渡赤水），进占古蔺东南地区。这次已不是被迫之举，确是兵不厌诈的神来之笔。这一忽进忽退的神速机动大出蒋介石意料，以为红军又要北渡长江，匆忙调整部署，急令各部再次向川南合击。中央红军却突然折向东北，再次东渡赤水河（即四渡赤水），并乘势南渡乌江，把国民党重兵集团甩在身后，前锋直逼贵阳。

正在贵阳督战的蒋介石慌乱中急调滇军孙渡部火速入黔救驾，然而在他尚未判明我意图时，红军主力越过贵阳转向兵力空虚的云南急进。蒋介石又急忙赶往昆明督战，调集各方向兵力保卫昆明。中央红军却乘虚直抵金沙江畔，之后顺利渡江，把尾追之敌全部甩在金沙江以南。至此，终于摆脱了处处被动的局面，取得了战略转移中具有里程碑意义的重大胜利。

"被敌逼迫到被动地位的事是常有的，重要的是要迅速地恢复主动地位。如果不能恢复到这种地位，下文就是失败。"[①] 短短5个月内，红军声东击西，忽南忽北，使敌捉摸不定，一直被牵着鼻子走，毫无自由，疲于奔命。当然，四渡赤水出奇兵，调虎离山袭金沙，并非"得来全不费工夫"。要知道，这可是事先没有剧本完全靠"现挂"的即兴演出，所谓自觉能动性，在这个渡江

---

① 《毛泽东选集》第1卷，人民出版社1991年版，第223页。

战例中尽显无遗。

十四年后，同样的对手，又一次渡江战役，却是完全不同的打法。一个北漂，一个南渡，一个江之头，一个江之尾；敌强我弱时，只能避实就虚，趋敌所不意择敌薄弱处进行偷渡；我强敌弱时，则以实击虚，实施宽大、正面、多路开进的强渡方式。后来者百万雄师过大江，挟投鞭断流之形，成摧枯拉朽之势，此一时彼一时也。

红军长征胜利后不久，毛泽东便系统总结了国内革命战争十年血战史的经验，并在陕北的红军大学中作了讲演，指出"由于敌人强大和红军技术贫弱所发生的红军作战的显著特点之一，就是没有固定的作战线。"强调承认这种特点，对于我们是有利益的。从这个特点出发，规定我们的日程，不要幻想有进无退的战争，不要震惊于领土和军事后方的暂时的流动，不要企图建立长时期的具体计划。把我们的思想、工作适应于情况，准备坐下，又准备走路，不要把干粮袋丢掉了。"反对流动的同志们要装作一个大国家的统治者来办事，结果是得到了一个异乎寻常的大流动——二万五千华里的长征。"①

紧接着，抗日战争全面爆发，面对武器装备和技战术全然不同的敌人，这种"走"为上计的打法还灵不灵？"七七"事变后不到一个月，毛泽东明确提出红军作战的原则，强调开展独立自主的分散作战的游击战争。他致电彭德怀阐述这一作战原则："今日红军在决战问题上不起任何决定作用，而有一种自己的拿手好戏，在这种拿手戏中一定能起决定作用，这就是真正独立自主的山地游击战（不是运动战）。"指出"目前情况与过去国内战争根本不同，不能回想过去的味道，还要在目前照样再做。"②游击战和运动战，都强调灵活机动性。以运动战为主，旨在更加注重集中兵力以消灭敌人；以游击战为主，则是更加注重分散兵力以发动群众。

---

① 《毛泽东选集》第1卷，人民出版社1991年版，第229页。
② 《毛泽东军事文集》第2卷，军事科学出版社、中央文献出版社1993年版，第53页。

对手不同了，红军作战的基本特点并没有变，这就是流动性，也叫游击性。"我的"独特优势也没有变，就是灵活机动"走"为上计，只是根据新的形势有了新的丰富和发展。

1938 年 1 月 11 日，中共中央机关刊物《解放》第 28 期，刊发《论抗日游击战争的基本战术——袭击》一文。这是八路军第一二〇师第三五九旅旅长陈伯钧，节录毛泽东一九三四年所著《游击战争》的一部分，并经毛泽东作了一些修改，供全国各地指挥抗日游击战争的领导干部参考。全文分为三个部分，开门见山便指出，"游击战争不能一刻离开民众，这是最基本的原则。讲到战术，则游击战争的基本作战形式不是别的，乃是袭击。袭击是攻击的一种，游击战争不注重正规的阵地攻击这种形式，而注重突然袭击或名奇袭的这种形式，这是因为游击战争是战略上以少胜多以弱胜强的，非如此不能达到目的。"① 第二部分则极其详尽地阐述了袭击战术的 12 条要领。这里的袭击主要是对驻止的静态之敌，而对于行动中的动态之敌则用伏击和急袭。在最后一部分，又事无巨细地指出了袭击行动之敌的 18 条方法，概而言之，就是主动选择作战对象、作战地点、作战时机，合理分配兵力，创造有利条件专挑便宜仗打。

此时的毛泽东已经不在前线直接指挥作战，但毛泽东兵法通过延安的电台"嘀嗒、嘀嗒"地指导着各抗日根据地的斗争。1937 年 9 月下旬，八路军 115 师在平型关伏击日军首战告捷，歼敌 1000 余人，取得了中国抗战以来主动对日作战的第一个重大胜利，打破了日军所谓"不可战胜"的神话。10 月，129 师以 1 营兵力夜袭代县阳明堡机场，击毁击伤敌机 24 架，在国内外媒体引起轰动。11 月，太原失陷，华北战场以国民党为主体的正规战宣告结束，共产党领导的游击战争则成为主要的斗争方式。

游击战天然具有高度的流动性、灵活性、主动性，"游"旨在走，"击"旨在打，游而不击是逃跑主义，击而不游是盲动主义，走与打的精髓仍是井

---

① 《毛泽东军事文集》第 2 卷，军事科学出版社、中央文献出版社 1993 年版，第 138 页。

冈山时期的"十六字诀",红军将士愈用愈妙,愈打愈奇。

1939年11月上旬,晋察冀部队在120师配合下打了一个黄土岭伏击战,歼灭日伪军900余人,打死日本独立混成第二旅团的旅团长阿部规秀中将。日本朝野上下十分懊丧,《朝日新闻》连续3天的通栏标题都是"名将之花凋谢在太行山上"。1943年10月,日军以3个师团对我太岳区根据地进行冬季"大扫荡",驻华北日军总司令冈村宁次为了宣扬其自诩为铁滚式多梯队的"清剿"新战法,特意从华北各地调集旅团长以下军官120余人,组成所谓"观战团"赴太岳前线现地观摩作战。时任太岳军区第二军分区司令员的王近山率一部恰经此地,当机立断于临汾县东北的韩略村附近设伏,仅三小时即全歼日军,不可一世的"皇军军官观战团"甫一组建便灰飞烟灭于太岳山。

概要分析这一时期的毛泽东兵法,面对陌生的敌人,首要的还是独立自主灵活机动。自主权在手,"走"为上计,就不愁没有胜仗打。随着对抗战规律认识的深化,毛泽东的《抗日游击战争的战略问题》《论持久战》《战争和战略问题》等一系列军事巨著横空出世,一举把游击战提升到战略地位,偏居西北一隅的小城延安,业已成为中国人民坚决抗战到底的闪亮灯塔。

到了解放战争时期,国民党军依仗其优势兵力,气势汹汹向解放区发动全面进攻,妄称"只须三个月至六个月"就可以打败人民解放军。这一企图很快在其损兵折将尝尽苦头后破产,蒋介石集团又把"全面进攻"改为"重点进攻",兵锋直指陕北解放区和山东解放区。1947年3月,国民党军以34个旅25万人,由南、西、北三面向陕甘宁解放区发动重点进攻。其中,第一战区司令长官胡宗南亲率15个旅14万人自洛川、宜川一线北犯延安,妄图一举摧毁中共中央首脑机关。此时,人民解放军在陕北战场仅有4个野战旅及3个地方旅,兵力不足3万人,且装备很差。值此严重危局,毛泽东、周恩来率领中央机关和解放军总部仍然坚持留在陕北,吸引敌主力以支持全国战场作战。

面对老对手怎么打?毛泽东电示西北野战兵团:"我之方针是继续过去办法,同敌在现地区再周旋一时期(一个月左右),目的在使敌达到十分疲劳和十分缺粮之程度，然后寻机歼击之。……如不使敌十分疲劳和完全饿饭，是不能最后获胜的。这种办法叫'蘑菇'战术，将敌磨得精疲力竭，然后消灭之。"[①] "蘑菇"战术也就是诱敌深入的西北版本。

西北野战兵团在彭德怀、习仲勋指挥下，完成掩护中央的任务后主动撤出延安，以小部兵力伪装主力向安塞方向逐步退却，引诱敌大军北上，我主力则隐蔽待机。敌人果然上钩，1947年3月25日，国民党军以5个旅向安塞方向寻找我主力决战，剩下的第31旅单独向青化砭进发，担任侧翼掩护。西北野战军抓住这一有利战机，集中6个旅兵力，在青化砭以南地区设伏，拦头、截尾、两翼出击，激战1个多小时全歼敌第31旅旅长以下官兵2900余人。这是中共中央撤出延安后陕北战场打的第一个胜仗。

国民党军发现我军主力后，便调其第135旅由子长南下，配合蟠龙、青化砭北上的8个旅，企图合击并歼灭西北野战兵团。我军以一部兵力抗击敌之主力，另以4个旅在子长以南的羊马河地区设伏，全歼进入埋伏圈的敌135旅4700余人。得手后西北野战军又在安定、子长、清涧、永坪之间周旋，使敌陷入十分疲劳和十分缺粮的困境中。之后，国民党统帅部判断中共中央机关及西北野战军主力正向绥德附近集结并准备东渡黄河，遂令第一战区部队急速北上，令驻守榆林的第22军等部南下以图形成合围之势。西北野战军乘胡宗南集团主力北上绥德、回援不及之机，攻克国民党军重要补给基地蟠龙镇，全歼守敌6700余人。

一个半月时间，我西北野战军发挥机动灵活优势三战三捷，共歼敌1.4万余人，一举稳定了陕北战局。这极大鼓舞了全国各解放区军民的战斗意志和胜利信心，其它各个战场亦是捷报频传，大大加速了解放全中国的进程。

新中国成立后的抗美援朝作战，是另一种完全不同类型的战争实践：不同的对手、不同的战场，而且是出国作战。毛泽东后来总结三年抗美援朝的经验时指出，"我们方面发生的问题，最初是能不能打，后来是能不能守，再

---

① 《毛泽东选集》第4卷，人民出版社1991年版，第1222页。

后是能不能保证给养，最后是能不能打破细菌战。这四个问题，一个接着一个，都解决了。我们的军队是越战越强。"①具体是怎么解决的？钢少气多的志愿军，靠的还是灵活机动和勇敢精神这一传统优势制敌取胜，诱敌深入、大胆穿插、迂回包围、分割包抄、运动防御，"走"为上计这一"我的"打法在国外战场仍然发挥得淋漓尽致。

从1950年10月25日到1951年6月10日，中国人民志愿军连续进行了五次以运动战为主的战役，将以美国为首的"联合国军"从鸭绿江边赶回三八线，由此也彻底改变了美军对中国军队的看法，改变了西方人对中国的看法。曾担任美国远东军和"联合国军"总司令的克拉克，后来在回忆录中沮丧地写道："我获得了一个不值得羡慕的名声：我是美国历史上第一个在没有取得胜利的停战协定上签字的司令官。"②中国人民志愿军司令员兼政治委员彭德怀则豪迈地说："它雄辩地证明：西方侵略者几百年来只要在东方一个海岸上架起几尊大炮就可霸占一个国家的时代是一去不复返了。"③

毛泽东导演的战争活剧波澜壮阔，怎么解读都难免有遗珠之憾。在这些千变万化层出不穷的战略战术中，有什么是一以贯之的法则或秘诀吗？透过以上蒙太奇式的概略浏览，从中可以发现一个显著特点："走"为上计。井冈山的"十六字诀"，中央苏区的"诱敌深入"，要害都在"走"上。长征就是一路走，出其不意地走，拐弯抹角地走，突破极限地走。抗日游击战的宏大战略，其主要战法就是袭击加伏击，基本上还是靠走，"游击队的会走，正是其特点。走是脱离被动恢复主动的主要的方法。"④解放战争更是一盘运动战的大棋，两条腿与汽车轮子赛跑，纵横驰骋将大踏步前进与后退的优势发挥得淋漓尽致。抗美援朝作战，志愿军也是利用隐蔽性充分施展了传统的穿插

---

① 《毛泽东军事文集》第6卷，军事科学出版社、中央文献出版社1993年版，第353页。
② 《中国共产党的九十年》（社会主义革命和建设时期），中共党史出版社、党建读物出版社2016年版，第380页。
③ 《中国共产党历史》第2卷（上册），中共党史出版社2011年版，第88页。
④ 《毛泽东选集》第2卷，人民出版社1991年版，第412页。

迂回战术，势如破竹一举扭转朝鲜战局，证明了"我军对于具有高度优良装备及有制空权的美国军队，是完全能够战胜的。"①

"走"为上计的战法，形象地说就是"打得赢就打，打不赢就走"。这看似是无可奈何的办法，其实是弱者最有利的选择；既是在生与死的战场上急就的答案，也是在血与火的涅槃中取得的真经。这里没有丝毫的教条主义，也没有任何的消极意向，有的只是尊重客观规律的求实态度和积极主动的斗争精神。正如毛泽东直言："老老实实地承认红军的游击性。在这里怕羞是没有用的。相反，游击性正是我们的特点，正是我们的长处，正是我们战胜敌人的工具。"②

"各打各的"

1965年3月24日，毛泽东在会见巴勒斯坦解放组织代表团时讲到，"打仗的办法就有两条，你打你的，我打我的。什么军事道理，简单地说就这么两句话。什么叫你打你的？他找我打，但他又找不到，扑了个空。什么叫我打我的？我集中几个师、几个旅，把他吃掉。……我打我的，又有两句话，打得赢就打，打不赢就走。"③

乍一听，打仗似乎不需要什么"诀窍"，你打我让你打不着，我打你就把你吃掉。然而，天下哪有这么容易的好事！打仗是生与死的较量，每一场胜负都是竭尽全力血战之后的结果。个中运用之妙，"功夫在诗外"，非言传所能得。从中可以得出一个兵法的"冰山理论"：兵法能够阐释的只是战争实践艺术的冰山一角，大量无法言说但更具决定性的因素，只有在战场上亲历才能体悟。

一般而言，交战双方各有其优，亦各有其劣，"你的""我的"，说来说去不过是各用自己的拿手好戏来打罢了。那么，为什么把"我的"归结为

① 《毛泽东军事文集》第6卷，军事科学出版社、中央文献出版社1993年版，第243页。
② 《毛泽东选集》第1卷，人民出版社1991年版，第230页。
③ 《建国以来毛泽东军事文稿》下卷，军事科学出版社、中央文献出版社2010年版，第302页。

"打得赢就打,打不赢就走"?简单地说,弱小的一方打架,得找个靠山。中国革命战争的一个主要特点就是敌强我弱,这就决定了"我的"只能是以弱对强的法子。鱼儿只有走到水里才能存活下来,人民军队只有走到人民中间才能获得力量,试问除了这一根本优势,还有什么可以打赢强敌的高招吗?

"打得赢就打,打不赢就走"的表述,最早出现在毛泽东的《中国革命战争的战略问题》中,"'打得赢就打,打不赢就走',这就是今天我们的运动战的通俗的解释。天下也没有只承认打不承认走的军事家,不过不如我们走得这么厉害罢了。对于我们,走路的时间通常多于作战的时间,平均每月打得一个大仗就算是好的。"[1]"你打你的,我打我的"的表述,最早出现在1947年4月22日毛泽东给晋察冀军区的指示电中:"这即是先打弱的,后打强的,你打你的,我打我的(各打各的)政策,亦即完全主动作战政策。"[2]这四句合起来一块表述,则见于1965年4月28日毛泽东在听取贺龙、罗瑞卿和杨成武汇报作战问题时的谈话。不过类似的说法,毛泽东在不同场合有过多次解读。

所谓"我打我的",实质是用我的优势打,打便宜仗,不干蚀本买卖;至于"你打你的",则是不让你得逞,让你打不着我,让你赚不到便宜。领悟"各打各的"之要义,首先须知其背景,即敌强我弱,没有法子硬拼只好各打各的;还须领会其要害,即知己又知彼,就是紧贴着对手打,把"你的"和"我的"转化成用我的优势打你的劣势上,并非不管不顾对方,闷头打自己的算盘。

1950年9月5日,毛泽东在谈到朝鲜战局和作战方针时指出,"你打你的,我打我的,你打原子弹,我打手榴弹,抓住你的弱点,跟着你打,最后打败你。"[3]再强大的敌人也有弱点,要敢于找出敌人的弱点,这是把握"各打各的"制胜机理的前提。如果光看对手强大的一面而不敢分析其弱点,那

① 《毛泽东选集》第1卷,人民出版社1991年版,第230页。
② 《毛泽东军事文集》第4卷,军事科学出版社、中央文献出版社1993年版,第41页。
③ 《建国以来毛泽东军事文稿》上卷,军事科学出版社、中央文献出版社2010年版,第203页。

就不用打了，干脆妥协或投降算了。因此，"你打你的，我打我的"，首先是一种面对强敌的战斗姿态，就是敢打，就是不怕，不怕鬼也不信邪，天王老子也敢拉下马。

还要注意一点，就是不僵化。1964年8月20日，毛泽东在和有关同志谈到二三线建设时讲到，现在"打得赢就打，打不赢就走"传得很广，要作些解释，重点不是走，而是跟敌人斗。这是一条非常必要的告诫，任何高明的原则都不能当作教条，亦不可望文生义。

"各打各的"固然不错，但在不同的时期、不同的地域，针对不同的情况、不同的对手，有着不同的策略、不同的打法。比如在抗美援朝战争中，面对敌有我无、敌多我少、敌好我差这种极为悬殊的装备差距，"历次战役证明我军实行战略或战役性的大迂回，一次包围美军几个师，或一个整师，甚至一个整团都难达到歼灭任务。"① 因此，每次作战野心不能太大，只能实行战术的小包围。

毛泽东还提到了另一种情况："诱敌深入，过去灵，过去对日本人灵，现在在越南不灵了。敌人不会轻易长驱直入，要做两手准备。它不深入怎么办？在抗美援朝战争中，诱敌深入第一阶段灵，第二阶段就不灵了。"② 这些弥足珍贵的经验，可以说是运用"各打各的"制胜法则之要害。作战原则是一回事，用起来灵不灵是另一回事；理论是一回事，实战又是另一回事。看似寻常最奇崛，成如容易却艰辛。"你的"和"我的"变化万千，必须具体情况具体分析。

战争中少有能直接实现的目的，间接路线是常有的事。你打你的，我打我的，打得赢就打，打不赢就走，蕴含着一条间接路线的制胜机理。你兵强马壮，直接找上门来打，怎么办？好汉不吃眼前亏，三十六计走为上计。先让你打不着，然后再创造战机打便宜仗。如果实力足够强大就照"你的"打

① 《建国以来毛泽东军事文稿》上卷，军事科学出版社、中央文献出版社2010年版，第490页。
② 《建国以来毛泽东军事文稿》下卷，军事科学出版社、中央文献出版社2010年版，第334页。

法把你干掉得了，无须拐弯抹角；但面对强敌这样干无异于自杀，必须多绕一些，把劣势绕成优势再来打。

当然，在现代战争条件下，靠两条腿走已不再是优势，"我的"的内容、方式、手段有了极大变化，但其中蕴含的一般制胜机理并未过时，灵活机动始终是战场上的生命线，"各打各的"仍然是不二法门。道理不难理解，真正打起来却是无比高难的境界。《孙子兵法》讲，"善攻者，敌不知其所守；善守者，敌不知其所攻。微乎微乎，至于无形；神乎神乎，至于无声"。这听起来已是神乎其神了，光看兵书焉知实战中是如何操作法。

"集"与"分"

我军的战法，素有"以少胜多"的美誉。"少"是怎么胜"多"的呢？毛泽东公开作答："我们是以少胜多的——我们向整个中国统治者这样说。我们又是以多胜少的——我们向战场上作战的各个局部的敌人这样说。这件事情已经不是什么秘密，敌人一般地都摸熟我们的脾气了。然而敌人不能取消我们的胜利，也不能避免他们的损失，因为何时何地我们这样做，他们不晓得。这一点我们是保守秘密的。"[①] 诚哉斯言，看似平淡的一句话，却揭示了所谓"以少胜多"的玄机所在。

孙子曰，"夫兵形象水，水之形，避高而趋下；兵之形，避实而击虚。"以实击虚，以多胜少，此天理也。少怎么胜多？打破这个悖论的唯一途径就是把"少"变多、让"多"变少。乞丐跟龙王爷比宝结局好预测，难料的是多与少的转化之机。通常泛泛而谈的以少胜多，背后必有一个集少为多的变化过程，实质上还是以多打少。藉此考察古今中外兵学典籍，一些所谓的兵法秘诀讲的无非是两个字："集"与"分"。集我为多，分敌为少，把自己搞得多多的，把敌人搞得少少的，这就是最基本的制胜机理。

---

① 《毛泽东选集》第1卷，人民出版社1991年版，第228页。

集多打少

"善战者，胜于易胜者也"。怎么做到这一点？集多打少无疑是个好办法，说白了就是如何把己方的"少"集成"多"或"更多"，从而在某一时空节点上构成压倒对手的胜势。二千五百多年前的兵学鼻祖孙武将之概括为"故胜兵若以镒称铢，败兵若以铢称镒"；而被誉为西方"兵圣"的克劳塞维茨也有类似的结论："无论在战术上还是在战略上，数量上的优势都是最普遍的致胜因素""战略上最重要而最简单的准则是集中兵力"。①

散则势弱，聚则势强，此用兵之常理，无产阶级军事理论亦不例外。马克思言简意赅指出，"战略的奥秘就在于集中兵力。"②恩格斯则有这样的评论："埃帕米农达斯第一个创立了直到今天仍然解决几乎一切决战的伟大的战术原则：不要沿正面平分兵力，而把兵力集中在决定性地段进行主攻。"③并称赞拿破仑是善于在作战的关键性地点和时机造成"多兵"的军事统帅，认为"拿破仑的秘诀在于集中"。列宁也强调，"在决定时机和决定地点拥有压倒优势，——这是取得军事胜利的'规律'。"④

毛泽东同志既是集中兵力的理论大家，更是实践大师，一贯反对两个拳头打人、四面应敌、全面出击。他在《中国革命战争的战略问题》中专门用一节讲"集中兵力问题"，指出中国红军以弱小者的姿态出现于内战的战场，其迭挫强敌震惊世界的战绩，依赖于兵力集中使用者甚大。无论哪一个大胜仗，都可以证明这一点。但"集中兵力看来容易，实行颇难。人人皆知以多胜少是最好的办法，然而很多人不能做，相反地每每分散兵力，原因就在于指导者缺乏战略头脑，为复杂的环境所迷惑，因而被环境所支配，失掉自主能力，采取了应付主义。"⑤可见，兵法万卷，不外一个"集"字；名闻

---

① （德）克劳塞维茨：《战争论》上册，陕西人民出版社2001年版，第173，184页。
② 《马克思恩格斯军事文集》第4卷，战士出版社1982年版，第157页。
③ 《马克思恩格斯军事文集》第1卷，战士出版社1981年版，第392页。
④ 《列宁军事文集》，战士出版社1981年版，第604页。
⑤ 《毛泽东选集》第1卷，人民出版社1991年版，第222页。

青史的将帅，也多是善于集中兵力的大师。而"集"什么、"集"多少、何时"集"、怎么"集"，则是兵法研究的精要所在。

先看"集"什么？纵观人类战争史，无论是冷兵器、热兵器时代，还是传统的机械化战争时期，武器装备相对简单，士兵携带枪支弹药即可战斗，且保障手段有限，自带干粮亦可维持数天，靠两条腿也能纵横驰骋。尽管武器装备有高下，兵员素养有差别，但人与武器基本上是合而为一相提并论的，很大程度上人数就代表着打击力，集中兵力就是集中战斗力。如何在一定时间一定地域聚集更多兵力，形成人多势众局面，成为致胜关键，而兵法也就表现为兵力的"众寡之用""分合之变"。

再看"集"多少？士兵个体技术弱一些，武器弱一些，就要靠量的集聚来弥补装备质的劣势，靠几倍数倍于敌人的绝对优势才能取胜。这在具体数量上无法一概而论，孙武在那个时代给出的用兵之法是：十则围之，五则攻之，倍则分之，敌则能战之，少则能逃之，不若则能避之。而毛泽东强调"必须集中绝对优势的兵力，即集中六倍、或五倍、或四倍于敌的兵力，至少也要有三倍于敌的兵力。"① 当然，"也不是说每次都要优势兵力。在某种情况下，也可以用相对劣势或绝对劣势兵力出现于战场。相对劣势，例如某一区域仅仅有一支不大的红军（不是有兵而不集中），为着打破某一优势敌人的进攻，在人民、地形或天候等条件能给我们以大的援助时，以游击队或小支队钳制其正面及一翼，红军集中全力突然袭击其另一翼的一部分，当然也是必要的，并且是可以胜利的。当我袭击其一翼的一部分时，兵力的对比仍适用以优势对劣势、以多胜少的原则。"② 可见，若是把个体搞精干了，兵器也领先了，一对一甚至一对二也是以多打少、以强打弱。

至于怎么"集"，涉及到谋略及方法问题，包括指挥控制和部队机动手段。凡战者皆欲高人一筹，对手能想到的要先其想到，我方之动作则要出其

---

① 《毛泽东选集》第4卷，人民出版社1991年版，第1198页。
② 《毛泽东选集》第1卷，人民出版社1991年版，第227页。

不意。怎么能做到这些？"战争的胜负，主要地决定于作战双方的军事、政治、经济、自然诸条件，这是没有问题的。然而不仅仅如此，还决定于作战双方主观指导的能力。"① 通过主观上的正确指导，在恰当的时机、恰当的地点上集中恰当的兵力，人工地造成我方的局部优势和局部主动，剥夺敌方的局部优势和局部主动，实现总体上优势与劣势、主动与被动的转化。从"集"的手段看，我军所熟悉的传统作战模式，一张地图、一部电话就能指挥部队，兵力机动凭两条腿也可能跑赢四个轮子，人的自觉能动性对"集"的效率影响至大。

毛泽东兵法贯穿着一个朴素的原则：集多打少、以众击寡，通俗讲就是"雷公劈豆腐，专找软的欺"，力争以最小的代价取得最佳战果。显而易见，这里的集中兵力和所谓的人海战术完全不是一回事，虽然强调为了胜利一无所惜的不怕死精神，但背后的最高指导仍然是不吃亏原则。这里还有个成本问题，不能铺张费兵。当然，如果对全局而言是极为有益的，就必须勇于作出牺牲，明知是"夹生饭""硬骨头"也要硬着头皮吞下去。因为一旦失败就会吃更大的亏，后果不堪设想。

抗美援朝战争后期，毛泽东曾指出，"我们已经打了两年多了，在社会上可能有些人觉得不耐烦了，觉得还是早一点结束好，停战谈判只剩下一个俘虏问题了，争执也很小了，何必为一两万俘虏还要那么坚持下去呢？这不只是一两万俘虏的问题，不能因为我们人口多，觉得丢掉几万人不要紧，俘虏一个也不能丢掉，一定要争。"② 强调不怕死不是毫不顾忌生命，只是在特定时期只能"有什么条件打什么仗"，靠钢少气多、吃苦牺牲来争取胜利。而打什么仗就应创造什么条件之多，才是"集多打少"的现代升级版。未来战争准备，就要瞄准信息化智能化作战不可或缺之"多"狠下功夫，此时的"集多打少"自有新的内容，容后再叙。

---

① 《毛泽东选集》第1卷，人民出版社1991年版，第182页。
② 《毛泽东文集》第6卷，人民出版社1999年版，第263页。

"零敲牛皮糖"

"集"的另一面就是"分",这是对立统一的两个方面。

"一尺之棰,日取其半,万世不竭"。毛泽东认为凡事都可以分,强调"分"很重要,并从自然辩证法的角度,同中外许多科学家探讨过基本粒子无限可分的问题。这是从哲学层面而言,回到军事领域,如果说"集"是攥紧拳头,那么"分"就是零敲碎打。

毛泽东一生都站在弱小者一边,立场坚定,爱憎分明,并在实践中创造形成了与强势强敌斗争的丰富战法,形象地总结了一整套分解术:"割指头、零敲牛皮糖、一口一口吃掉你",层出不穷,变化多端。1962年9月30日,毛泽东在会见南非共产党学员代表团时讲到,"采用割指头的办法,先割掉他一个指头,然后割掉第二个、第三个。敌人是用几十万军队向我们进攻,不是什么五个师、七个师,而是几十个师,三十多个师。但是,这种情况也并不可怕。打个比方说,一个人有十个指头,三个人就有三十个指头,你割掉这个人的一个指头,再割掉第二、第三个人的各一个指头,他们都会痛,那时虽然他们还剩下二十七个指头,还是要跑的。"①

1964年5月25日,毛泽东在会见秘鲁客人时说,"打仗没有什么巧妙,简单说就是两句话,打得赢就打,打不赢就走。打得赢就是集中优势兵力消灭敌人,集中五个指头割他一个指头。割掉一个,他就少一个,事物是可以分割的,以后有机会又可以割一个,又少一个,只剩八个了,然后有机会再割一个,总之要割掉。"②

1965年3月24日,毛泽东又以吃饭作喻阐述各个击破的战法,"就像吃饭一样,总要一口一口地吃,你总不能把一碗饭一下子就吃进去吧!不能把一只鸭、一只羊、一只牛,统统一口吃了下去。事物都是可以分割的,帝国主义也是事物,也可以分割,也可以一块块地消灭。蒋介石八百万军队也是

---

① 《建国以来毛泽东军事文稿》下卷,军事科学出版社、中央文献出版社2010年版,第150页。
② 《建国以来毛泽东军事文稿》下卷,军事科学出版社、中央文献出版社2010年版,第224页。

事物，也可以一块块地消灭。这就叫做各个击破。这就是欧洲和中国古书里说的道理，很简单，没有什么深奥的道理。"①

毛泽东认为，灵活地使用兵力，是转变敌我形势争取主动地位的最重要手段，主要的方法是分散使用兵力、集中使用兵力和转移兵力。抗战时期与日寇作战，毛泽东采取了看似与集中兵力相反的分兵之术，指示八路军、新四军化整为零，分散为小分队、游击队、武工队等形式，像种子一样深入到敌占区，凝聚发动群众力量。"要实行这样的方针，就要战略上有有力部队处于敌之翼侧，就要以创造根据地发动群众为主，就要分散兵力，而不是以集中打仗为主。"② 在极其艰难的反"扫荡"、反"清乡"斗争中，熟悉本地情况的根据地人民武装像麻雀一样满天飞翔，人自为战，村自为战，时聚时散，开展麻雀战、地道战、地雷战、破袭战等灵活多样的游击战，造成陷敌于人民战争的汪洋大海之局面。由之，集中兵力能达成以众击寡之势，通过主动分散自己也能达到分解敌方的目的，这就是军事斗争实践的辩证法。

"我们的战略是'以一当十'，我们的战术是'以十当一'，这是我们制胜敌人的根本法则之一。"③ 这种分解术，将敌军对我军的一个大"围剿"，改为我军对敌军的许多各别的小围剿；将敌军对我军的战略上的分进合击，改为我军对敌军的战役或战斗上的分进合击；将敌军对我军的战略上的优势，改为我军对敌军的战役或战斗上的优势；将战略上处于强者地位的敌军，使之在战役或战斗上处于弱者的地位。《孙子兵法》里讲"我专而敌分。我专为一，敌分为十，是以十攻其一也。"讲的也是这个道理。

具体到怎么"分"，则要因敌而变。比如，"侧后迂回"是国内革命战争时期我军擅长的战术原则，且屡试不爽，毛泽东曾评价说"从古以来，哪一个军队都最怕这一手"。但是，反过来看，为什么国民党军不太敢对我军搞这一手？强兵强将在握，对手搞侧后迂回就是分兵，恰好分而聚歼，迂回多少

① 《建国以来毛泽东军事文稿》下卷，军事科学出版社、中央文献出版社 2010 年版，第 302 页。
② 《毛泽东军事文集》第 2 卷，军事科学出版社、中央文献出版社 1993 年版，第 53 页。
③ 《毛泽东选集》第 1 卷，人民出版社 1991 年版，第 225 页。

吃掉他多少。因之，拳头硬了才有的打，没本钱任有多少锦囊也无甚妙计可施。

抗美援朝战争第三次战役发起前夕，美陆军副参谋长马修·李奇微接替在撤退时车祸身亡的沃克就任美第八集团军司令官。与狂妄自大从未在朝鲜住过一夜的麦克阿瑟不同，这位一踏进朝鲜土地脖子上就挂着两颗手雷的军人，治军甚严且很务实，长于调查研究，每天和部队待在一起，始终没有离开过朝鲜。李奇微并不在意一城一池之得失，在放弃汉城大踏步撤退时，他发现了志愿军的"礼拜攻势"规律：中国军队的任何攻势，无论规模多大，一般持续7天左右。他分析原因，认为这是由后勤保障能力决定的。正如拿破仑所言，"士兵的胃，决定着军队进军距离。"李奇微没有被此前的溃败吓倒，他似乎也找到了"各打各的"门道。接下来的第四次战役，李奇微采取所谓"绞肉机"加"磁性战术"：始终与我保持接触，限制我挑选战场和偷袭的可能，让我军既吃不掉又甩不掉。同时充分发挥美军现代化装备机动快、火力强的优势，用最血性的方式在每一次接触中制造伤亡，抵消中朝军队的人数优势。看来，"你打你的，我打我的"，是优秀将领的共识。这一次战役持续时间之长，远超前三次战役的总时间，志愿军自此转入防御作战。

针对这一新情况，毛泽东赞同彭德怀提出的不断轮番各个歼灭敌人的方针，即"零敲牛皮糖"的办法：只要求我军每一个军在一次作战中，歼灭美、英、土军一个整营，至多两个整营也就够了。这个"牛皮糖"原是指中国南方的一种黏力很强的传统糖食，一般是几斤一块，须用铁锤一小块一小块敲下来方便于食用。我以血肉之躯对钢铁火龙，口张得太大既咬不动也吞不下，只能一个阵地一个阵地争夺，一排一连一营地敲掉它，这是对付"磁性战术"而新创造的战场分解术。经过一段时期就"敲"出效果来了，犹如庖丁解牛运用自如，也正如毛泽东分析的，"此种作战方法，继续实行下去，必能制敌死命，必能迫使敌人采取妥协方法结束朝鲜战争。"[①] 战术上一点点"分"到

---

① 《毛泽东军事文集》第6卷，军事科学出版社、中央文献出版社1993年版，第324页。

位了，也坚定了战略上蔑视敌人的信心，同时迫使美军承认自己战法的失败。美国参谋长联席会议终于认识到，朝鲜战争是个无底洞，看不到联合国军有胜利的希望。

面对强大对手，只有从战略上藐视之，才敢于分而析之。1952年11月15日，针对朝鲜战场敌我形势，毛泽东算了四笔账："美帝国主义打起仗来有四个不利。一是死人。过去我们与美国军队的死伤比例是一比一点八，现在则是一比二点五。二是用钱。要打仗就得用钱，美帝国主义在朝鲜战争中用钱为我们的八倍至九倍。钱从哪里来呢？只有收税。三是战略。东西两线不能兼顾。四是吵架。人民向他们吵，国内两个党派吵架，帝国主义国家之间也吵架。我们没有战略的困难，没有吵架。既然打仗总要有死伤和用钱，但我们死伤的要比美帝国主义少（一比二点五），用钱也比美帝国主义少（一比八至九）。死人、用钱都只能算半个不利。所以美帝国主义有四个不利，我们只有一个不利。"于是，得出一个结论："美帝国主义要打就让它打下去，打下去就只有失败。"①

欲要以少胜多，必善集多打少。其中的致胜机理，就是非对称作战。具体到每一个战斗或战役中，最后取胜的一方，总是体现出综合实力上的强势，从来不存在把胜利一方称为"弱者"的事情。然而，这里的"多"，广义上包涵构成非对称优势的一切要素。比如，"一不怕苦、二不怕死"就是一种非对称优势。俗话说，软的怕硬的，硬的怕不要命的。一旦不怕死了，其在激烈对抗中体现出的精神优势无与伦比，能够发挥出不可思议的潜力。能吃苦也是一种"多"，一方不怕疲劳、不停运动、连续作战，总能找到集多打少的机会；如果双方都肯吃苦，都擅长机动，则难以捕捉对一方有利的战机。"集中大军于一个战场作战，受限制于地形、道路、给养、驻处等的说法，也应分别情形去看。这些限制，对于红军和白军是有程度上的区别的，因为红军较

---

① 《建国以来毛泽东军事文稿》中卷，军事科学出版社、中央文献出版社2010年版，第79页。

之白军能够忍受更大的困难。"① 因此，发挥"一不怕苦、二不怕死"的精神优势，忍受更大的困苦和牺牲，实质上也是以多对少的一种形式。

可见，非对称作战优势除了武器装备、后勤保障等物质因素，还包含战略思维、决策水平、战斗精神、内部关系、军民关系等非物质因素。比如，战略上看得更高一些、更深一些、更宽一些，自然就比看得低一些、浅一些、窄一些的在这一方面"多"了一些，从而在更高层次上造成以多对少的格局。再如，秉持全心全意为人民服务的宗旨，弘扬"中国人民正在受难，我们有责任解救他们"之精神，高举正义战争的旗帜，占据道义上的制高点，形成最广泛的统一战线，就造成了道义之"多"。正所谓"得道多助，失道寡助"，这些战略层面的集"多"之举，不仅带来不竭兵员之"多"，与之相伴的还有战争物质和精神准备之"多"，坚持到底的国防潜力之"多"。

1947 年 12 月 25 日，毛泽东在《目前形势和我们的任务》中指出，"在人民战争的基础上，在军队和人民团结一致、指挥员和战斗员团结一致以及瓦解敌军等项原则的基础上，人民解放军建立了自己的强有力的革命的政治工作，这是我们战胜敌人的重大因素。"② 毛泽东亲自概括并多次解读的军队政治工作三大原则，蕴含着战略层级的"集"与"分"。一方面善"集"人民战争之多，另一方面把瓦解敌军作为一种高级分解术，在更高层面上发挥特有的作用。由之，军队政治工作的作战功能，不仅在于服务保证战斗力生成，其本身就是战法，而且是最高层次的战法。

"局"与"势"

说起兵法，中国人第一时间想到的大概是《孙子兵法》了。唐太宗李世民曾讲，"观诸兵书，无出孙武。"明末兵学家茅元仪有一句更精到的评价：

---

① 《毛泽东选集》第 1 卷，人民出版社 1991 年版，第 228 页。
② 《毛泽东选集》第 4 卷，人民出版社 1991 年版，第 1248 页。

前孙子者，孙子不遗；后孙子者，不遗孙子。据说，拿破仑兵败被放逐到圣赫勒拿岛后，有一天读到《孙子兵法》不禁拍案叫绝，感叹说，如果我早见到这部兵书，就不会失败了。无独有偶，曾挑起第一次世界大战的德皇威廉二世，在被罢黜后看到《孙子兵法》也大加叹息：倘若早20年读到《孙子兵法》，就不会遭受亡国之痛了！

党内早期一些教条主义者对毛泽东兵法不以为然，称他凭《三国演义》和《孙子兵法》指挥打仗。毛泽东曾解释在当时并没有看过《孙子兵法》，但对这本世界公认的"兵学圣经"，他当然不会陌生。早在1913年毛泽东考入湖南省立第四师范学校时，在他记录老师讲课内容的课堂笔记《讲堂录》中，就涉及到《孙子兵法》的内容。从有关资料看，毛泽东系统研读《孙子兵法》是为了总结战争经验，撰写《中国革命战争的战略问题》。短短一个半月，他三次写信索书，并且有两次明确提出购买《孙子兵法》，其求书若渴之情可见一斑。在毛泽东后来的诸多军事著作中，常常直接引用孙子语录来说明问题。比如，用"避其锐气，击其惰归"解释"十六字诀"的道理，用"示形"指导如何人工地造成敌军之过失，用"兵不厌诈"回答造成优势和争取主动的方法，用"知彼知己，百战不殆"来说明战争规律的学习和使用问题等等，足可见孙子兵法的影响。

弱的一方如何战胜强的一方？这是毛泽东军事生涯始终围绕的一个主题。这个主题在中国古老的兵法典籍中不乏其例，《孙子兵法》通篇就充满了以弱对强的智慧，从各个维度阐释了在敌众我寡、敌强我弱的情况下如何克敌制胜的法则。回答以弱胜强这个看似不可能的问题，离不开一个桥梁：把弱变强、把强变弱，至少在斗争的局部或某一具体斗争中实现强弱对比的变化。这就涉及到《孙子兵法》里的一对重要概念："形"与"势"。

形是形，势是势，形势是形势，意旨不同却不可两立。一般而言，"形"与"型"相关，有形体之意，是军事实力展现于外部的形象，表现为客观性力量；"势"是指某种形态所蕴含的态势、趋势、局势，是形的组合与释放。"形"义相对明确，而"势"义最难界定。"势"表达的是一种力量，一种趋向，而且是一种强力造成的必然趋向，大势所趋、势如破竹、势不得已、势不可挡。"势"又变化莫测，有形势、局势，有气势、声势，有态势、趋势，有时势、地势，有攻势、守势等等。

由之，兵法就有了审势、造势、顺势、乘势、借势、因势、任势之说。但凡用兵者，争的无非是个优势，所谓"势者，因利而制权也"；而"用兵"即包涵了形与势两个方面，兵即形，用乃造势。孙子十三篇，篇篇有形有势，从这个维度讲，兵法不过形势二字而已。强兵重形，形胜在力；弱兵重势，势在人为。

世界是物质的，物质是运动的。如果把前半句理解为"形"，后半句则是"势"。或者说，"形"是战争能量的外部形态，"势"是战争能量的释放状态。形不同于势，但势必由形来，从形到势关键在"节"。所谓"激水之疾，至于漂石者，势也；鸷鸟之疾，至于毁折者，节也。"这个"节"就是紧要处、节骨眼，亦有关节、节奏、时节之义。

《孙子兵法》"虚实篇"开门见山指出，"故善战者，致人而不致于人。"《李卫公问对》中对此句有甚高评价，认为古代兵法千章万句，最重要的无过于"致人而不致于人"。"致"字何义？主动与被动、调动与被调动之谓也。形动方生势，不一样的"动"生成不一样的"势"，主动还是被动结果迥异。

"兵无常势，水无常形，能因敌变化而取胜者，谓之神。"战场上唯一不变的就是变化，因敌而变，应敌而动，便可像流水和疾风一样，牵着敌人鼻子走。反之，则形格势禁，处处被动挨打。

谋"局"造势

如何以弱小之形谋求对强敌之优势？毛泽东在丰富的战争实践中抓住了其中的关节：牢牢掌握主动权，造成致人而不致于人之势。"一切战争的敌我双方，都力争在战场、战地、战区以至整个战争中的主动权，这种主动权即是军队的自由权。军队失掉了主动权，被逼处于被动地位，这个军队就不自由，就有被消灭或被打败的危险。"①主动权在手，才会有灵活机动的战略战术，从而根据不同的环境和条件创造出有利态势。熟谙斗争规律的毛泽东对主动权始终高度敏感，无论处于怎样复杂、严峻、残酷的局面，始终抓住不放的就是独立自主地组织和使用自己的力量。

如何掌握主动权？一在人事二在谋略。人事当然是首要的，战事毁于人事自古都是常有的；人事问题解决了，给你一个舞台，就可以多导演一些有声有色威武雄壮的战争活剧来。在这方面，毛泽东如同一位高明的棋手，把谋局作为造势的关节，示形以局，运筹帷幄，大开大合，始终掌控着全局。这也是毛泽东对"形"与"势"这个传统兵法对子的创造性运用和发展。

就战略而言，打仗打的就是格局，做好了局，则可创造无穷胜机。1927年大革命失败后，中共中央提出摸索"找着新的道路"，但直到党的六大仍是以城市为工作中心。此时的局势，反革命的力量大大超过革命的力量，中国共产党面临被敌人瓦解和消灭的严重危险。在这一年的 7 月 4 日，中央政治局召开扩大会议，被紧急从湖南召回的毛泽东在会上提出应当注意保存农民武装，不保存武力则将来一到事变我们即无办法，并且指出农民武装可以"上山"，"上山可造成军事势力的基础"。在一个月后中央召开的"八七会议"上，他明确提出"须知政权是由枪杆子中取得的"。之后，毛泽东率领秋收起义部队毅然放弃有着诸多优越条件的大城市，上山创建了全国第一个农村革命根据地，创造性开辟了农村包围城市、工农武装割据的道路。在国际共产主义运动史上，无产阶级政党还没有在农村建立根据地积蓄力量包围城市的经验。但城市里呆不下去了，形单影只，势孤力薄，怎么办？

到农村这个广阔天地去！农村包围城市、武装夺取政权思想的提出，是毛泽东思想初步形成的标志。有了根据地，有了农民这个最广大和最忠实的同盟军，红军如鱼得水，迅速恢复主动地位和自由权，造成势不可挡的局面。这是何等眼界才能布出的一盘大棋，人民战争格局轮廓初现，可谓一落子动

---

① 《毛泽东选集》第 2 卷，人民出版社 1991 年版，第 410 页。

天下。

邓小平后来曾评价:"回想在一九二七年革命失败以后,如果没有毛泽东同志的卓越领导,中国革命有极大的可能到现在还没有胜利,那样,中国各族人民就还处在帝国主义、封建主义、官僚资本主义的反动统治之下,我们党就还在黑暗中苦斗。所以说没有毛主席就没有新中国,这丝毫不是什么夸张。"①

抗战初期,针对太原失守华北沦为敌后区的形势,毛泽东洞若观火,及时提出八路军的"四区"游击布局。他提醒须从远处大处着想,强调"游击战争主要应处于敌之翼侧及后方,在山西应分为晋西北晋东北晋东南晋西南四区,向着进入中心城市及要道之敌人,取四面包围袭击之姿势,不宜集中于五台山脉一区,集中一区是难以立足的。"②八路军总部遵照这一指示,即令115师挺进晋东北,120师转赴晋西北,129师开赴晋东南。随着局势发展,四个月后毛泽东又提出"六个战略支点"的布局:"长期抗战的重要战略支点有山西区、鄂豫皖区、苏浙皖赣边区、陕甘区、鄂豫陕边区、湘鄂赣边区等六处。"③通过设点控局,敌进我进,主动出击,开拓了格局,内线外线、防御进攻浑然一体,在更大的"局"内陷敌于人民战争的汪洋之中。

毛泽东把布局形象比作下围棋,敌对于我、我对于敌之战役和战斗好似吃子,敌之据点和我之游击根据地则好似做眼,包围与反包围就看谁的"局"更大,谁的"眼"更牢靠。此中要害亦在主动权,而有了敌后根据地就有了主动权。"这个问题,提在抗日战争面前,就是一方面在全国军事当局,又一方面在各地的游击战争领导者,均须把在敌后发展游击战争和在一切可能地方建立根据地的任务,放在自己的议事日程上,把它作为战略任务执行起来。"④

① 《邓小平文选》第2卷,人民出版社1994年版,第148页。
② 《毛泽东军事文集》第2卷,军事科学出版社、中央文献出版社1993年版,第96页。
③ 《毛泽东军事文集》第2卷,军事科学出版社、中央文献出版社1993年版,第160页。
④ 《毛泽东选集》第2卷,人民出版社1991年版,第427页。

谋局造势的战略战术在解放战争中发挥得更加得心应手，高招大招妙招迭出，代表着毛泽东军事指挥艺术的巅峰时期。解放战争第一年，人民解放军取得歼敌112万人的重大胜利，但国民党军队的优势依然明显且进攻态势未减。此时毛泽东提出以主力打到外线去，将战争引向国民党区域，彻底打破蒋介石将战争继续引向解放区以消耗我人力物力、使我不能持久的企图。

1947年7月，刘邓大军千里跃进大别山，陈毅、粟裕指挥华东野战军挺进苏鲁豫皖地区，陈赓、谢富治率一部挺进豫西，三支大军布成"品"字形阵势，互为掎角，一体策应，纵横驰骋于黄河以南、长江以北、西起汉水、东迄大海的广大地域，使国民党重要后方变成我前沿阵地。此一着即置蒋军于被动地位，仅在1947年7月至12月的半年间，人民解放军共歼灭国民党军75万余人，构成了战略进攻的总态势，敌强我弱的局面悄悄地在发生着变化。

"这是一个历史的转折点。这是蒋介石的二十年反革命统治由发展到消灭的转折点。这是一百多年以来帝国主义在中国的统治由发展到消灭的转折点。这是一个伟大的事变。"[1]毛泽东敏锐捕捉到这一历史关口，不失时机作出打大歼灭战消灭国民党重兵集团的决策。1948年9月，我华东野战军先取济南，打开华东华北两大解放区通道，揭开战略决战序幕。

此时长江以北敌方格局，东北有卫立煌集团55万人（正规军48万人），孤立于长春、沈阳、锦州三地；华北傅作义集团52万余人，据守平绥、北宁两线张家口、北平、天津、唐山之间的狭长地带；中原刘峙集团60万人，部署于以徐州为中心的津浦线临城、蚌埠段及陇海线海州、郑州段之间。另外，在外围还有华中的白崇禧集团、西北的胡宗南集团。战略决战旨在消灭国民党军有生力量，若先打中原则有可能促使蒋战略收缩撤出东北，造成敌重兵集结局面后更难处理；而先取华北则敌必遥相呼应，甚至造成被敌两大主力夹击的局面。到底先吃那一坨的确非同小可！

---

[1]《毛泽东选集》第4卷，人民出版社1991年版，第1244页。

毛泽东做的第一个局是"关门打狗",将东北敌军封闭在关外全部吃掉。这个局的棋眼即是锦州,拿下锦州就关死了东北通往关内的大门。但是手握70万重兵的东北野战军司令员林彪却另有主意,他打仗算得很精,一向不打无把握之仗。以精明而非格局见长的林彪意在先打长春,从而吸引沈阳之敌增援以围歼之。

而早在辽沈战役发起前一个月,毛泽东便通过10余封电报往返耐心做林彪工作。1948年8月12日,毛泽东电示林彪、罗荣桓、刘亚楼:"关于敌人从东北撤运华中之可能,我们在你们尚未结束冬季作战时即告诉了你们,希望你们务必抓住这批敌人,如敌从东北大量向华中转移,则对华中作战极为不利。"这封不足千字的电报,从头到尾都是对东北野战军作战部署的严肃批评,且不厌其烦对其最近几次给军委来电强调的理由一一进行了批驳。最后明示:"为使你们谨慎从事起见,特向你们指出如上,你们如果不同意这些指出,则望你们提出反驳。"① 如此严厉语气在解放战争中绝无仅有。战役发起后又接连致电:"你们的中心注意力必须放在锦州作战方面,求得尽可能迅速地攻克该城。即使一切其他目的都未达到,只要攻克了锦州,你们就有了主动权,就是一个伟大的胜利。"②

倒是千里之外的蒋介石掂出了这个"局眼"的份量,攻锦战斗打响后,便慌忙飞到沈阳亲自指挥,并急调华北、山东部分兵力组成东进兵团,以沈阳主力组成西进兵团,两路火速驰援锦州。得知国民党军海运葫芦岛增援的情报后,林彪致电军委再提回师打长春的方案。毛泽东对林彪的临阵犹豫甚至变卦心急如焚,两个小时之内连发两电申明其中利害。直到接到罗荣桓起草并与林彪、刘亚楼共同签发的拟决心攻锦电后,毛泽东于1948年10月4日6时复电:"在此以前我们和你们之间的一切不同意见,现在都没有了。希望你们按照你们三日九时电的部署,大胆放手和坚持地实施"。③

---

① 《毛泽东军事文集》第4卷,军事科学出版社、中央文献出版社1993年版,第563页。
② 《毛泽东选集》第4卷,人民出版社1991年版,第1337页。
③ 《毛泽东军事文集》第5卷,军事科学出版社、中央文献出版社1993年版,第40页。

蒋介石亲自派出的两路援军，被英勇的人民军队牢牢阻挡在塔山、黑山地域。特别是坚守塔山的东北野战军第 4 纵队，面对 10 倍于己的国民党陆海空军联合进攻，以"人在阵地在"的视死如归精神，鏖战 6 昼夜没有后退一步。拿下锦州后战局顿时为之一变，国民党第 60 军在长春起义，不费一枪一弹解决问题，不到一个月后东北全境解放。

经此一役，人民解放军的总兵力增加到 310 万，国民党军队的总兵力下降到 290 万。毛泽东为此给新华社写的评论指出："中国的军事形势现已进入一个新的转折点，即战争双方力量对比已经发生了根本的变化。人民解放军不但在质量上早已占有优势，而且在数量上现在也已经占有优势。……这样，就使得我们原来预计的战争进程，大为缩短。"[1] 可见，大局谋定，棋盘一摆，剩下的就是一口一口吃的事了，至于是三大战役还是四大战役尚在其次了。

朝鲜战争中，麦克阿瑟以美第 10 军和南朝鲜军共 7 万余人在仁川实施登陆，截断南北，朝鲜人民军腹背受敌，战场局势迅速发生逆转，此可谓麦氏战略谋局的得意之笔。为尽最大可能挽救战争危局，对志愿军入朝后的第一次战役，毛泽东着眼全局指示志司："控制新安州、顺川、成川、新邑、阳德线铁路及其以南一带地区，并以一部伸出至谷山、遂安、伊川、新溪地区，使平壤、元山两敌互相孤立，不能联系，则我将处于主动，敌将处于被动。"[2]

1950 年 11 月 2 日夜，毛泽东在 3 个小时内连发两电："置重点于军隅里，确实切断清川江南北敌之联系，歼灭美二师北援兵力及伪六、七、八师余部，并尽可能向南伸出直到平壤附近。只要此着成功，即是战略上的胜利。""全局关键在于我三十八军全军以猛速动作攻占军隅里、价川、安州、新安州一带，隔断南北敌人联系，并坚决歼灭北进的美军第二师，此是第一紧要事，其余都是第二位。"[3] 果不其然，入朝第一仗志愿军便站住了脚跟，初步稳定

① 《毛泽东选集》第 4 卷，人民出版社 1991 年版，第 1361 页。
② 《毛泽东军事文集》第 6 卷，军事科学出版社、中央文献出版社 1993 年版，第 144 页。
③ 《毛泽东军事文集》第 6 卷，军事科学出版社、中央文献出版社 1993 年版，第 188，190 页。

了战局。

第二次战役开始前，毛泽东电示彭德怀："德川方面甚为重要，我军必须争取在元山、顺川铁路线以北区域创造一个战场，在该区域消耗敌人的兵力，把问题摆在元山、平壤线的正面，而以德川、球场、宁边以北以西区域为后方，对长期作战方为有利。"[①]此次战役则一举扭转朝鲜战局，美国舆论惊呼这是"美国陆军史上最大的败绩"。

毛泽东曾形象地比喻，一个身体壮健者和一个重病患者角斗，前者便有绝对的主动权。但在历史上，这类绝对优势的事情，在战争和战役的结局是存在的，在战争和战役的开头则少见，优势劣势总是相对并且互相转换的，这就造成了争取主动权的可能。全然知彼知己是做不到的，但知其大略知其要点则是可能的，在此基础上施之以指挥员能动的推论和判断，实现"一般的正确指导"，就能多打胜仗，变劣势为优势。

由此可见，打仗打的是能动性而不是绝对性，彼方客观上的优势不是绝对的，己方主观上的正确指导也不是绝对的，双方都没有绝对的优势和绝对的正确指导，无非是双方谁的"知彼知己"更多一些、谁的正确指导史多一些，这实质上也是一种"多"，是集多打少的主观能动之"多"。

战场上绝对优势的情况的确是少有的，那么相对均势的情况呢？就是在硬件上棋逢对手旗鼓相当，在战略谋划、思想自由、求真务实、灵活机动诸软实力方面不相上下，都能相对"正确指导"，那岂非难分胜负了？实际上作战各方各自的优劣因素不可能完全一致，无论是硬件方面还是软件方面皆各有长短。"战势不过奇正，奇正之变，不可胜穷也。"如果一上来就是实力对决，面对面摆出堂堂之阵，就没有"奇"的用武之地了。因之，仗还是有的打，而且每一场战斗都没有亚军，即便是最后讲和，也是在无数个胜负之后的权衡，最后综合下来会再次达到某种均势。这种情况下，要紧的是不可在主观指导上略逊一筹甚至几筹，否则就会偏离均势，就要吃败仗了。

---

① 《毛泽东军事文集》第 6 卷，军事科学出版社、中央文献出版社 1993 年版，第 194 页。

谋求主动权是致胜之要，支撑主动的则是斗争精神。是消极等待，静观待变，还是积极动作，创造局势？可以说，没有这种斗争精神就不会积极去"动"，此"主"动应有之义也。但主动不是盲动妄动，不是只盯着自己的一亩三分地，动一步算一步。谋的是格局，做的是大局，比的是眼界，考验的是你能看到后一步、后两步还是后三步、五步，这与眼光的远近、视野的边界、格局的大小正相关。"谋局"能力也就是"造势"能力，历史是人民大众创造的，把局做到最大也就是人类大势了。局越大最后的胜算就越大，无论当下之"形"多么弱小，胜利"势"所必然。从这个意义上看，毛泽东兵法无敌于天下，自然是可以预知的了。

强与弱的算法

孙子曰："夫未战而庙算胜者，得算多也；未战而庙算不胜者，得算少也。"从形与势的维度看，"庙算"更多的是未动的"形"算，"势"则指向动中的强弱变化之机。后者难以精准测算，只有投入实战方能见分晓。毋宁说，"庙算"的高下之分，其要在"势"不在"形"。

1947 年底，在解放战争转入进攻转折点之际，毛泽东正式提出了著名的"十大军事原则"，集中概括了 20 年来人民战争的基本经验：

"（1）先打分散和孤立之敌，后打集中和强大之敌。（2）先取小城市、中等城市和广大乡村，后取大城市。（3）以歼灭敌人有生力量为主要目标，不以保守或夺取城市和地方为主要目标。保守或夺取城市和地方，是歼灭敌人有生力量的结果，往往需要反复多次才能最后地保守或夺取之。（4）每战集中绝对优势兵力（两倍、三倍、四倍、有时甚至是五倍或六倍于敌之兵力），四面包围敌人，力求全歼，不使漏网。在特殊情况下，则采用给敌以歼灭性打击的方法，即集中全力打敌正面及其一翼或两翼，求达歼灭其一部、击溃其另一部的目的，以便我军能够迅速转移兵力歼击他部敌军。力求避免打那种得不偿失的、或得失相当的消耗战。这样，在全体上，我们是劣势（就数量来说），但在每一个局部上，在每一个具体战役上，我们是绝对的优势，这就保证了战役的胜利。随着时间的推移，我们就将在全体上转变为优势，直到歼灭一切敌人。（5）不打无准备之仗，不打无把握之仗，每战都应力求有准备，力求在敌我条件对比下有胜利的把握。（6）发扬勇敢战斗、不怕牺牲、不怕疲劳和连续作战（即在短期内不休息地接连打几仗）的作风。（7）力求在运动中歼灭敌人。同时，注重阵地攻击战术，夺取敌人的据点和城市。（8）在攻城问题上，一切敌人守备薄弱的据点和城市，坚决夺取之。一切敌人有中等程度的守备、而环境又许可加以夺取的据点和城市，相机夺取之。一切敌人守备强固的据点和城市，则等候条件成熟时然后夺取之。（9）以俘获敌人的全部武器和大部人员，补充自己。我军人力物力的来源，主要在前线。（10）善于利用两个战役之间的间隙，休息和整训部队。休整的时间，一般地不要过长，尽可能不使敌人获得喘息的时间。以上这些，就是人民解放军打败蒋介石的主要的方法。"①

这十大军事原则，涵盖作战方针、作战目标、作战形式、作战方法、作战准备及战斗作风诸多方面，蕴含着以弱胜强的内在机理。按照"形"与"势"的逻辑来分析，前四条，意在以弱形生强势，就是想方设法集中我之优势，形成局部上的以多打少、以强打弱、以大打小之势。第五条讲的是备形，尽最大可能备好形之条件，手里有粮心里不慌，胸有成竹则势如破竹。第六条强调的是精神优势，气势如虹，乘势而上。第七条是动而生势之理，在运动中造成有利态势。第八条实质还是强势打弱势的战法，避实击虚不吃亏。第九条强调取形于敌，也显示了"形"的不可或缺性。最后一条讲的是时势，机不可失，失不再来，揆时度势，勿误战机。

算账既要算"形"，更要算"势"。1956年1月22日，毛泽东在会见南斯拉夫客人时说，我们过去没有很多东西，只是小米和步枪，我们的敌人是飞机加大炮，但还是小米、步枪战胜了飞机、大炮。"弱"能不能胜强，最终

---

① 《毛泽东选集》第4卷，人民出版社1991年版，第1248页。

要看这个当下之"弱"是否代表着进步力量，弱但是进步仗就有的打。

善分析，大有益。强弱总是相对的，要算总账、长远账，落实到每一仗则要具体问题具体分析，把自己的优势找全、劣势找准，对敌方亦作如是分析，一一摆出来条分缕析。

从人民军队的战争实践看，弱强之变可以说得益于"三多"：一是多借势。就是到人民中间去，紧紧依托人民这个最大的靠山。人民军队到人民中间去就是加权，把敌人引到人民中间去就是对其减权；到人民中间去我方就会一天天强起来，反人民的一方就会一天天弱下去，进而促成强弱形势的转化。二是多用心。"战争是力量的竞赛，但力量在战争过程中变化其原来的形态。在这里，主观的努力，多打胜仗，少犯错误，是决定的因素。客观因素具备着这种变化的可能性，但实现这种可能性，就需要正确的方针和主观的努力。这时候，主观作用是决定的了。"[1] 客观实力不行，就在主观上力求胜敌，比敌方多了解情况，多学习研究，多舍得用脑子想办法，主观上犯错误比敌方少一点。三是多吃苦。就是不怕苦不怕累，愿意跑愿意动，敌人不愿不想不肯做的，我们则不厌其烦不辞辛苦不怕牺牲去做。"敌进我退，敌驻我扰，敌疲我打，敌退我追"，这十六字诀的诀窍不过就是肯吃苦、能受苦、抗折腾，以吃苦之多对敌人的物质之多，在艰苦奋斗上实现以多对少。这三个强弱转化的变量，理论上双方都可利用，但实际上敌方不可能做到。如果都有为人民服务的格局，都有艰苦奋斗的作风，那就不是对手而是同志了。

打仗无非是保存自己消灭敌人。高明的打法各有各的高明，万法归一不过是多赚便宜少吃亏。这些道理看似再简单不过了，以至于让人难以相信这就是兵法圭臬。教条、迷信等僵化的思维模式往往会不由自主偏离朴素真理而绕来绕去，毛泽东兵法的特质恰在于没有丝毫的教条。实事求是加上灵活机动，是他出奇制胜的思想底子。从这个维度看，"各打各的"，既是比各自优势，也是比谁更能破除教条，谁更务实，谁更思想解放。

---

① 《毛泽东选集》第 2 卷，人民出版社 1991 年版，第 487 页。

第二章　学不走的"兵法"

从书本上能学会打仗吗？百世兵家之祖孙武早就有言在先："攻其无备，出其不意。此兵家之胜，不可先传也。"这更多的是从"兵者诡道"的维度而言。1947年12月25日，毛泽东在论述"十大军事原则"后，讲了这么一番道理："蒋介石匪帮和美国帝国主义的在华军事人员，熟知我们的这些军事方法。蒋介石曾多次集训他的将校，将我们的军事书籍和从战争中获得的文件发给他们研究，企图寻找对付的方法。美国军事人员曾向蒋介石建议这样那样的消灭人民解放军的战略战术；并替蒋介石训练军队，接济军事装备。但是所有这些努力，都不能挽救蒋介石匪帮的失败。这是因为我们的战略战术是建立在人民战争这个基础上的，任何反人民的军队都不能利用我们的战略战术。"[1]

让我们回到历史现场，来看看这是怎么一回事。

毛主席用兵真如神

这是人们发自内心的由衷赞叹。"神"在哪里？

在党的七大闭幕式上，毛泽东作了题为《愚公移山》的讲话。说的是古代一个叫愚公的老人，他的家门南面挡着两座大山，一座叫做太行山，一座叫做王屋山。愚公下决心率领他的儿子们挖去这两座大山，有个叫智叟的老头子则嘲笑他们这样干未免太愚蠢了。愚公毫不动摇，每天挖山不止，后来感动了上帝，派了两个神仙下凡把两座山背走了。由此，毛泽东讲了一句经典的语录："我们一定要坚持下去，一定要不断地工作，我们也会感动上帝的。

---

[1] 《毛泽东选集》第4卷，人民出版社1991年版，第1248页。

这个上帝不是别人，就是全中国的人民大众。"那么，如果说毛泽东是战神，他的致胜之源来自大地，来自大地上的人民。就像安泰不能离开大地母亲，人民军队永远也不能离开人民，真正的神只能是人民。

人民是靠山

人民军队靠什么取胜？1953 年 9 月 12 日，毛泽东在谈到抗美援朝的胜利和意义时，作了言简意赅的回答：抗美援朝的胜利是靠什么得来的呢？刚才各位先生说，是由于领导的正确。领导是一个因素，没有正确的领导，事情是做不好的。但主要是因为我们的战争是人民战争，全国人民支援，中朝两国人民并肩战斗。"我们的经验是：依靠人民，再加上一个比较正确的领导，就可以用我们劣势装备战胜优势装备的敌人。"①

战士上前线，人民是靠山。一场伟大的抗美援朝运动如火如荼展开了，全国的老百姓迸发出最为炽热的支前热情，踊跃捐钱捐物、参军入伍。著名豫剧表演艺术家常香玉，赴各地巡回义演募捐了 1 架"常香玉号"战斗机；北京石景山钢铁厂工人，通过增加产量、拣废铁等捐献 1 架"石景山钢铁厂号"战斗机；甘肃玉门油矿工人，在 8 天内用增产所得捐献 1 架"石油工人号"战斗机；四川省简阳县农民发起 1 斤棉捐献运动，在两个月内捐献了 2 架"棉农号"战斗机。据统计，至 1952 年 5 月底，全国人民支援朝鲜前线的捐款可购买战斗机 3710 架。② 抗美援朝期间全国共出现 4 次参军高潮，有 207 万人成为了光荣的志愿军战士。当时对报名参军的人挑得很严，百里挑一，"人们说比挑女婿还严"。

四万万中国人真正拧成了一股绳，这是一股怎样的力量！这种气势足以战胜一切困难、压倒一切敌人。所以，毛泽东豪迈地讲：和平是赞成的，战争也不怕，两样都可以干。如果美帝国主义要再打，我们就跟它再打下去。

① 《建国以来毛泽东军事文稿》中卷，军事科学出版社、中央文献出版社 2010 年版，第 174 页。
② 《中国共产党的九十年》（社会主义革命和建设时期），中共党史出版社、党建读物出版社 2016 年版，第 379 页。

其实早在抗战时期，毛泽东在《论联合政府》中就明确指出了这一点：应该使每一个同志懂得，只要我们依靠人民，坚决地相信人民群众的创造力是无穷无尽的，因而信任人民，和人民打成一片，那就任何困难也能克服，任何敌人也不能压倒我们，而只会被我们所压倒。①

　　人民战争的威力全部来自人民：在工人的、农民的、青年的、妇女的、文化的和其他职业和工作的团体之中，热烈地从事援助军队的各项工作。这些工作不但包括动员人民参加军队，替军队运输粮食，优待抗日军人家属，帮助军队解决物质困难，而且包括动员游击队、民兵和自卫军，展开袭击运动和爆炸运动，侦察敌情，清除奸细，运送伤兵和保护伤兵，直接帮助军队的作战。……"这就是真正的人民战争。只有这种人民战争，才能战胜民族敌人。"②

　　毛泽东常常把人民比喻为"水"，军民关系就像鱼跟水的关系，也像游泳者跟水的关系。鱼离不开水，游水者一样不要脱离水。大水可能是灭顶之灾，也可以是海阔凭鱼跃。而动员了全国的老百姓，就造成了陷敌于灭顶之灾的汪洋大海，造成了弥补武器等等缺陷的补救条件，造成了克服一切战争困难的前提。"军队须和民众打成一片，使军队在民众眼睛中看成是自己的军队，这个军队便无敌于天下，个把日本帝国主义是不够打的。"③

　　解放战争伊始，毛泽东即分析了蒋介石必败的原因，强调"虽有美国援助，但是人心不顺，士气不高，经济困难"；而我们虽无外国援助，但"人心归向，士气高涨，经济亦有办法。"解放区的土地改革激发了人民群众支援前线的空前热情，三大战役中，在解放军身后均有 150 万以上的支前民工，光淮海战役的运输小推车就达到 41 万余辆。对此，陈毅元帅一言以蔽之："淮海战役的胜利是人民群众用小车推出来的"。一切锦囊妙计，无非是想方设法找到人民这个靠山，造成人多势众的局面，这就是人民战争的打法。人民军

---

① 《毛泽东选集》第 3 卷，人民出版社 1991 年版，第 1096 页。
② 《毛泽东选集》第 3 卷，人民出版社 1991 年版，第 1041 页。
③ 《毛泽东选集》第 2 卷，人民出版社 1991 年版，第 512 页。

队之所以凭弱小的军力而常打胜仗，之所以逢危局、逆境、险滩、难关无往而不胜，通俗言之，就是靠上了人民这个最大最硬的靠山。

得民心者得天下。这个道理不难懂，毛泽东的对手也不会不明白。从公开的史料看，蒋介石也是经常告诫党僚部下们照着这个道理去做的。照常理，很难想像一个掌握政权的"领袖"主观上会选择逆民意而行，历代帝王亦可作如是观。但愿望虽好，做得差劲，终是事与愿违。究其实质，"愿"不坚也。有愿望但不坚决不彻底，似是而非，久而久之，恶习成风，无可挽回。

由之，在根本宗旨上差之毫厘则谬以千里，必须坚决彻底，全心全意，容不得丝毫含糊。历史是人民创造的，群众的眼睛是雪亮的，这里面掺不得一点沙子，否则这个"靠山"是靠不上的。打天下，坐天下，最终竞争的是谁的民本理念更彻底，谁为人民服务更坚决，谁为老百姓做的好事更多。没有比较尚可维持，一旦有了比较，民心还是相当敏锐的，泾渭立决。

"我们共产党人区别于其他任何政党的又一个显著的标志，就是和最广大的人民群众取得最密切的联系。全心全意地为人民服务，一刻也不脱离群众；一切从人民的利益出发，而不是从个人或小集团的利益出发；向人民负责和向党的领导机关负责的一致性；这些就是我们的出发点。"[①] 毛泽东和他的战友们，不但是这么说的，也是这么做的，因而胜利也就是必然的；倘若另一方不这么想，或者也这么想这么说但不这么做，其失败也将是必然的。

天才与地才

1973 年 6 月 22 日晚，毛泽东在中南海会见马里国家元首兼政府总理特拉奥雷。客人说，"我们马里共和国的人都认为你是一个天才，而且是有史以来唯一的天才"。毛泽东轻淡回了一句："我是地才，地就是土地吧。"随后他又向客人解释，自己的著作都是人民群众的经验，我作的总结。没有人民，啥事都干不成啊！

---

① 《毛泽东选集》第 3 卷，人民出版社 1991 年版，第 1094 页。

毛泽东自谦的"地才"，套时下的语言就是接地气，保持和群众的紧密联系。但从军事角度看，这个"地"可以视为根据地的象征。早在井冈山的时候，毛泽东就把根据地比作人的屁股，若丢了屁股，就只得不停走动，疲于奔命，不得休整。

1963 年 12 月 5 日，毛泽东在会见哥伦比亚客人时，谈到武装斗争的一些经验，专门强调了这一点："再讲一条，武装斗争要搞根据地。没有根据地，半个指头都割不下。"[①] 后来在会见秘鲁客人时又讲到，"革命单搞军事不行，如不建立根据地，跟群众没有密切联系，不建立正确的党，没有正确的统战工作，单有军队，单会打仗是不行的。"[②] 看似简单而朴素的表述，却是在长期浴血奋战中浸泡出的经验。

早在第二次国内革命战争时期，毛泽东即指出："人民这个条件，对于红军是最重要的条件。这就是根据地的条件。"[③] 抗日战争爆发后，他在《抗日游击战争的战略问题》中专列一章"建立根据地"进行系统论述。根据地是什么呢？它是游击战争赖以执行自己的战略任务，达到保存和发展自己、消灭和驱逐敌人之目的的战略基地。没有这种战略基地，一切战略任务的执行和战争目的的实现就失掉了依托。

大道至简。毛泽东兵法的逻辑朴素而透彻："军事上的第一要义是保存自己消灭敌人""战争的基本原则是保存自己消灭敌人""战争的目的不是别的，就是保存自己，消灭敌人""战争本质即战争目的，是保存自己，消灭敌人。"这些观点在毛泽东的军事著作中反复提及，之所以如此关注，是由中国革命战争的特点决定的。

弱者面对强敌，就得先找个依靠，扎根民众，顽强地生存下来。这就是根据地思维，也是持久战的打法，敌人最怕这一条。人多，地方多，回旋余地大，支撑打仗就可能久一些，时间在弱小但正义这一边。无论是日本的侵

① 《建国以来毛泽东军事文稿》下卷，军事科学出版社、中央文献出版社 2010 年版，第 199 页。
② 《建国以来毛泽东军事文稿》下卷，军事科学出版社、中央文献出版社 2010 年版，第 224 页。
③ 《毛泽东选集》第 1 卷，人民出版社 1991 年版，第 207 页。

华战争，还是美国发动的越南战争、阿富汗战争、伊拉克战争，最后都是在持久战前败下阵来。如何变成持久战？必须有个根据地，背靠大树好乘凉，任何强大的敌人在时间这个巨人面前都是耗不起的。

如果非要说"天才"，毛泽东当之无愧是做群众工作的天才。兵法讲"上下同欲者胜"，这里有上和下两个方面，道理简单真正能做到的凤毛麟角，一个重要原因就是没有从两个角度用力，只是强调下面要跟上面同欲，上面却没有主动实现下面所欲。

如果我们单单动员人民进行战争，一点别的工作也不做，能不能达到战胜敌人的目的呢？"当然不能。我们要胜利，一定还要做很多的工作。领导农民的土地斗争，分土地给农民；提高农民的劳动热情，增加农业生产；保障工人的利益；建立合作社；发展对外贸易；解决群众的穿衣问题，吃饭问题，住房问题，柴米油盐问题，疾病卫生问题，婚姻问题。总之，一切群众的实际生活问题，都是我们应当注意的问题。假如我们对这些问题注意了，解决了，满足了群众的需要，我们就真正成了群众生活的组织者，群众就会真正围绕在我们的周围，热烈地拥护我们。同志们，那时候，我们号召群众参加革命战争，能够不能够呢？能够的，完全能够的。"[1]

这是1934年1月27日，毛泽东在江西瑞金全国工农兵代表大会上的发言。此时的毛泽东已被解除党和红军中的领导职务，处在被排挤的地位。就是在这样的境况下，他深入到群众生活中，进行了大量调查研究，摸准了中国大地的脉搏，把到了妨碍革命运动的症结，并以强烈的历史自觉为即将到来的变革紧前准备着。一切为了群众，一切依靠群众，毛泽东兵法的灵魂一旦接上地气就活了，这或许是他自称为"地才"的原因所在。

有了人民这个靠山，就有了胜利的最基本条件。当然，即便有了这一条，面对高手其实也没有绝对打赢的把握，只是少犯或不犯错误，等着对手犯错误而已。这就是《孙子兵法》里讲的："昔之善战者，先为不可胜，以待

---

[1] 《毛泽东选集》第1卷，人民出版社1991年版，第136页。

敌之可胜。不可胜在己,可胜在敌。"如果旗鼓相当,对手不犯错误,则很难找到胜战机会。然而,双方都不犯错误是不可能的,所以才有了胜败之说。战场上并没有"常胜将军"这回事,所谓神机妙算,神的"机"是由人民掌控着。

运用之妙,存乎"一"心

"凡兵之道,莫过乎一。"古往今来,任是什么制度、什么性质的军队,集中统一指挥都是治军带兵之首务。这里的"一",更多地指向军队的建法、管法层面,所谓"兵权贵一""军令归一",讲的都是这层意思。传统兵法里的"一",还有另一层面的理解。宋代抗金名将岳飞讲的"运用之妙,存乎一心",这个"一"强调的就是用法、战法、打法的层面。

毛泽东在《论持久战》中,曾把"运用之妙,存乎一心"里的"妙"字称作"灵活性",视为聪明指挥员的出产品。顺着这个思路,那么后面的"一"也就是生产车间了。它是"妙"之源头,无论有多么妙多么灵,原因都在这个"一"里面。此话怎讲?

这个"一",直接来说就是指挥员这个"一"。"知兵之将,生民之司命,国家安危之主。"执军者要做到灵活机动高人一筹,无论是战略指导、谋略筹划,还是作战指挥、组织协同,均应胸有成竹存乎一心,如此方有胜算。兵熊熊一个,将熊熊一窝,其中利害不言而喻。

这个"一",更是指打造一个团结一心的指挥中枢,一个心领神会的智囊团。像长征之前的"朱毛红军"时期、遵义会议之后以毛泽东为核心的军事指挥组,就是这样的领导团队。从上往下都是如此,不管哪个方面军、哪支部队,必须在斗争中形成一个团结高效的指挥核心,"刘邓"是这样,"陈粟"也是这样。从更长的历史视野看也是如此,大凡成就伟业的背后都有一个集中统一的高效指挥集团。若无达"一"之领导集团,除非对手更不团结、更不一致,否则断无成功的可能。

这个"一"，还包涵内部和外部的团结一心。在内部，官兵之间，上下级之间，军事工作和政治工作之间，步调一致，上下齐心，亲密无间；在外部，军民之间、军政之间、友我之间，万众一心，团结一致。由此扩展到更大的格局，建立最广泛的统一战线，形成和平力量的大团结，这种更大范围的"一"，是更持久更根本的致胜因素，对人民战争的最终胜利是决定性的。

作为伟大的军事家，毛泽东论述兵法时对这个"一"虽着墨不多，但这无疑是其兵法精髓之所在，也是极高明极高难的地方。甚至可以说，这个"一"，乃一切战略、战术、战法得以有效实施的前提和基础。

心手相应

《孙子兵法》里，有一条灵活机动的"常山之蛇"："故善用兵者，譬如率然。率然者，常山之蛇也。击其首则尾至，击其尾则首至，击其中则首尾俱至。"

毛泽东兵法里，则有一张同样灵活机动的"网"："游击战争的领导者对于使用游击队，好像渔人打网一样，要散得开，又要收得拢。"[①]这是针对抗日游击战争灵活使用兵力问题的阐述。第二次国内革命战争时期，毛泽东起草的红四军前委给中央的信中，就详细介绍了这种"与古今中外的战术都不同"的游击战术：分兵以发动群众，集中以应付敌人。这种战术正如打网，要随时打开，又要随时收拢，打开以争取群众，收拢以应付敌人。无论是"蛇"还是"网"，说的都是用兵的至高境界：得心应手。

作为军事家的毛泽东无疑是当之无愧的，虽然他并没有上过军校，也没有接受过系统的军事训练。他多次讲到自己过去并不会打仗，职业是小学教员。倒是老对手蒋介石，两次留学东瀛，正规军校出身，在毛泽东领导秋收起义开始拿枪杆子之前，起码已有 20 年的军旅履历。单就战法而言，红军的打法其实并没有什么花样，而蒋介石的战法则是变化多端。仅在土地革命

---

① 《毛泽东选集》第 2 卷，人民出版社 1991 年版，第 413 页。

战争时期，蒋介石"围剿"红军就先后用过"重点围攻，步步为营，逐步清剿""稳扎稳打，步步为营""追堵兼施""长驱直入""分进合击"等战法。算盘打得精，点子也不差，但这些令人眼花缭乱的战法，遇到毛泽东就不灵了。为什么？因为不活，不活则不灵，根子在内因。

"能因敌变化而取胜者，谓之神。"指挥员知道"因敌"是一回事，能不能指挥部队因敌而变是另一回事。所谓灵活机动，光是指挥员灵活，部队不能随机而动，仍是纸上谈兵。如果各吹各的号，各唱各的调，又怎能抓住战机神速用兵？如何打法或许可以"眉头一皱，计上心来"，而密切协同、指哪打哪，就不是一纸命令、一个电话甚至现场督战所能办到的。

谁不晓得集多打少是个好主意？但唯有实践中人方知其中要害：能不能集得动、集得快、集得好，不是凭智谋说了算的。1947年3月，在全国战场逐渐丧失主动权的蒋介石，将"全面进攻"战略改为"重点进攻"，把主战场置于陕北和山东，企图抓住解放军主力聚而歼之。仅在山东战场，国民党军就集中了24个整编师60个旅约45万人，并汲取之前"莱芜战役"中被华野分割围歼的"刻骨铭心"教训，采取密集靠拢、齐头并进的战法，向华东野战军发起进攻。

这一战法，在毛泽东看来不仅不是取胜之策，反而是"毫无出路"的表现。"此种战术除避免歼灭及骚扰居民外，毫无作用，而其缺点则是两翼及后路异常空虚，给我以放手歼击之机会。"[1]他数次电示华野：不要性急，不要分兵，不要去扰敌后路，不要天天同敌接触，让敌放胆前进，集结主力于距敌较远地区待机，必能找到歼敌机会。其间举行的孟良崮战役，可谓运用之妙存乎"一"心的典范战例。

"崮"，是一个颇为形象的汉字，是鲁中百姓对四面陡峭顶端平展开阔山岭的俗称。这种像戴着平顶帽子的山，在地质学上属于地貌形态中的"桌形山"或"方山"，其中隐含着地壳抬升运动演化的信息。巍巍泰山之翼，号称

---

① 《毛泽东军事文集》4卷，军事科学出版社、中央文献出版社1993年版，第113页。

沂蒙"七十二崮"的山群，形成近似海平面的辽阔物象，或许因此成就了泰山观日出的盛景。"崮"上双方对决，"你的"与"我的"之优劣是不是展示得更加清楚一些呢？

1947年5月13日至16日，华东野战军抓住敌整编第74师在进攻诸敌中稍形突出的短暂战机，在孟良崮地区迅速集结5个纵队5倍于敌的兵力，将这支国民党军"王牌师"从密集靠拢的重兵集团中割裂开来，硬生生吃掉，蒋介石的得意门生——中将师长张灵甫在此役中丧生。

高手过招并没有绝对的高下之分，战役打响后张灵甫很快即判明粟裕围歼自己的意图，但他自恃周边有40余万国民党军队，相距不过一两天的路程，且左右两翼有第25师和第83师，最近不足10公里。于是，他企图以自己做一个诱饵，以孟良崮为中心固守待援，吸引粟裕的十万大军围上来之后，再集结周边的国民党军队来个更大的反包围。蒋介石对张灵甫"中心开花"的计策十分赞赏，迅即调动10个整编师的兵力星夜驰援，称"抓住山东共军主力，实为难得之良机，务必奏奇功于一役"。

是役，3天3夜激战，时时面临包围与反包围的对抗，处处险象环生，战争的不确定性呈现得淋漓尽致。这不仅是决策层面的谋略之争，更是部队执行层面协同配合和战斗意志的对决。华野担任主攻的5个纵队和阻援的4个纵队，以极大的主人翁姿态，正面突破，穿插迂回，包抄堵截，抗击援敌，外线牵制，侧面呼应，既独挡一面又主动配合，坚决服从大局，不惜一切代价实现上级意图。

反观国民党军一方，张灵甫在崮上固守了3天，但周边的各路援军不是有心无力，就是各打算盘，临战先求自保，硬是没有一支"友军"能够把援手伸到包围圈里。结果，号称国民党军"五大主力"之一的整编第74师，捎带第83师57团共计3.2万人被全部歼灭。[①]

历史可以一概论之，丰富的细节却无法一一再现。短短3天不过时间长

① 《中国人民解放军军史》第3卷，军事科学出版社2010年版，第137页。

河之一瞬，里面发生的故事却难以数尽。且不说华东野战军直接参战的 5 个纵队，从外围参与了这次战役的刘邓野战军 1 纵 2 旅 8 团 2 营教导员陈剑飞，70 年后回忆起一段"绿叶扶红花"之战，仍是历历在目。

国民党军整编第 74 师被围后，张灵甫直接向蒋介石求援，蒋电令正在陇海线上与刘邓大军作战的第 5 军火速奔赴鲁南，这个第 5 军又是一个所谓国民党军"五大主力"之一。毛泽东将这一敌情变化电告刘邓，刘伯承司令员遂将阻击任务交给了 1 纵，指示"第 5 军的牛鼻子一定要牵住，保证华东陈粟歼灭张灵甫的 74 师"。1 纵的 8 团担负三线阻击，要求牵制敌人 3 天，1 个营阻击 1 天。陈剑飞所在的 2 营担负第三天的阻击任务，在 4 架敌机持续轰炸半小时后，敌人接连发起的四次攻击均被打退。第五次攻击已经是下午 4 点，部队伤亡较大，4 连三排长和两个班长先后牺牲，阵地被敌人突破。5 连指导员率领一个排从侧翼冲上去支援，又夺回了失守阵地；4 连指导员乘势率一小分队出击，捣毁敌指挥所，靠着这种配合无间拼死相救的战斗作风，胜利完成阻击任务。蒋介石的第 5 军则在阻击中损兵折将 2000 余人，张灵甫望眼欲穿也没等到这支同为"五大主力"的兄弟。[①] 战史可以留下一堆冷冰冰的数据，却无法统计出一次胜利背后有多少默默无闻的牺牲。从中可以看出人民战争的制胜机理，也可以看到对手的致命缺陷。

我军胜利的原因可以说出很多条，基本的一条就是上下一心。毛泽东善于从战略全局去关照和筹划战役战斗，而下面的各级指挥员又从各个局部主动考虑并照顾到全局，战斗员更是为了大局不惜牺牲，上下贯通指哪打哪。可见，胜败不仅靠神机妙算，更取决于官兵之间亲密无间，各部队之间团结协作，指挥员和战斗员之间心手相应，攒成团结一致的铁拳，打击矛盾重重的敌人。

蒋介石一生致力于"剿共"，可谓殚精竭虑，为什么一次又一次总是落空？究其根子，与其说是输在智谋上，不如说是败在执行上、败在内部关系

① 《红色记忆》，解放军出版社 2017 年版，第 13 页。

上，正所谓战事毁于人事。早在红军长征时期，蒋介石面对派系林立、尾大不掉、阳奉阴违的各路大佬，就已仰天长叹"这真是外国的军队了！"败象早见端倪，其病在根。为人民而战，还是为狭隘的利益集团而战，这是终极战略的对决。

欲要得心应手，还要学会放手。1938年3月8日，毛泽东在延安给各个战场上的指挥员发了一个《军委指导只提出大的方针》的电报，强调"军委有时提出具体作战意见，但是建议性质，是否切合情况，须由朱彭按当前敌情情形加以确定，军委不加干涉。"① 在毛泽东起草的大量战时文电中，尽管事无巨细全盘关照，但仍以保证指挥员的主动权为要，经常可见"一切由你们自己决定，不要请示，免延误时机""由你们机断而行，不要事事请示"之语。真正达至一心就要放手，放手才会有最大限度的灵活机动；而敢不敢放手，恰反映了是否一心的程度。可以说，毛泽东与各级将领已经达到心领神会的默契度，这在蒋介石的军事指挥中恐怕是难得一见的。

放手不是放任，放手是为了"应手"。毛泽东同时又非常重视报告制度，解放战争时期，他亲自为中央起草了《关于建立报告制度》的指示，之后又下发了关于报告事项的通知，对报告的内容、字数、方法、时限作出明确规定。1948年8月5日，毛泽东以中央名义给林彪发了一封两千字的电报，严厉批评其不按规定向中央作综合性报告，之后又转发了东北局的检讨电以示告诫。既放又收，既不包揽也不遥制，既最大限度地保证打仗的灵活机动，又要保证将一切必须统一的权力集中于中央，这正是上下一心的体现。

"得心应手"，得之"一"心，应于"一"手。打仗打的是主动权、自由权，我自由彼不自由则胜。我自由，从"心"来说，就是一心一意，思想一致，没有教条束缚，高度灵活；从"手"来说，就是整齐划一，步调一致，如臂使手，指哪打哪。兵贵神速，没有哪个将军不想让自己的部队"像流水和疾风一样，迅速地移动其位置"，但要害在于上下能不能贯通、左右有没有

① 《毛泽东军事文集》第2卷，军事科学出版社、中央文献出版社1993年版，第190页。

掣肘、有没有"肠梗阻"等内耗。这既要靠指挥系统的畅通迅捷，还取决于部队动作的坚决彻底，战略上一致，思想上一心，行动上一贯，这个"一"字可谓兵法众妙之门。

万法归"一"

"一"在中国文化中是个神奇的数字，如此简单又无所不包。《道德经》里讲，道生一，一生二，二生三，三生万物。兵法里的"一"也可以生出万千锦囊妙计。

纵观毛泽东军事指挥生涯，给人印象最深刻的，就是办法总比困难多。无论遇到多么厉害的对手，什么复杂的情况，总是有办法对付。国内战场上如此，跟陌生的国外强手较量亦如此。个中奥妙当然不是存乎毛泽东一人之心，而是人民战争的威力。

毛泽东在谈到抗美援朝胜利的原因时曾强调，领导是一个因素，而最主要的因素是群众想办法，我们的干部和战士想出了各种打仗的办法。"我讲一个例子。战争的头一个月，我们的汽车损失很大。怎么办呢？除了领导想办法以外，主要是靠群众想办法。在汽车路两旁用一万多人站岗，飞机来了就打信号枪，司机听到就躲着走，或者找个地方把汽车藏起来。同时，把汽车路加宽，又修了许多新汽车路，汽车开过来开过去，畅行无阻。这样，汽车的损失就由开始时的百分之四十，减少到百分之零点几。后来，地下仓库修起来了，地下礼堂也修起来了，敌人在上面丢炸弹，我们在下面开大会。我们住在北京的一些人，一想到朝鲜战场，就感到相当危险。当然，危险是有的，但只要大家想办法，并不是那么了不起。"①

从集多打少的制胜机理看，这里体现的是智谋之"多"：民主决策，交换比较，群策群力，群威群胆，自然比个人独断专行多了些智慧，比孤家寡人多了些力量。面对人民战争的汪洋大海，任是蒋军李军、日军月军、美军

---

① 《建国以来毛泽东军事文稿》中卷，军事科学出版社、中央文献出版社2010年版，第174页。

丑军或者什么军，总有黔驴技穷之时。而人民军队上下团结如一人，三大民主出奇兵，制敌招法如滔滔江水绵绵不竭。

"一"还生"气"。毛泽东带兵打仗很讲究"气"，看重那么一股子气、一股子劲，欣赏比"钢"多的那个"气"，昂扬士气、必胜志气、和谐心气、旺盛人气。"气"其实是内部关系营造的一种氛围，生于集体之中，单个人则难以产生这种气场。解放战争时期，国民党军弥漫着一种避战气氛，消极怠战阵前倒戈不计其数；而解放军则有一种嗷嗷叫的求战胜战氛围，以多参战、多打胜仗为荣，这种气场直接促成摧枯拉朽势如破竹的局面，大大加快了战争进程。

无数个指战员的个体"一"，汇集成更高层次的集体"一"，从一、二、三……又归于三、二、一，递进循环，运用无穷，此中之妙暗合"从群众中来，到群众中去"的唯物史观哲理。

1939 年 9 月 9 日，著名作家老舍作为文艺界抗敌协会代表访问延安，在接待晚宴上毛泽东向他祝酒。老舍后来讲了一句意味深长的话："毛泽东是五湖四海的酒量，我不能比；我一个人，毛泽东身边是亿万人民群众啊！"[1] 这一句酒场戏言却映射了人民战争的制胜机理。兵法运用之妙存乎一心，蒋介石的确是存乎他一己之心，而毛泽东则是存乎万众一心。这两个"一"，差距何止千里，蒋介石焉能不败！

"一"生万法，万法归"一"，这个"一"又是从哪里来？当然不是凭空而来，也非现场鼓动所能奏效，更不是谁想达到就能达到的。没有无缘无故的"一"，也没有一成不变的"一"，现在达到了"一"并不代表始终如一。这个"一"是从无数次战斗中磨出来融出来的，它源自长期营造悉心呵护的内外关系，源自一点一滴日积月累的兵心。

1928 年的冬天，毛泽东在井冈山给中央的报告中写道："这样冷了，许多士兵还是穿两层单衣。好在苦惯了。而且什么人都一样苦，从军长到伙夫，

---

① 艾克恩主编：《延安文艺史》（下），河北教育出版社 2009 年版，第 580 页。

除粮食外一律吃五分钱的伙食。发零用钱，两角即一律两角，四角即一律四角。因此士兵也不怨恨什么人。"① 为什么红军能够忍受人世间无法想像的苦难，不仅没散掉反而越打越强？有盐同咸，无盐同淡，如此而已！

延安整风期间，陕甘宁边区部队首创"尊干爱兵"活动，官兵之间从总司令员到普通一兵，形成了一种生死与共、血浓于水的关系。著名华侨领袖陈嘉庚曾回忆，1940 年他率慰问团访问延安时，八路军总司令员朱德亲自陪他到各处参观。有一次经过抗大操场时，战士们正在打篮球，看到朱德便喊起来："总司令来一个"。这时，刚从重庆参观过的陈嘉庚惊讶地发现，身经百战、威震敌胆的朱老总马上脱掉外衣，身着一件背心就上场和战士们玩了起来。这一场景与国民党等级森严的状况形成鲜明对比，给陈嘉庚留下深刻印象，让他确信"中国的希望在延安"。

带兵就是带心。心服才能同生共死，心齐才能步调一致，心明才能自觉主动。传统兵法有"愚兵"之论，"能愚士卒之耳目，使之无知""若驱群羊，驱而往，驱而来，莫知所之。"而新型人民军队的力量，恰在于"明兵"，让每一名战士"不当糊涂兵、不打糊涂仗"。毛泽东一再强调，必须使每个士兵都明白为什么要打仗，打仗和他们有什么关系，必须把打仗的目的告诉一切军民人等，方能造成几万万人齐心一致，贡献一切给战争。把打仗目的与士兵利益紧紧联系起来，从根子上解决思想统一问题，即是达"一"之道。"这个政治上动员军民的问题，实在太重要了。我们之所以不惜反反复复地说到这一点，实在是没有这一点就没有胜利。没有许多别的必要的东西固然也没有胜利，然而这是胜利的最基本的条件。"② 一般而言，兵法总归是与智谋相联系的，但毛泽东兵法的特色，与其说赢在智谋上，莫如说赢在人心上。如果说有什么高招，这就是决定性的一招。

打仗的法子，不过是集多打少，没有多少奥不可言的玄机。而人民战争

---

① 《毛泽东选集》第 1 卷，人民出版社 1991 年版，第 65 页。
② 《毛泽东选集》第 2 卷，人民出版社 1991 年版，第 513 页。

的要害即在人民，这么多人一旦团结起来，只要不犯错误不瞎折腾，一定能坚持到胜利那一天。然而怎么把人民大众发动起来，怎么把官兵思想统一起来，怎么把一盘散沙变成万众一心，并不是一件容易的事。

1945 年 4 月，毛泽东在党的七大预备会议上坦陈了这一点："过去常说，团结得像一个人一样，那是写文章的词藻。我们这回说，团结得像一个和睦的家庭一样。家庭是有斗争的，新家庭里的斗争，是用民主来解决的。我们要把同志看成兄弟姊妹一样，从这里能得到安慰，疲劳了，可以在这里休息休息，问长问短，亲切得很。"[①]

团结就是力量！这不是毛泽东的发明，古今中外的兵书多有提及。先秦典籍《荀子》中就有"用兵攻战之本在乎壹民"的说法，《孙子兵法》中也有"齐勇若一，政之道也"等类似观点。万众一心、上下一心、团结一心、举国同心、戮力同心、同德同心……为什么汉语词汇中类似的词不胜枚举？这里面蕴含着破解中国传统文化独特基因的密码，无论治党治国治军，还是治一单位治一家庭，如何统一思想行动都是无法绕开的一环，这也是基于人口众多这一基本国情的必然逻辑。虽然绝对的团结一心是难以企及的理想境界，但谁更能接近"一"心，无疑谁将更有可能胜出。

"屁股"决定"脑袋"

毛泽东兵法厉害吗？穷凶极恶的日本侵略者，在人民战争面前无计可施陷于灭顶之灾；占尽优势的国民党军，在解放军面前只能是忽喇喇似大厦倾；而武装到牙齿的所谓第一超级大国与志愿军交手，却诞生了其历史上第一个在没有取得胜利的停战协定上签字的司令官。

毛泽东兵法神秘吗？向来是公之于众而毫不保留。然而，毛泽东兵法却是极难学的，个中精髓敌人是学不走的，玄机何在？

---

① 《毛泽东文集》第 3 卷，人民出版社 1996 年版，第 297 页。

翻看史料，蒋介石打仗有一大特点，就是经常组织军事检讨会议，几乎每次大战必有检讨式总结。解放战争第一年，国民党军即被人民解放军歼灭 112 万人，趾高气扬志在必得的进攻势头夭折了，并且深陷解放区腹地。1947 年下半年，蒋介石检讨前一段作战情况时认为，解放军打胜仗的一个重要因素就是有解放区人民的全力支援，打的是"人民战争"；而国民党军只是单纯的"军事戡乱"，没有发挥政治的、经济的、思想的和军事的总体威力。因此，他重新捡起曾在十年内战期间提出的"三分军事七分政治"口号，并把它作为今后"戡乱"的指导方针，提出所谓"总体战"的新战略。[1] 这一检讨看起来是精到的，然而也是无效的。

与此同时，毛泽东在周密运筹后要求人民解放军立即转入外线进攻，并将进攻的重点置于国民党军兵力薄弱的中原地区，提出了"今后每年消灭敌军约一百个旅"的任务。结果呢？1948 年 8 月，国民党统帅部又在南京召开军事检讨会议，在接连的败仗面前只得进一步将战线收缩至黄河以南、长江以北地区，企图"彻底集中兵力"以挽救时局。然而，局势却是日益"恶化"。面对将帅不和、败不相救、胜则争功、士气低落、军心动摇的局面，蒋介石的检讨就愈加频繁了。可见，看似颇有诚意的"检讨式总结"，其效果与"表功式总结"殊途同归，从"讳"问题到"秀"问题，就是不解决问题。

平心而论，蒋介石的检讨每每能抓住要害。比如，在战法检讨上，蒋介石曾分析到"占地愈多，则兵力愈分，反而处处被匪军牵制，成为被动。"这与毛泽东强调的打仗不在一城一地之得失、存地失人则人地皆失的观点何其相似！再比如，关于战斗精神，在蒋介石声称是政权"存亡最大之关键"的淮海战役中，第一阶段即遭到黄百韬兵团被全歼之当头棒喝，为此蒋严斥手下将领畏战不前、配合不力，各路援军在飞机坦克掩护下，消耗炮弹 12 万余发，每日进展尚不及一公里，"实有失军人武德""亦革命军人之奇耻大辱。"直到败退台湾后，蒋介石还在不断总结战败原因，特别强调军队腐化

① 《中国人民解放军军史》第 3 卷，军事科学出版社 2010 年版，第 255 页。

堕落、纪律废弛，官兵"忘了革命，忘了主义"，成了一支"没有灵魂的军队"。倘若汇编一套蒋介石的军事检讨大全，想必能包含解放军的许多建法战法，亦会赛过一些军事专家的兵书宝典。然而又总是摆脱不出屡战屡败屡犯同样错误的怪圈，何故？

1945年4月24日，毛泽东在党的七大上作的政治报告中，专列"人民战争"一章。虽仅有2000余字，但人民战争的精髓要义皆可从中找到源头，故引之不待赘述：

"这个军队之所以有力量，是因为所有参加这个军队的人，都具有自觉的纪律；他们不是为着少数人的或狭隘集团的私利，而是为着广大人民群众的利益，为着全民族的利益，而结合，而战斗的。紧紧地和中国人民站在一起，全心全意地为中国人民服务，就是这个军队的唯一的宗旨。

在这个宗旨下面，这个军队具有一往无前的精神，它要压倒一切敌人，而决不被敌人所屈服。不论在任何艰难困苦的场合，只要还有一个人，这个人就要继续战斗下去。

在这个宗旨下面，这个军队有一个很好的内部和外部的团结。在内部——官兵之间，上下级之间，军事工作、政治工作和后勤工作之间；在外部——军民之间，军政之间，我友之间，都是团结一致的。一切妨害团结的现象，都在必须克服之列。

在这个宗旨下面，这个军队有一个正确的争取敌军官兵和处理俘虏的政策。对于敌方投诚的、反正的、或在放下武器后愿意参加反对共同敌人的人，一概表示欢迎，并给予适当的教育。对于一切俘虏，不许杀害、虐待和侮辱。

在这个宗旨下面，这个军队形成了为人民战争所必需的一系列的战略战术。它善于按照变化着的具体条件从事机动灵活的游击战争，也善于作运动战。

在这个宗旨下面，这个军队形成了为人民战争所必需的一系列的政治工作，其任务是为团结我军，团结友军，团结人民，瓦解敌军和保证战斗胜利而斗争。

在这个宗旨下面，在游击战争的条件下，全军都可以并且已经是这样做了：利用战斗和训练的间隙，从事粮食和日用必需品的生产，达到军队自给、半自给或部分自给之目的，借以克服经济困难，改善军队生活和减轻人民负担。在各个军事根据地上，也利用了一切可能性，建立了许多小规模的军事工业。"①

可见，人民战争并不是作为一个理论问题、认识问题、策略问题所能把握的，立场在这里更带有根本性。"全心全意地为人民服务"，好比是毛泽东兵法的总根子，在这个宗旨下面分生出若干枝干，支撑起人民战争的参天大树。

知彼难，知己更难。擅长败后检讨的蒋介石，分析"共军"费尽心思，却无法真正剖析出自己的最深层问题。或许是当局者迷的缘故，人总是很难挖到自己身上的病根，也就难以跳出来审视自己。归根到底，这是人的阶级局限性所致，屁股既然坐在地主、官僚资本等少数权贵阶层那一边，就不可能再代表最大多数的劳苦大众。即便是诚心想彻底改造自己，身边的圈子也不会跟着他走，更不会允许他损害圈子的利益。

战争最终是人心向背的较量，屁股决定脑袋，立场决定一切。囿于小圈子，哪怕有再好的愿望也贯彻不下去，在更加坚定彻底为人民服务的对手面前，只能接受失败的命运。这就是规律，这就是真理，这就是人类战争史告诉我们的制胜机理。

关于这一点，毛泽东曾多次讲过自己写的一些东西对人民战争是适用的，对反革命战争则是不适用的。1963 年 7 月 26 日，在会见外国客人时，毛泽东谈到阿尔及利亚反对法国殖民统治的游击战，"法国军队领导机关还出

---

① 《毛泽东选集》第 3 卷，人民出版社 1991 年版，1039 页。

版我写的小册子，企图用来打败阿民族解放军。我告诉他们，我写的小册子，是人民战争的小册子，反人民战争的那一方面，不可能利用。他们想利用，实际上是不可能的。我们在国内战争时期，蒋介石也利用我写的小册子，想把我们打败，结果还是不行。美国人也想利用我们的办法，他们有很多人研究中国的游击战、运动战的战略战术，但是在朝鲜战争中间，没有得到什么好处。"[1]

就拿人民军队擅长的"诱敌深入"战术来说，如果单纯看成空间地理问题，一味靠地理位置来"诱"，那布好的口袋高明的对手怎么会钻呢？其实，敌人学不会的是诱敌深入之外的功夫。第一个就是人民群众这个打不倒的根据地。只有把敌人诱到人民战争的汪洋大海中才能创造无穷战机，而这个条件是丧失民心的敌人不可能学到手的。再一个学不会的东西就是心手相应。"诱"的最终目的、最高法则就是在某一时点上造成"集"多打少之势，只要抓住这一点，总会有个"诱"敌之处，总会有个歼敌时机。这就是说，诱敌深入的策略是公开的，用什么"诱"、何时"诱"、"诱"往何处、怎么"诱"，不过是策略层面，敌人也是能够觉察到的。但敌人虽能看明白却做不到的正在这个"集"字上，这是战略层面、建军宗旨的大问题。所以，无论蒋介石采取什么"齐头并进""步步为营""稳扎稳打"等招术，各打算盘的国民党军完全没有办法在"集"上胜过团结一心的人民军队，总会露出空隙，想完全避开被围歼的命运也就难乎其难了。

显然，这不是脑袋聪不聪明的问题，而是屁股坐没坐对地方的问题。所谓人民战争的奥妙，首在立场，立场对了才有后面的一系列东西；没有同人民站在一个战壕，任是多少诡道也发挥不出人民战争的威力。正是基于这一点，我们可以自信地说：正义的事业是任何敌人也攻不破的。

其实，人民战争这个概念，还是德国军事家克劳塞维茨在《战争论》中首次提出来的。古今中外历朝历代，大凡有作为的帝王将相，能够认识到民

---

[1] 《建国以来毛泽东军事文稿》下卷，军事科学出版社、中央文献出版社 2010 年版，第 180 页。

众对战争意义的可能不在少数，但真正能够赢得群众的却是少之又少，官僚体制的庞大惯性并非一代英主所能彻底扭转的。道理并不玄奥，中国人心里清楚，外国人也能看明白。

1944 年底，美国驻华使馆的外交官戴维斯、谢伟思在写给美国国务院的报告中，极为精到地强调了这一点："共产党的政府和军队，是中国近代史中第一次受有积极的广大人民支持的政府和军队。它们得到这种支持，是因为这个政府和军队真正是属于人民的"。他们甚至预言，除非国民党能够取得同样的成绩，在短短的几年中，共产党"将成为中国唯一的主导力量"。[①]

依靠群众鱼得水，脱离群众树断根。1943 年 8 月 8 日，毛泽东在中央党校第二部开学典礼上讲到：国民党也需要老百姓，也讲"爱民"。不论是中国还是外国，古代还是现在，剥削阶级的生活都离不了老百姓。他们讲"爱民"是为了剥削，为了从老百姓身上榨取东西，这同喂牛差不多。喂牛做什么？牛除耕田之外，还有一种用场，就是能挤奶。剥削阶级的"爱民"同爱牛差不多。我们不同，我们自己就是人民的一部分，我们的党是人民的代表，我们要使人民觉悟，使人民团结起来。"在这个问题上，我们同国民党是对立的，一个要人民，一个脱离人民。"[②] 谁会拒绝群众的支持呢？但一旦具体到利益问题就不好说了。为人民吃苦，为人民牺牲，为人民长期坚持艰苦奋斗，没有彻底的革命立场显然是做不到的，而做不到群众就不会买这个账。

打胜仗有各种打法，人民战争的打法就是依靠人民。毛泽东同志为代表的中国共产党人，以群众路线贯通基层赢得人民的伟大创举，的确是前无古人的。无论是国内革命战争还是与敌国的战争，无论是抗日还是抗美，各种打法背后的致胜机理，归为一点就是"人民战争"。去掉"人民"则无异于釜底抽薪，一切战略战术战法就不灵了。

两军对垒谁更强？看谁的格局更大，谁更心底无私，谁更甘愿牺牲。这

① 《中国共产党的九十年》（新民主主义革命时期），中共党史出版社、党建读物出版社 2016 年版，第 235 页。
② 《毛泽东文集》第 3 卷，人民出版社 1996 年版，第 57 页。

样的兵法乃天下公器，之所以敌人不愿学、没法学、学不会、用不了，因为最终比的是格局，一己之私、一家之利、一伙之局，当然无法掌握天下为公格局下的人民兵法奥秘。天下为公则天下力量为我所用！毛泽东无疑是有史以来最为彻底的人民战争实践者，对人民群众地位作用的认识与开发无出其右。

第三章　智能化时代的人民战争

历史逻辑告诉我们，军事革命首先源于军事技术革命。"一旦技术上的进步可以用于军事目的并且已经用于军事目的，它们便立刻几乎强制地，而且往往是违反指挥官的意志而引起作战方式上的改变甚至变革。"恩格斯的这句名言，可谓科技是核心战斗力的注脚。那么，现代高技术条件下人民战争思想过时了吗？"无人战争"已经悄然登场，人民战争又该如何打法？

从以往的战例理解毛泽东兵法并不难，难的是如何在新的战争形态下与时俱进运用好这一兵法，在信息化智能化时代发挥出人民战争的威力！这是当下学习毛泽东兵法的试金石。

地球人的战争

1962年10月20日，中印边境自卫反击作战爆发，中国边防部队按照"不仅要打退，还要打狠打痛"的指示，历时1个月全歼印军3个旅，重创印军3个旅，另歼印军5个旅的各一部，共毙印军4800余人，俘3900余人，狠狠打击了印军肆无忌惮的挑衅和嚣张气焰。中国军队在得胜后主动后撤，并释放了全部战俘，取得了军事、政治、外交上的全面胜利。单从这一战的打法看，与以往作战并无二致，我军擅长的大纵深迂回包围、多路穿插等战术得以有效施展，战局亦是势如破竹没有多少悬念可言。倒是战后毛泽东的一段评论，引出了一个更值得关注的课题。

"没有看见过武器有手"

那是1963年2月19日，毛泽东在听取西藏军区司令员张国华汇报对印自卫反击作战情况时说："最基本的原因你还没有讲到。最基本的原因是，我们是工人农民的军队，不是地主资产阶级的军队；是共产党领导的军队，不是国民党领导的军队。然后，就是你所讲的，三年以来憋了一口气。工人农民的军队，共产党领导的军队，不能打胜仗呀？不能把进攻的敌人打下去呀？别的星球上的，如果来了怎么办，现在我们没有经验。地球上的，我看就是要把它整下去。"① 这是极而言之，凡是地球上能够想像到的对手，我们都是有信心争取胜利的。

一年后的 1964 年 7 月 9 日，毛泽东在会见外宾时又讲到，"有人说，武器是第一，人是第二。我们反过来说，人是第一，武器是第二。武器同机器差不多，都是人手的延长而已。是人拿在武器手里，还是武器拿在人手里？当然是后者，因为武器没有手，哪个武器有手？我打了二十五年仗，包括朝鲜战争三年。我原来是不会打仗的，不知道怎样打，是通过二十五年的战争过程学会打的。我从没有看见过武器有手，只看见人有手，而人用手掌握武器。"② 毛泽东的时代，还没有"变形金刚""星球大战"之类的畅想，也无法想像长手的武器。

20 年后，1983 年 3 月，美国总统里根正式提出建立反弹道导弹防御系统的战略防御倡议，将战场从地球扩展到宇宙空间，称为"星球大战计划"。这是冷战背景下现实版的人类战争运筹方案，而科幻版的"星球大战"早已搬上了银幕。更吸引眼球的则是发轫于 20 世纪 90 年代初的真实版新战争形态：海湾战争、科索沃战争、阿富汗战争、伊拉克战争……一场接着一场，借助现代传媒手段，中国军人如同现场观摩般见识了所谓高技术条件下的现代战争打法，与之相关的探讨也如雨后春笋般不绝于耳。

透过新军事变革呈现的万花筒，并不见得美国大兵有多么高明，多么高不可攀。马克思主义军事理论认为，军队组织和作战方式以及与之相关的胜负，说到底是当时社会生产方式和生产组织在军事上的反映。"信息化"的概

---

① 《建国以来毛泽东军事文稿》下卷，军事科学出版社、中央文献出版社 2010 年版，第 163 页。
② 《建国以来毛泽东军事文稿》下卷，军事科学出版社、中央文献出版社 2010 年版，第 248 页。

念在 20 世纪 60 年代即由日本人率先提出，1977 年法国政府推出的经济发展报告《社会的信息化》中正式使用"信息化"一词，由此广为传播并在国际上被普遍接受。经过几十年的蓄势发展，信息化已经成为当下人类社会的最鲜明特征。信息化战争不过是反映这一特征的一个窗口，而且已不再是最先体现这一时代特征的窗口。科技发展到了这一步，"立刻几乎强制地"军事变革就是可以预期的了。

在科技发展日新月异的新时代，奋楫前行的人民军队面对的现实是：机械化尚未完全实现，信息化建设起步较晚，而智能化时代已然来临。"三化"叠加，压力空前，但光明的前景也是前所未有的。对于眼下吹到军事变革风口的智能化战争，的确没有现成经验可循，也没有严格意义上的实战可借鉴。毛泽东虽然没有给后人留下打赢智能化战争的锦囊妙计，不过再智能化的战争仍是地球人干的事，通过战争向这种智能武器学习，最后也一定能打败它。无论战场延伸到哪里，终归是人类的战争，人民战争就不会过时。

未来战争是什么样、怎么打，一百个人会有一百个答案，也就有一百种不确定性。可以确定的是，人永远是战斗力中最活跃最核心的要素。在可以预见的未来，无论是信息化还是智能化战争，仍然是人操纵机器，而不是机器操纵人。尽管人工智能在很多方面已经远超常人的思维能力，但背后仍是人的智能之间的比拼较量，智能化人才仍然比智能化武器更重要。即便到了机器操纵人的那一天，人类还是得斗争，从机器那里把自己解放出来，还是"人的因素"第一。

由之，智能化时代的人民战争，根本的一条，无非还是把人民发动起来，把智能化人才发动起来。而具体的战法打法，只有在实践实战中才能具体总结出来。

只要是地球人的战争，就不怕，敢于斗争，战而胜之。这种大无畏的革命精神，并非出于纯粹的勇气，而是与主观指导的正确与否直接相关。毛泽东曾指出，我们承认战争现象是较之任何别的社会现象更难捉摸，更少确实性，即更带所谓"盖然性"。但战争不是神物，仍是世间的一种必然运动。就是说，战场上全然知彼知己是很难做到的，但只要尽最大可能地知彼知己，继之以指挥员聪明的推论和判断，实现一般的正确指导，是做得到的。

"我们有了这个'一般地正确的指导'做武器，就能多打胜仗，就能变劣势为优势，变被动为主动。"① 所谓兵法，主要就是这个"主观指导"。不论敌人多么强大，局面多么困难，条件多么不利，只要用好"正确指导"这个武器，总能找到敌之软肋我之优势，找到斗争之法生存之道。

那么，打仗就是打"主观指导"吗？这里还有一个必要前提：尊重实力。

任何战争最终都会稳定在一条"三八线"，这是双方攻防极限的交汇线，也是双方实力的均衡线。各打各的，看似打的是非对称，其实总体上还是大致平衡下的非对称，实力反差太大以卵击石就不需要什么战法了！由此，任何作战机理，不过是基本对称条件下的非对称作战机理。实力就摆在那里，唯心主义者也无法不承认，何况唯物主义者。所以，面对陌生的战场也不必惊慌，哪怕一开始吃几次败仗，只要有学习力、变革力、创新力，做到知彼知己，总会找到适合的状态。如果出现兵败如山倒、一败涂地的状况，那就不单单是战场上的问题了，需要从整个武装力量建设乃至政治上找原因了。

一手好牌未必是最后的赢家，上等的食材不一定做出一桌好菜。致胜的条件能不能发挥出来，还要看牌技、看厨艺、看兵法，硬实力与软实力相辅相成不可或缺。无论对手看似多么强大，人民战争的最终胜利是毫无疑义的，问题仅在于想付出或能付出多大的代价。胜利与主观指导、自觉的能动性直接相关，而代价则与武器装备直接相关。将来的智能化战争，我们准备付出什么样的代价、付出多少代价，或者能够承受多大代价，这是人民战争的智能化版本需要回答的课题。

---

① 《毛泽东选集》第 2 卷，人民出版社 1991 年版，第 490 页。

到"智能化"大海里游水

18世纪中叶以来，先后发生了3次工业革命，相继把人类带入蒸汽时代、电力时代和信息时代，如今正迎来新一轮科技革命和产业变革。如果说以蒸汽技术驱动的第一次工业革命延伸了人的肢体，那么以人工智能技术为驱动的新一轮科技革命将极大拓展人类的智能。

经过60多年的发展积淀，人工智能已经走出实验室，深度融入到社会生活的各个领域。世界主要发达国家纷纷把发展人工智能作为国家核心竞争力加紧筹划布局，争夺主导权。2016年10月，美国国家科技委连续发布了《为人工智能的未来做好准备》《国家人工智能研究和发展战略计划》，将人工智能提升到国家战略高度。

"竹外桃花三两枝，春江水暖鸭先知。"向来得科技革命风气之先的军事领域自是不甘落伍。美军把军事智能作为"改变战场游戏规则的关键技术领域"，早已展开布局，在自主学习系统、人机协同决策、机器辅助人员作战、先进有人无人编队作战、网络赋能自主武器等领域持续发力，企图再次引领世界军事变革潮流。

科技是新军事革命的引擎，只有紧盯科技发展大势，才能摸准战争形态演变脉搏，把握作战方式变化的规律，从而把未来打什么仗、怎样打仗这一基本问题搞清楚。在智能化革命浪潮中，人民军队虽说没有输在起跑线上，但以前落下的课还得补上。以美军数十年内的战争实践为靶子，冠之以"信息化战争"的跟跑式研究为时已久。这里的关键词就是"信息"，已经成为"物质"和"能量"之后战争形态演变的标志和主线。同样，制信息权也变成战场综合制权的核心，信息优势成为决策和行动优势的要害。在信息网络基础上，各种作战要素的大联合：人的联合，人机联合，军种联合，万物互联，联合作战，成为信息化战争的基本形式。这还只是对近几十年发达国家信息化作战样式的一些研究结论，而在科幻大片的轰炸和现实战争的佐证下，呈现在人们脑海里的智能化战争场景，已近匪夷所思之境。

新军事变革的日历越翻越快。2015年底，俄罗斯军队在叙利亚反恐作战中，派出了由2种10部战斗机器人组成的地面突击集群，这是世界上首次出现机器人在真实战场上集群亮面。2018年1月6日，俄罗斯国防部公布了俄军驻叙利亚基地遭到13架无人机"蜂群式"攻击的消息，俄军无线电技术部队成功控制其中6架，其余7架全部被俄军"铠甲S"防空系统击落。

或许，这只是信息革命改变战争规则带来"蝴蝶效应"的一次微小颤动，但已然感受到智能化浪潮的汹涌澎湃之势，宣示着军事强国在智能化领域的较量登上实战舞台。到了2018年的年底，军事爱好者注意到，新华社旗下的《参考消息》连续四期转载外媒《人工智能正在改变战争未来》的系列文章，展示了"无人"争锋、"非人"对抗的未来作战场景。机器人士兵与人类并肩作战并让人类相形见绌日益变成现实，这一前景从美国前国防部副部长鲍勃·沃克的描述中可见一斑：未来的战场将极具杀伤力，其节奏将是一天24小时、全天时、全天候，无休无止……将是我们的人工智能对抗他们的人工智能。

站在新战争形态变革前沿，科学家有科学家的视角，政治家有政治家的考量，军人则有军人的预测。然而，这一切研究得再透彻，不下水永远也学不会游泳。"指挥员在战争的大海中游泳，他们不使自己沉没，而要使自己决定地有步骤地达到彼岸。指导战争的规律，就是战争的游泳术。"[1]信息化智能化背景下的战法研究，不是灵机一动或挖空心思拍脑袋想出来的。真正学习智能化战争，只有到智能化大海中去游水。

人工智能迈进爆发式增长期，给中国提供了一个弯道超车的良机。2017年，中国先后发布了《新一代人工智能发展规划》和《促进新一代人工智能产业发展三年行动计划（2018—2020）》，成为人类这一科技新宠的重要玩家。"加快军事智能化发展"，党的十九大也吹响了人民军队在军事智能化领域奋起直追的进军号角。智能化是通过综合集成和不断迭代来"化"的，而

---

[1] 《毛泽东选集》第1卷，人民出版社1991年版，第183页。

且越"化"越快。战斗力也越来越多地取决于学习力、科技力、迭代力，这与我军"灵活机动"的战法传统一脉相承。科技创新引擎驱动下的智能化时代，为战法研究及战斗力增长提供了无限可能。可以说，以人工智能为代表的高新科技已不再是战斗力的某一要素，而是战斗力生成、重构的基本平台和最强引擎。

超限与界限

荷马史诗中有个"阿喀琉斯之踵"的传说，说的是英雄阿喀琉斯出生时，母亲将他倒提着浸进冥河，以此炼就"金钟罩"神功护体。遗憾的是，他那被母亲捏着的脚后跟却露在水外，成为全身留下的唯一一处"死穴"。后来，勇力过人阿喀琉斯正是被敌人一箭射中了脚踝而亡。这其实说的是一个老理：即使再强大的英雄，也有致命的软肋。而在人民战争面前，是不会止于阿喀琉斯之"踵"的，任何敌人都不可能只有一个弱点。开启了人民智慧，反人民的一方必定破绽百出。新的战争形态也逃脱不了这一规律，人民战争之树长青。

纵观人类战争史，战争形态和作战模式的演变，实际上不断处于限制与超限之间。比如游击战，相对于正面战场也可谓超限战，但不是随意为之，而是有着明确的理论指导、严格纪律和政治保证，不能超出人民战争、正义战争的范畴。超限当然不是无原则无底线，不是不择手段，而是相对于常规而言超越教条限制。任何战法研究都不能超出人类理性进而是人性的界限，不能超出国际上普遍认同接受的战争法则的限制。

正义战争统摄之下的灵活机动，灵活的是思维方式思想方法，在原则、立场、底线上坚定无比毫不灵活绝不超限。恰恰是反人民战争的一方，往往不择手段，无所不用其极。唯有人民，无所不在的人民，才是对付一切反人类战争行为的铜墙铁壁。这是爱好和平的中国人民独有的智慧，霸权霸凌思维的局限内，何曾想到运用人民群众的力量！

已故物理学家斯蒂芬·霍金在其最后著作里写道：一种利用基因工程超

越同伴的超人种群将占领主导地位。而英国科学家业已公布了现实版"超人"蓝图。透过这些信息来看，这位已逝的科学巨人对超人优先民族的担忧，并非杞人忧天。科技是把双刃剑，人类未必已经准备好了迎接一切。有着自强不息、中正平和理性价值观的中国人，不但能够发挥科学之"善"，而且在预防制止科学之"恶"上有先天的文明因子。当然，这不是科学定理，需要中国人用实践来证明。

现代科技革命突飞猛进，众多颠覆性技术异军突起，新军事变革持续跟进，信息化战争尚无定论，智能化战争粉墨登场，战法研究几近乱花渐欲迷人眼之势。一切皆在变化中，我们尚能确定的边界是：当下讨论的还不是地球人与外星人的战争，不管战场在陆海空天电，或者其它什么"域"什么"维"，仍是地球人之间的战争，顶多是地球人的"机器代理人"之间的战争。

外星球的"汽车人"还没有来到地球，仍然是人类制造出来的"机器人"在玩，哪怕这个代理人冠之以"阿尔法狗"或别的什么，仍是人类之间战争，仍在人性限度之内。人类无法理喻的可以暂不讨论，在人类尚能理解的范畴内，智能化程度再高的机器人，背后也站着一个或几个地球人，仍是可以理喻的。当然，这里不能排除人性也在变化。

向敌人学习打仗，是毛泽东兵法留给我们的一大法宝。无论什么新型战场、新型武器、新型战法，都是人为的，都是人在主导，都是可以学会的。无论科技发展多么令人瞠目结舌眼洞大开，仍然可以确定：只有无人化战场而不可能有什么无人化战争，真正的无人化战争只能是机器人研究的课题，那意味着人类已经灭绝了。人民战争的边界，也就是人类完全灭绝的那一刻。

只要是地球人参与的战争，人仍然是决定性因素。只要有人就有办法，无论是什么样的敌人，终归能找到打败他的法子。纵观毛泽东的军事实践历程，这是无疑的；新的战争、新的敌人、新的教员，会教给我们新的战法，这也是无疑的。

胸中有"数"

1949年3月13日，毛泽东在党的七届二中全会上强调了一个观点，叫胸中有"数"："这是说，对情况和问题一定要注意到它们的数量方面，要有基本的数量的分析。任何质量都表现为一定的数量，没有数量也就没有质量。我们有许多同志至今不懂得注意事物的数量方面，不懂得注意基本的统计、主要的百分比，不懂得注意决定事物质量的数量界限，一切都是胸中无'数'，结果就不能不犯错误。"[①] 这段论述，是针对党委会的工作方法而言。而此时的人民军队，机械化尚是一个遥远的目标。但这个胸中有"数"，却说中了若干年后方兴未艾的信息化乃至智能化军队建设的要害。

数据之"数"

知己知彼，还要知天知地、知时知代。从石器时代、冷兵器时代、机械化时代、信息化时代，人类在军事领域的时代变迁越来越快，从历经数万年、数千年、数百年、数十年，到如今呈现指数态加速演变的迭代期。

坦白地说，人工智能、大数据、云计算、脑科学、生物基因、微纳材料……媒体上狂轰滥炸的高新科技术语，非专业人士真正搞懂并不容易。不过，拜信息时代之便，普通读者也可知晓，现代战争大致处在信息化与智能化叠加发展的阶段。其基本特征在理论与实战的淘洗下也渐成共识，概而言之，现代作战体系依网而建、托网而存、靠网而强，信息网络体系已经成为制胜枢纽，谁掌握了信息优势，谁就掌握了战场主动权。归结到一点，算法战争的时代到来了，数据为大，数据为王，数据成为战斗力的基本要素，成为谋取致胜优势的战略资源。

不打无准备无把握之仗，也不打有准备但无把握之仗，这是毛泽东亲自总结的十大军事原则中的一条。有无把握要看准备得如何，而准备的标准其

---

① 《毛泽东选集》第4卷，人民出版社1991年版，第1442页。

实是没有止境的，到底够不够，只有实战才能证实。对于我军熟悉的传统战争，我们是有数的，即便装备处于劣势，有些仗也是有把握打赢的。打现代战争，有无这种把握，胸中有没有数呢？

2010年，军事科学出版社推出一本名为《战争·战略·军队》的小册子，作者为郭伟涛和朱绍鹏。他们以"不让战友们用生命和鲜血换来的和平与宁静轻易逝去"为念，写了一些不同于众多媒体军事专家的观点。作者认为，军队的信息化，基础在各种军事活动数据的汇集，没有客观真实的数据，空有再多的军用信息系统，再多的信息化武器装备，也实现不了军队的信息化。军用信息高速路上跑着的都是些拍脑袋瓜拍出来的似是而非的数据，等于修了一大堆高速公路，上面跑着的要么还是那些驴车、马车，要么是些手工敲出来的山寨版汽车，那就别指望有什么物流的高效率。而我们这支军队，"传承的是东方民族的军事文化，遇事善定性分析而不善用定量数据，是埋在骨子里头的习惯。真想要军队的信息化吗？别忙着去算什么造价，也别忙着去建那么些军用信息系统，先得把懒得去汇集各种军事活动数据的坏习惯改了才有戏。"[1] 作者最后郑重指出，在中国军人都养成了视基本军事活动数据为生命的习惯以前，中国不可能出现真正意义上的信息化军队。

毛泽东曾指出，"化"者，彻头彻尾彻里彻外之谓也。有些人则连"少许"还没有实行，却在那里提倡"化"呢！"我劝这些同志先办'少许'，再去办'化'，不然，仍旧脱离不了教条主义和党八股，这叫做眼高手低，志大才疏，没有结果的。"[2] "化"可以视为一种理想状态、成熟状态，也可以看作进行时态，或是学术研究状态。而真实的战场难有绝对的化界，也少有"化"好了再打的事情。我军打的所谓"机械化战争"都是在未"化"之前，美军打的"信息化战争"至今也不能说"化"好了。

所谓"信息化""智能化"等概念，无论如何起劲炒作，都无法回避一

---

① 郭伟涛、朱绍鹏：《战争·战略·军队》，军事科学出版社2010年版，第207页。

② 《毛泽东选集》第3卷，人民出版社1991年版，第841页。

个事实：人性的演化是缓慢的，无法承受现代科技之快。或者说人的现代化素养的准备是最难的，无法像速冻饺子一样马上兑现。长期农业社会养成的大而化之的思维习惯，对数据统计权威性科学性严谨性的漠视，触目惊心的形式主义，绝非一日之寒；培养起一种靠数据说话的科学思维、科学习惯，亦非一日之功。数据是人工智能的基石，海量的数据收集仍然任重道远，而如何剔除数据的"噪音"，做好数据的标注工作，提高数据的有效性价值度，还有很长的路要走。如果把数据视为现代战争的"石油"，那就要以等不起、慢不起、拖不起的姿态，以拼命也要拿下几个大油田的干劲，迅速占据信息优势的制高点。一万年太久，只争朝夕！

打仗不是写文章、作报告、炒概念，学者可以坐下来研讨所谓机械化、热核化、信息化，乃至数字化、网络化、智能化、类人化等不同"化"法，然而化来化去，最终要到战场上见真章。真实的战争，更多的是未"化"即战；真正的战士，在战场生死存亡压力下，关注的只是如何保存自己、消灭敌人而已。因之，战争准备要做到胸中有数，不可化乱了方寸。

优劣之"数"

毋庸置疑，今天的人民军队，过去的弱项已经不弱了，但传统的优势需要重新挖掘并赋予新的生命。只有真正搞清楚传统优势"优"在什么地方，然后才谈得上发扬光大和创造性转化。这里，不妨从三个"对子"入手辨析一番：重"器"与重"气"，见"物"与见"人"，"天"算与"人"算。

第一个对子：重"器"与重"气"。

人民军队打胜仗素有"钢少气多"的传统，在一定的客观条件下，弱小的一方要想争取胜利，有些牺牲是必须的，也是值得的。不怕牺牲的血性胆气，正是由此成为我军的精神优势。但无论在什么境况下，人民军队从未放弃对制胜硬件的追求。早在抗战时期，毛泽东就指出，"八路军有无缺点呢？不但有，而且多。首先是技术装备不如敌人，也不如某些友军，这是八路军的基本缺点，也是中国军队的一般缺点。因此如何加强技术装备以便战胜敌人，成为八路军在抗战新阶段中的严重任务。"① 抗日战争之所以旷日持久，技术装备上的差距无疑是一个重要原因。惨痛的代价警醒我们必须把武器装备搞上去！

新中国成立伊始，毛泽东在中央人民政府委员会第八次会议上强调，我们打了几十年的仗，就是对于头上的东西，没有办法应付，只得凭不怕死，凭勇敢，凭牺牲精神。然而在今天，我们有了建立和加强海空军的条件，因此也就应该着手建立起来。② 局势的发展却容不得新生的共和国停下来搞建设，雄赳赳，气昂昂，跨过鸭绿江，抗美援朝战争打响了。面对陌生的强敌，人民军队的传统优势在前所未有的巨大考验中浴火重生。

让我们重新审视一个耳熟能详的战例：被称为"火力之密集、战斗之惨烈超过二战最高水平"的上甘岭战役。这是一场需用放大镜方能看清楚但却不一定能看明白的战役。位于志愿军防线中部的上甘岭地区，其西北的五圣山是我中部防线的战略要点，597.9 高地和 537.7 高地北山则是我五圣山主阵地的前沿支撑点，也是我防御阵地楔入敌方的突出部，直接威胁敌金化防线。

志愿军一方主要由第 15 军担负作战任务，对手则是号称"范弗里特弹药量"的美第八集团军司令范弗里特。这个所谓"弹药量"投在上甘岭有多少呢？美军"动用 3 个多师共 6 万余人的兵力，在 3000 余架次飞机、300 余门大炮、170 余辆坦克的支援下，对上甘岭以南 597.9 高地和 537.7 高地北山志愿军各 1 个连防守的两个不足 4 平方公里的阵地，进行了 43 天的猛烈攻击，投掷炸弹 5000 余枚、发射炮弹 190 余万发，将阵地土石炸松 2 米深。"③ 如此之大的弹药量，已经无法用"钢铁防线"来形容了，再硬的钢铁也会被熔化了。这个总面积不足 4 平方公里的高地如同一个"黑箱"，用现有的军事理论回答不了，用生理科学知识也无法解释，对手只能大约摸知道，防守阵地的是"毛泽东化的战士"。这个谜一样的战役中充满了"谜一样的东方

① 《毛泽东军事文集》第 2 卷，军事科学出版社、中央文献出版社 1993 年版，第 445 页。
② 《建国以来毛泽东军事文稿》上卷，军事科学出版社、中央文献出版社 2010 年版，第 155 页。
③ 《中国人民解放军军史》第 4 卷，军事科学出版社 2011 年版，第 213 页。

精神"。

这么一点小地方，如此近似透明化的对抗，任是多么复杂的战略战术也难以派上用场，任是多么宏大的作战规划也施展不开。残酷的战争不承认奇迹，物质的力量只能用物质来摧毁，这是交战双方意志和弹药面对面、硬碰硬、实打实的较量。

在上甘岭战役中，志愿军的火炮数量和质量虽然不能与"联合国军"相提并论，但在如此狭小的作战区域内，志愿军先后投入了3个多师4万余人的兵力，"集中了山炮、野炮、榴弹炮133门，火箭炮24门，高射炮47门，迫击炮292门，共发射35万余发炮弹，火炮的密度和发射的炮弹量均创造了志愿军参战以来的最高纪录。'联合国军'方面称'这是共军炮火最强大最猛烈的一次'。"毛泽东在给斯大林的电报中亦指出："今年秋季作战，我取得如此胜利，除由于官兵勇敢、工事坚固、指挥得当、供应不缺外，炮火的猛烈和射击的准确实为致胜的要素。"到1953年夏季时，志愿军火炮虽在质量上仍不如"联合国军"，但在火炮数量上已超过"联合国军"。①

抗美援朝战争接近尾声之际，毛泽东亲自为新成立的中国人民解放军总高级步兵学校致训词："为了保卫祖国免受帝国主义者的侵略，依靠我们过去和较为落后的国内敌人作战的装备和战术是不够的了，我们必须掌握最新的装备和随之而来的最新的战术。"②随后又为刚刚组建的军事工程学院发布训词："今天我们迫切需要的，就是要有大批能够掌握和驾驭技术的人，并使我们的技术能够得到不断的改善和进步。"③可以说，对于技术装备这个软肋，毛泽东始终是耿耿于怀的，大有恨"气"不成钢之慨，一旦具备可能性就会不遗余力搞成它，没有条件创造条件也要上。

为什么当掉裤子也要把原子弹搞出来！因为"在今天的世界上，我们要

---

① 《中国人民解放军军史》第4卷，军事科学出版社2011年版，第240页。

② 《建国以来毛泽东军事文稿》中卷，军事科学出版社、中央文献出版社2010年版，第108页。

③ 《毛泽东军事文集》第6卷，军事科学出版社、中央文献出版社1993年版，第351页。

不受人家欺负，就不能没有这个东西。"① 任何一支高明的军队都是以不吃亏为战法圭臬，必须要吃的亏也要减至最低。特别是现代战争条件下，制胜优势越来越体现在基于高新科技的非对称抵消上，装备没把握打赢就难有把握，手里没有大家伙就要吃大亏，而且付出巨大牺牲也未必能换来胜利。因此，搞出人无我有、人有我优的高精尖武器，以钢对钢、以高制高、以快打快，就是最现实的制胜机理。

你有先进武器我有精神优势，你装备精良我一不怕苦二不怕死，这是人民军队的传统优势。但"钢少气多"决不意味着重"气"轻"器"，装备劣势必须奋起直追，能搞出不吃亏的武器就全力搞出来，没条件搞先进武器才选择靠牺牲换取胜利。同样，重"器"是不是就意味着轻"气"？

1951 年 1 月 21 日上午，新生的中国空军与美国空军打响第一次空战。此时，志愿军飞行员仅在"米格—15"飞机上飞行训练 20 余小时，但他们发扬老陆军勇猛顽强的战斗气概，与具有二战空战经验的美军飞行员空中拼刺刀，勇挫对手，交出了震惊世界的合格答卷。抗美援朝战争期间，志愿军空军总共战斗起飞 26491 架次，实战 4872 次，击落美机 330 架，击伤美机 95架。志愿军飞机被击落 231 架，被击伤 151 架。② 美军远东空军司令威兰在回忆录中写道，中国空军对我们来说，一直是一个谜，他们好像一个晚上便学会了一切，飞行员只要很少的时间，就能够空战，他们似乎在冥冥之中有神相助。美国空军参谋长则惊呼："共产党中国几乎在一夜之间就变成了世界上主要空军强国之一。"其实，正像"唯意志论"不可取一样，"唯武器论"同样不能走向胜利。再硬的钢铁必须有气才有力量，"钢"多"气"也多，无疑是更大的制胜优势。

再看第二个对子：见"物"与见"人"。

武器装备是战斗力最直接的表征，也是区别不同战争形态的客观尺度。

---

① 《毛泽东军事文集》第 6 卷，军事科学出版社、中央文献出版社 1993 年版，第 365 页。
② 《中国人民解放军军史》第 4 卷，军事科学出版社 2011 年版，第 235 页。

现代化战争离开了现代化的武器装备就无从谈起，而不研究武器装备的兵家则是名副其实的纸上谈"兵"。然而，如果见物不见人，战斗力就成了无本之木无源之水。人民军队过去打胜仗，根本的优势在于进步的政治精神，以及建立在这种进步精神基础上团结如一人的密切关系。这种传统优势在现代战争条件下非但没有过时，插上信息化翅膀后反而会威力倍增，每一名指战员、每个作战单元与保障要素无缝实时链接，人与武器、武器与武器、人与人之间更加得心应手。信息化智能化的核心要义在于"联系"，把传统以人为本的"密切关系"与现代以网为基的"万物互联"结合起来，恰是人民军队传统优势的升级版。

人永远是战斗力中最活跃最核心的要素，也是挖掘人民军队独特优势的不竭源泉。如果说机械化战争时期的大兵团作战，凸显的是战略指挥的决定性作用，可谓"将军的战争"；那么新的战争形态下，与科技因素上升相伴的是作战重心的下移，可谓"班长的战争""士兵的战争"。个体的关键性关联性作用愈发凸显，存乎"一"心与"万众一心"同等重要，再齐心合力也代替不了某个点上的这个"一"。如果个体素质上不去，将成为制胜要素这个"木桶"的短板。

可以说，未来战争既是敌我双方科技、装备、体系之争，更是背后优秀人才的比拼。没有一大批善于经略现代战争、熟谙信息化的高素质军事人才，就无法支撑新武器新体系的巨大威力，无法创造和运用新的战法战术。未来战争准备尤以人才的准备最为艰难，研究将来的仗怎么打，前提是搞清楚现在的人才怎么培养怎么用好。

有人才就有一切，有人才就有胜算，抓住了人才就抓住了打赢主导权。而能不能培养造就一批与全面建成世界一流军队相适应的指挥、参谋、管理、技术人才队伍，成为未来克敌制胜的最大本钱。从这个意义上讲，人民战争就成了人才战争，要打赢明天的战争首先要打赢今天的人才战争。

还有一个对子："天"算与"人"算。

智能化发展到今天，计算能力已经成为科技力的重要标志，特别是超级计算，在大数据、云计算、人工智能、物联网等领域发挥着基础支撑的作用。2009 年 10 月 29 日，国防科技大学研制的第一台国产千万亿次超级计算机"天河一号"在湖南长沙亮相，2010 年即荣登全球超级计算机 500 强排行榜榜首。之后的"天河二号"，峰值计算速度每秒达到 5.49 亿亿次，六度称雄全球最快超级计算机。2018 年 5 月 17 日，中国新一代百亿亿次超级计算机"天河三号"原型机正式亮相，浮点计算处理能力预计达到"天河一号"的 200 倍，被称为"超级计算机的下一顶皇冠"。

当今世界面对人脑甚至单体电脑也无力处理的海量数据，越来越多的人相信在越来越多的领域"人"算不如"天"算。这个"天"算当然不仅是"天河"，还有"太湖之光""阿尔法狗"等等，皆可谓名副其实的神"机"妙算，也是支撑大数据决策指挥的实质军事首"脑"。

不过，战略层面的"庙算"，至今仍是超级电脑难以承担的。作为战略大家的毛泽东，在这一领域曾创造了对手难以企及的非对称优势。"须知敌人的统帅部，是具有某种战略眼光的。我们只有使自己操练得高人一等，才有战略胜利的可能。"[①] 对此，陈毅元帅也曾作过对比：我们愈往下比愈差，但愈往上比则愈强。如旅以上战役组织比人家强，纵队更强，野战司令部又更强，到统帅部的战略指导更不知比他高明多少倍。尽管新战争形态正在加速演进，但至少今天还无法想像，在战略层级的"庙算"能够完全实现智能化。

其实换个角度看，人脑何尝不是当下最高明的机器人呢！在人工智能尚无法实现的领域，人的理性思维和直观判断就是最高明的算法。人民军队高敌一等的谋略优势，植根于其宏大的人类命运共同体视野，这是狭隘利益局限下的对手学不到的，也是机器人无法替代的。

作为东方谋略大国，数千年血与火的战争实践积淀了丰厚的军事谋略文化，一向是我军克敌制胜之长。越是有强敌，越要技高一筹；越是剑不如人，越要剑法胜于人；越是复杂战场，越要指挥高超。打仗打的就是非对称，在

① 《毛泽东选集》第 1 卷，人民出版社 1991 年版，第 222 页。

物质性因素大致对称的情况下，就要靠谋略力、组织力、精神力形成非对称优势；在物质性因素尚不如敌的情况下，更要靠谋略力、组织力、精神力制胜。虽然现代战争讲究"精算"，但人心难测，精神力是难以精算的，这恰是我军的传统优势所在。

当然，过去的优势并不能自然升级换代。比如，与穷时候比，现在坛坛罐罐多了，顾虑也多了，基于一穷二白的灵活机动优势必然有了新的变化。富起来的人，也没有过去那样吃苦耐劳了，这对一不怕苦二不怕死的非对称优势也必然会带来影响。毛泽东多次讲过，打仗不要硬顶，要放进来打，舍得丢掉坛坛罐罐，给他点好处、给点面子、给点甜头，让它陷在人民包围中间。"我们打仗从来就不顶，敌人要来就来，要到什么地方，就到什么地方。"① 然而，此一时彼一时，当下还有多少诱敌深入的余地？有哪些是不能承受之"饵"？以空间换时间的持久作战是否必要？对此，亦应胸中有数。

多少之"数"

2001 年 10 月 7 日，阿富汗战争爆发。这是 21 世纪第一场带有显著信息化特点的高技术局部战争，也是空间上离我们最近的一场现实版的现代战争。

阿富汗地处连接中东和远东的内陆通道上，素有"中东桥梁"之称，又是北方南下波斯湾经略印度洋的必经之地，自古就是列强竞相角逐的战场。古代马其顿的亚历山大大帝，以及波斯人、蒙古人、突厥人相继占领过这一地域；近代以来，沙俄、英国、苏美接连在此展开了几个世纪的争夺。"9·11"事件之后，美国要求"基地"组织的庇护者塔利班政权交出恐怖袭击的罪魁祸首本·拉登。在遭到拒绝后，美国国防部长拉姆斯菲尔德宣布实施"持久自由行动"，决定通过武力摧毁"基地"组织及其庇护者塔利班政权，而此中也隐藏着向传统的"势力真空"中亚进行军事渗透的企图。掌握阿富汗政权的塔利班则声称与美国打一场"保卫伊斯兰文明的战争"，设想凭借阿

---

① 《建国以来毛泽东军事文稿》下卷，军事科学出版社、中央文献出版社 2010 年版，第 353 页。

富汗山地国家的复杂地形放敌深入，采取擅长的游击战法与强敌持久作战，最终把敌人驱逐出去。

战局毫无悬念。美军以空中精确打击为基本作战样式，动用太空、空中、陆地、海上、水下全维一体化力量，打了一场典型的信息化条件下非对称局部战争，历时78天，推翻了塔利班政权，基本摧毁了"基地"组织在阿网络。这场战争也成了美军大量新式武器的试验场，整个作战行动美军共出动战机5000余架次，投射弹药1.5万多枚，其中精确制导弹药占60%左右，远超海湾战争的9%和科索沃战争的35%。美军的空中突击使用了当今世界最先进的目标选择与处理技术、先进的激光制导和全球定位技术，首次使用了"风力修正弹药撒布器"，并将"捕食者"无人机投入战场，开创了将无人机用于实战的先例。而塔利班和"基地"组织还停留在传统的作战样式，在全维机动力和精确打击武器面前，基本上是"聋子""瞎子""瘸子"状态，山地优势丧失殆尽，毫无还手之力，处于"躲着挨打"状态，甚至藏都藏不住。

"不想把军队派去打一场'公平的战斗'。"这是美军将领坦陈的作战逻辑，其实质是集非对称优势取胜，不过是集多打少、以强打弱的美式说法而已。尽管战场上的胜利并未为该地区带来和平的秩序，然而在感受新战争新战法的强劲节律中，仍可触摸一脉相承的古老兵法铁律。

质而言之，集多打少、以强打弱的制胜法则，并不因战争形态改变而失效，不同的是"多"与"少"的内涵外延变了，"集"与"分"的方式手段变了，现代战争已进入"集"与"分"的2.0版。由是，回答好信息化智能化条件下"集什么、怎么集""分什么、怎么分"的课题，好比是拧开现代战争致胜之门的一把钥匙。

"集"什么？就是把自己的优势、强项搞得多多的。在这方面，传统优势与现代战争的打法不可同日而语。现代战争打的是体系，靠的也是体系，陆海空天电、侦控抗打评，战场信息实时感知、传输、处理、控制皆依托于信息网络。信息网络的作用已不只是传递信息，而是支撑整个作战体系运行。

简单地说，新质战斗力主要体现为依托信息网络把作战力量、武器装备、保障要素集聚成整体作战效能，在多维时空域内以最短时间融合、调控、释放出致敌要害的精锐打击能量。这一变化虽然还不足以揭示现代战争的全部特质，但凸显了科技已成为战斗力增长的主导因素。如果信息能力弱，信息枢纽跟不上，整个作战体系就可能失效失能，这是难以靠数量或精神力来弥补的。因之，"集"的要害在于善集支撑联合作战的信息网络体系之"多"，集信息化战争不可或缺之"多"。低效甚至无效之多再多无益。

你打你的，我打我的，实质就是非对称打法，这里的前提是知彼知己。"你打你的"不是无视强敌强手强项，"我打我的"也非囿于"想怎么打就怎么打"的一己算盘，而是基于对手背景把打什么、怎么打，什么多、什么少，如何在平时集多慑少、战时集多打少等基本问题研精析透，做到对手怕什么就发展什么，哪里弱就打哪里，针对不同对手形成相对优势。

从整个战争形态变化的背景考察，空天信息时代多维战场融为一体，打击目标多元多样多变，远至万里、高达太空、深不可测、近于无形，打击方式呈现远程化、精确化、隐身化、智能化、无人化趋势，给对手致命一击的不是躲在远处的狙击枪手，而是千里之外的制导武器。概之，体系对抗的作战方式，非线性的战斗样式，扁平高效的指挥模式，硬杀伤与软杀伤、瘫痪而非毁灭等新战技要求，使"集"的广度、量度、速度、难度陡然增大，远远超出了传统集中兵力的范畴。

集多打少，多多益善，目的是造成以强打弱、以长击短起码是以强对强之势。打仗打的是综合实力，或者在量胜，或者在质胜，或者器物优，或者人力优，或者谋略优，或者联合强，或者分队强，个体有优劣，体系有强弱，数量可以带来强弱之别，质量也能造成高下之分，最终归结为总体实力的强弱。但在平台作战、体系支撑的新质战斗力格局下，体系短板的制约性凸显。决定整个作战体系"木桶"高度的关键板块，无可回避，也回避不得。

现代战争进入算法的时代，运筹帷幄不再是眉头一皱计上心来，指挥控制也无法靠一部电话就能操作，解决怎么"集"的问题尤为关键。随着数学模型、仿真系统以及人工智能、大数据、云计算的广泛运用，作战和训练管理调控日趋数字化、标准化、流程化、精准化，战争运筹已发展为诸多分系统、子系统综合集成的复杂巨系统，指挥控制依托于信息网络，系统优势制约着决策优势。集多打少应扬长而不避短，围绕基于网络信息体系的联合作战能力之多、全域作战能力之多，塑造装备体系，打造作战体系，最大限度集聚非对称制衡手段，更多地掌握可信可靠之胜算。

当然，现代高科技并不能消除战争迷雾，战场透明化、武器智能化、指挥自动化不等于战法简单化，更不意味着谋略地位的降低，恰因其高难而愈显地位之重。无论多么眼花缭乱的武器、光怪陆离的战场、庞杂精细的指挥，背后都是人这个战斗力的要核在主导，运筹谋略、军事民主也就有更多文章可作。

使我强靠"集"，使敌弱靠"分"。"分"什么？什么关键就分什么，什么影响力大就分什么，什么威胁大就分什么。从战争全局来看，全球化时代的经济、政治、外交与军事一体交融，牵一发动全身，灵活高效与有限可控使得军事手段更加复杂化，战术动作战略化倾向日益明显，战略层级的"分解术"有更多更大发挥空间。仅就战场而言，体系对抗中的信息网络优势与其系统脆弱性相伴而生，精打要害破敌体系成为第一"分解术"。这种以强击强以高制高的打法，看似与传统的以强打弱不同，实际上都是为了掌握作战主导权。同时，全域、全天候、立体化的多维战场环境，人装远程投送迅捷机动的需求，对保障手段的依赖度越来越高，"分"的领域和选项也相应扩展。战法研究要顺时应势，紧贴信息化这个最大变量研集少成多之机、析分强为弱之理，实现传统优势的升级换代。

战争是否存在万法归一的制胜机理？恐怕永远也不会有确定的答案。多算胜少算固然是兵法之圭臬，但战争不是算术题，其吊诡之处在于无法预知战局的真实进程，再透明化的战场仍有无穷多的"黑洞"，或许这正是兵法的迷人之处。不妨说，所谓兵法乃认识战争的线索，而非操作战争的方案。

未有之变

2018 年底，一本中文书在中国的出版和热卖却在海外引起轰动，国外传媒的标题耸人听闻："中国人都在重读《论持久战》"。

报道称，这本人民出版社为纪念 80 年前毛泽东一篇演讲而推出的《重读〈论持久战〉》，原计划仅发行 1 万册，后来又加印 3 万册，随后又加印 5 万册。重温经典引发阅读热潮的背景，媒体的解读指向当时中美贸易摩擦不断、各领域紧张加剧的形势，揣测"它呼吁中国人民准备打一场针对外国敌对势力的持久战"。炒作也好，鼓噪也罢，在这里本没有讨论的必要。然而，从军事维度看，似有时空错置之感，倒引出了一个值得好好思考的大题目。

让我们先回到问题的起点：为何要打持久战？这实在是没有办法的办法。正如毛泽东所言，我们也不是不喜欢速胜，谁也赞成明天一个早上就把"鬼子"赶出去。只是因为弱小的一方暂时打不过强敌，只好靠持久以待强弱之变。

无须怀疑，当卜是一个大变动的时代，世界军事格局正面临百年未有之变，人民军队也面临建军以来的大变局：强弱之变。我们向来是以弱势装备应敌的，毛泽东兵法正是以这个弱势为立足点，围绕如何以弱胜强运筹帷幄。如今的弱项已经不弱，人民军队的建法战法亦必相应而变。这个未有之变，我们准备好了吗？

"心胜"

近代以来，中国人最缺什么？对于一个备受奴役欺凌，戴着一顶"东亚病夫"帽子的民族，强大的自信是最缺失从而也是最可珍贵的。

早在 20 世纪 30 年代，被誉为"民族魂"的鲁迅先生就提出一个命题：中国人失掉自信力了吗？固然从古以来，中国的脊梁从未离场，他们有确信，不自欺，一直在前仆后继地战斗着。然而，"意识在任何时候都只能是被意识到了的存在，而人们的存在就是他们的现实生活过程。"① 在弱肉强食的丛林法则下，自信力的命题终归还是要靠拳头来回答。经过十四年浴血抗战，直至日本帝国主义无条件投降，中国人民取得了近代以来反抗外敌入侵的第一次完全胜利，才恢复了一些百余年来一直被压抑着的民族自信心。

"诸位代表先生们：我们有一个共同的感觉，这就是我们的工作将写在人类的历史上，它将表明：占人类总数四分之一的中国人从此站立起来了。"② 1949 年 9 月 21 日，毛泽东在中国人民政治协商会议第一届全体会议上的这一段话，无疑将留下划时代的一笔。在场的那些从民族存亡危机中走过来的人，更能体会到这一个"站"字的份量。中国人民已经站立起来了，中华民族再也不是一个任人宰割的民族了。

然而道阻且长，新生的中华人民共和国需要继续用事实来教育那些"说我们这也不行那也不行"的人。很快，在朝鲜战场上，人民军队以大无畏的牺牲精神，打出了国威军威，在世界超级霸权面前矗立起新中国军事上的自信力，也在海内外华人脸上写满了扬眉吐气的自信。

当然，自信力这件事情还没有完结，仍有一顶穷帽子戴在头上，就是毛泽东讲的我们是个"一穷二白"的国家。穷就是贫困，白就是文盲多。好吧，瞧不起就瞧不起，共产党人继续用事实回答这个命题。"贫穷不是社会主义"，20 世纪 70 年代末开启的改革开放，加速了新中国从站起来到富起来的进程，经过几十年奋斗，这顶穷帽子终于被扔到太平洋里去了。

金一南将军曾提出一个"心胜"的概念，强调战胜对手有两次，第一次是在心里。这不是唯心之论，倘若没有敢于斗争的心胜于前，怎会有实际战胜对手的行动于后。个人如此，一个民族、一个国家亦如此，唯有从精神上确实立起来了，才算是真正站起来了。当然，这种心胜并非主观意志所致，而是在长期的历史实践中靠实力积淀而成，是在激烈对抗竞争中逐渐熔铸为

---

① 《马克思恩格斯文集》第 1 卷，人民出版社 2009 年版，第 525 页。

② 《毛泽东文集》第 5 卷，人民出版社 1996 年版，第 434 页。

民众心理。

西方工业革命开启全球化时代以来，中国始终处于被动挨打、拼命追赶的境地。曾几何时，观诸现代生活的一器一物多源自发达国家。正如毛泽东所言："现在我们能造什么？能造桌子椅子，能造茶碗茶壶，能种粮食，还能磨成面粉，还能造纸，但是，一辆汽车、一架飞机、一辆坦克、一辆拖拉机都不能造。"[①] 即便是新中国成立后很长一段时期，无论是搞"四个现代化"，提出"超英赶美"，还是后来的改革开放，基本的参照系都是西方发达国家，经济和科技上的长期落后状态造成文化上的自卑心态，所谓崇洋也就拜倒在这一客观现实之上。

在党的八大预备会议上，毛泽东讲了这么一段话："你有那么多人，你有那么一块大地方，资源那么丰富，又听说搞了社会主义，据说是有优越性，结果你搞了五六十年还不能超过美国，你像个什么样呢？那就要从地球上开除你球籍！"[②]60年后，在庆祝中国共产党成立95周年大会上，中共中央总书记习近平自信地回答了这个问题："中国这个世界上最大的发展中国家在短短三十多年里摆脱贫困并跃升为世界第二大经济体，彻底摆脱被开除球籍的危险"。[③]

或许，彻底改变以弱对强的力量格局和思维模式尚需时日；但不可否认，在中国从富起来到强起来营造的综合国力基础上，传统以弱对强的心理定势和军事思维模式必然会随之变化。中国人要为人类和平与发展做出更大贡献，就不能总是跟在后面研究别人的战争，被动地准备着应对强加于我们的战争。

将来的仗怎么打，永远是将来时。可以明确的是，我们现在应该做哪些准备。

① 《毛泽东文集》第6卷，人民出版社1999年版，第329页。
② 《毛泽东文集》第7卷，人民出版社1999年版，第89页。
③ 《十八大以来重要文献选编》（下），中央文献出版社2018年版，第343页。

世界一流

1953年1月1日，毛泽东在一个报告中批示，"一定要将苏联的一切先进经验都学到手，改变我军的落后状态，建设我军为世界上第二支最优良的现代化的军队。"① 一年后，毛泽东在国防委员会第一次会议上再次提出这个任务："我们要建设世界上第二支强大的近代化的革命军队。"② 这是一个伟大的目标，中国人民不屈不挠的努力必将稳步地达到自己的目的。

2017年10月18日，中共中央总书记习近平在党的十九大报告中郑重宣告："到本世纪中叶把人民军队全面建成世界一流军队。"③ 人民军队已经走过90年历程，但从未像今天这样有信心提出并实现这样的伟大目标。

知彼知己，百战不殆。古老的兵法铁律，需要跳出思维定势才能看出门道。今日之中国，正日益走进世界舞台的中心，中华民族比历史上任何时期都更接近伟大复兴的目标。前者是地理方位，后者是历史方位，构成判断时代大势的两个重要维度。历朝历代延续积淀的兵法思维，基本上都是在东方人对东方人的圈子里。这就带来一个不太引人注意的前提：无论是知彼还是知己，都带有自然而然的思维模式。全球化时代的中国军队，面对的是与历史上全然不同的一类对手，知彼就是一个长期课题，特别是在和平环境下补上这一短板，实在是件极不容易的事。

知彼，需费心力；知己，需要心胜。欲建成世界一流军队，就要做世界一流的准备。迈入科技强军的新时代，现代化武器装备以"下饺子""井喷"这样动感十足的速度列装人民军队，建成世界一流军队的物质准备恐怕少有人怀疑了。那么精神上的准备呢？

"我不犯人"是一以贯之的，"人不犯我"则需要主动塑造。战争准备这个龙头，不能受制于人，被人牵着鼻子走，被动等着敌人先打第一枪，必须

① 《建国以来毛泽东军事文稿》中卷，军事科学出版社、中央文献出版社2010年版，第107页。
② 《毛泽东文集》第6卷，人民出版社1999年版，第355页。
③ 习近平：《在中国共产党第十九次全国代表大会上的报告》，人民出版社2017年版，第53页。

牢牢掌握战争主导权，让任何敌人不敢开第一枪。须知，强大的和平是主动营造出来的。

1963年12月12日，毛泽东在会见秘鲁客人时说，"当时我们从未打过仗，不知道是怎么打法。军事对于我们是个生疏的部门，我们不懂。但是帝国主义和国民党把我们一赶，只好去打。是谁教会我们打仗的？是敌人。"①毛泽东是伟大的军事家，但他经常保持学生的态度，以敌为师，以友为师，恭恭敬敬地学，老老实实地学。须知，中国人当学生的时间并不长，拥有五千多年从未间断的文明，更多的其实是被学习的历史。如今的中国再次立于世界前沿，迫切需要来一个思想上的大解放：既勇于追赶、跟跑，又敢于超越、领跑；既要研究模仿对手，也要敢于成为对手研究模仿的对象。

人类走到全球化时代的今天，昭示着一个美好前景：人类命运共同体。大道之行，天下为公。古老的中国智慧里有着抑制争强斗胜的文化基因，"不敢为天下先"蕴含的是厚德载物的品格，"敢为天下先"彰显的是自强不息的精神。中华民族从来不是一个好战的民族，强起来的中国永远不称霸，这一点世人皆知，但这不足以成为和平共处的砝码。"我们是战争消灭论者，我们是不要战争的；但是只能经过战争去消灭战争，不要枪杆子必须拿起枪杆子。"②爱好和平的人们，不可采取鸵鸟的做法无视战争这个魔鬼，必须时刻准备好对付穷凶极恶之徒的打狗棒。如果不能建成世界一流军队，就不能保卫世界和平，这是必然的逻辑。

人类命运共同体这艘大船向何处去？不同的视界有不同的回答。但无论驶向何方，植根爱好和平的悠久历史传统，以捍卫世界和平为己任的中国军队，无疑是保持这艘大船安稳航行的"压舱石"。进而言之，全世界爱好和平的力量团结起来，便可造成以强慑强、以多对少之局面，这就是"地球村"时代的人民战争，也是人类和平的最可靠保证。

---

① 《建国以来毛泽东军事文稿》下卷，军事科学出版社、中央文献出版社2010年版，第205页。
② 《毛泽东选集》第2卷，人民出版社1991年版，第547页。

人民军队篇

"什么叫政权？主要是军队。没有军队，就没有政权。什么叫独立？没有军队，就没有独立。什么叫自由？没有军队，就没有自由，人家就要压迫你们。什么叫平等？没有军队，谁同你们讲平等。"① 上个世纪 60 年代，毛泽东同非洲朋友讲的这些道理，听起来很直白，然而字字读来皆是血。

---

① 《建国以来毛泽东军事文稿》下卷，军事科学出版社、中央文献出版社 2010 年版，第 221 页。

第四章　没有人民的军队就没有人民的一切

1927 年 8 月 7 日，毛泽东在中央紧急会议上提出一个石破天惊的论断："须知政权是由枪杆子中取得的。"这并不是他的发明，枪杆子里出人民政权，枪杆子里也出反动军阀、出白色恐怖。1927 年 4 月初，踩着大革命血迹走近权力中心的蒋介石，在上海举行反共秘密会议，决定立即以暴力手段"清党"，对革命力量实施令人发指的屠杀政策。从 4 月 12 日到 15 日，上海工人 300 多人被杀，500 多人被捕，5000 多人失踪，这就是震惊中外的四一二反革命政变。同时，广州四一五惨案，被捕者达 2100 人，其中共产党员 600 人，被秘密杀害者 100 多人。5 月 21 日，国民党反动军官许克祥在长沙制造"马日事变"，短短 20 多天，在附近各县屠杀了 1 万多人。据党的六大时的不完全统计，从 1927 年 3 月到 1928 年上半年，被杀害的共产党员和革命群众达 31 万多人，其中共产党员 2.6 万多人。[1]血腥镇压之下，共产党人被迫拿起枪杆子，揩干净身上的血迹，掩埋好同伴的尸首，又继续战斗了。

"没有一个人民的军队，便没有人民的一切。"[2]这是一句血染的真理！

党指挥枪

国之大柄，莫重于兵。毛泽东回顾早期武装斗争的历史时谈到，那时国民党几乎没有什么群众组织，所有的群众组织都是我们领导的，军队里面的政治工作全部在我们手里，从总司令部到连部都有国民党的党代表，实际上是共产党人。"全部都有，但有什么用处呢？国民党很重视抓军队。因为其他

---

① 《中国共产党历史》第 1 卷上册，中共党史出版社 2011 年版，第 232 页。
② 《毛泽东选集》第 3 卷，人民出版社 1991 年版，第 1074 页。

国家工具是次要的，最主要的是军队，军官是在他们手里。政治工作是在我们手里，有什么用处？一个早上就可以把你赶走。尤其是我们在国民党党部的委员、工作人员，更是一下就被吹走了。群众团体，工人、农民、青年的组织，都在我们手里，但一个早上就被打垮。"①

血的教训面前，共产党人开始重视枪杆子，建立一支属于人民的军队。毛泽东直接领导的第一支队伍，便是参加秋收起义的湘赣边界武装力量，约5000人，编为"工农革命军第1军第1师"。自此，毛泽东始终把这支军队与工农大众牢牢捆在一起，开启了建设人民军队的新纪元。这支从血泊中走出来的新型军队，并不是照着事先规划的施工图按部就班建成的，而是有着艰难曲折的历史。人民军队的奠基，不能不提到两个地名：三湾与古田。

从三湾到古田

秋收起义失利后，毛泽东率部队南下。1927年9月29日到达江西永新三湾村时，全军已不足1000人，总指挥卢德铭在途中遭袭牺牲，部队士气低落，人心涣散。"那时候的部队，就像抓在手里的一把豆子，手一松就会散掉"。沧海横流方显英雄本色，此时的毛泽东表现出了高度的历史自觉，他走到这支濒临散架的队伍面前，信心满怀地作动员：现在的蒋介石反动派还比较强大，好比一口大水缸，我们只是一块小石头，但总有一天，这块小石头一定会打烂蒋介石那口大水缸。这种坚定的自信，强烈地感染了大家，特别是在处境异常艰难前途未卜的时刻，尤显其珍贵。

毛泽东当时面对的最紧迫问题是：如何打造一颗足够硬的"小石头"，首先保证自己别碎裂了，然后再图砸缸之举。在这生死存亡关头，毛泽东大刀阔斧整编部队，首创支部建在连上、小组设到班排这一组织制度，史称"三湾改编"。看似情急生策，可谓党切实掌握军队的奠基之举。

"组织"一词，本义是指功能相同的细胞按一定方式结合的单位。三湾

---

① 《建国以来毛泽东军事文稿》下卷，军事科学出版社、中央文献出版社2010年版，第119页。

改编，允许不愿继续革命的官兵离队，淘汰掉一些不坚定分子，将留下的同志缩编为一个团，虽仅剩 700 余人，但更加纯洁更加凝聚了。改编的关键，在于构建起党牢牢掌控军队的完整组织体系。依托党支部这个基本器官，先进分子在最基层攥成了拳头，进而通过每个先进分子与普通士兵结成牢不可破的联系纽带，整个组织网络纵向到底横向到边畅通无阻，好比是武林高手打通了任督二脉。同样一支队伍，组织方式变了，昨天还是一把散豆，今天变成一块坚硬的"小石头"。就像石墨与金刚石，都是由碳元素组成的单质，因结构组合不同而特性迥异，一个软滑，一个刚硬，前者是做铅芯、润滑剂的材料，后者则可制成能切割玻璃的金刚钻。

三湾改编后，这支队伍上了井冈山，终于站稳了脚跟，并创建了第一个农村革命根据地。1928 年 4 月，朱德、陈毅率领的以南昌起义余部为主体的工农革命军摆脱敌人追击，与毛泽东会师井冈山。两军合编为工农革命军第四军，朱德任军长，毛泽东任党代表，开启了井冈山工农武装割据的新征程。毛泽东在给中共中央的报告中写到，"红军所以艰难奋战而不溃散，'支部建在连上'是一个重要原因。"[①] 回顾三湾改编这一段细节，看似是一个没有事先筹划的应急之举，不过是宏阔历史长河之一瞬，却在特殊的历史节点上，留下了愈来愈让后人仰止的里程碑，不由得让人慨叹大历史之朴素无华。

1929 年初，为了打破敌人的"会剿"，红四军主力从井冈山突围，转战赣南、闽西，在纵横 300 余里的区域重新打开局面。"红旗跃过汀江，直下龙岩上杭。收拾金瓯一片，分田分地真忙。"在捷报频传的日子里，新的问题又尖锐地摆到了面前：在农村游击战争环境下，如何把一支以农民为主体的军队建设成为无产阶级领导的新型人民军队？

井冈山时期，毛泽东就感到"无产阶级思想领导的问题，是一个非常重要的问题。边界各县的党，几乎完全是农民成分的党，若不给以无产阶级的

---

① 《毛泽东选集》第 1 卷，人民出版社 1991 年版，第 65 页。

思想领导，其趋向是会要错误的。"① 到赣南、闽西后，针对当时红四军存在的单纯军事观点、极端民主化等错误倾向，前委书记毛泽东坚决主张应当加强党对军队的领导，加强思想政治工作。红四军党内围绕这些问题展开争论。

1929 年 5 月，中央军事部特派员刘安恭担任了红四军临时军委书记一职。他在自己主持的一次会议上作出决定，要求前委只讨论行动问题，不要管其它事。从而使争论更加复杂激烈。

1929 年 6 月 8 日，红四军在上杭县白砂镇早康村召开前委扩大会议（史称"早康会议"），决定撤销临时军委，刘安恭则攻击毛泽东是家长式领导，争论进一步扩大。而就在会前，林彪派人飞马给毛泽东送去一封信，表示支持毛泽东的意见，同时又用一些过激的语言对其他主要领导进行含沙射影的攻击。

1929 年 6 月 14 日，毛泽东以给林彪复信的形式作一长文，对党内争论的问题作了回答："两种不同的意见最显明的莫过于军委问题的争论。少数同志们硬是要一个军委，骨子里是要一个党的指导机关拿在他们的手里，以求伸张那久抑求伸的素志……少数同志们对这些实际的理由一点不顾及，只是形式地要于前委之下、纵委之上硬生生地插进一个军委，人也是这些人，事也是这些事，这是什么人都明白在实际上不需要的。然而少数同志们费尽九牛二虎之力，非要设立不可，究竟有什么理由可以说明呢？"② 同时明确指出："个人领导与党的领导，这是四军党的主要问题。"③

红军要不要置于党的绝对领导之下？这在毛泽东看来是不容置疑的原则问题。他把党内争论的内容归纳为 14 个问题，一一作了条分缕析地解答，并指出其实质"就是个人领导和党的领导争雄的具体的表现"。

当然，这些都是站在党的立场上的公开讨论，并无派别之分。正如毛泽东在公开信中所言，"其实从前的隐蔽是错误了，现在的暴露才是对的，党内

① 《毛泽东选集》第 1 卷，人民出版社 1991 年版，第 77 页。
② 《毛泽东文集》第 1 卷，人民出版社 1993 年版，第 70 页。
③ 《毛泽东文集》第 1 卷，人民出版社 1993 年版，第 65 页。

有争论问题发生是党的进步，不是退步。只有赶快调和敷衍了事，抹去了两方的界线，以归到庸俗的所谓大事化为小事才是退步……我想同志们一定要求这问题的彻底弄清楚，一定不肯调和敷衍，模棱两可，是非不分，而且一定能选择并拥护一种利于党的团结和革命前进的意见。"①

1929 年 6 月 22 日，红四军党的第七次代表大会在龙岩召开，以期解决上述争论问题。会议最终否决了毛泽东提出的反对流寇主义和极端民主化倾向的正确主张，并未经中央许可改选了前委，使中央指定的前委书记毛泽东落选。会后，毛泽东离开红四军到闽西协助指导地方工作，新任前委书记陈毅赴上海参加中共中央军事会议并汇报红四军情况，前委书记由朱德代理。

1929 年 8 月 13 日，中央政治局召开会议专门讨论红四军问题，决定由周恩来代表中央起草一封给红四军前委的指示信（史称"八月来信"）。信中对红四军党内争论的几个主要原则问题提出明确意见，指出"刘安恭同志企图引起红军党内的派别斗争"是非常错误的，强调政治工作是红军的政治命脉，决不能动摇这一根本路线。②

半个月后，中央政治局再次召开会议，当面听取陈毅关于红四军全面情况的汇报。决定重新起草对红四军工作的指示文件（史称"九月来信"），强调应将"党的一切权力集中于前委指导机关"，明确指出毛泽东"应仍为前委书记"。③

陈毅带着中共中央"九月来信"星夜兼程赶回红四军，于 10 月 22 日在前委会上作了传达，随即请毛泽东回红四军复职。大病初愈的毛泽东也深深牵挂着红四军和久别的战友，他为陈毅的赤诚坦荡、光明磊落所打动，在离开四个月后重新回到红四军主持前委工作。

其实，在陈毅去上海后，朱德即给毛泽东写信，希望他回来工作。"在 9 月下旬，一心想了却'七大'之憾的朱德在上杭城主持召开了红四军'八

① 《毛泽东文集》第 1 卷，人民出版社 1993 年版，第 64 页。
② 《中国人民解放军军史》第 1 卷，军事科学出版社 2010 年版，第 111 页。
③ 《中国共产党历史》第 1 卷上册，中共党史出版社 2011 年版，第 292 页。

大',没成想会议在无组织状态中开了3天,却毫无结果可言。朱德也越发清醒地认识到,红四军缺少毛泽东的政治核心作用是不行的。"①红军两位灵魂人物之间的观点分歧得以解决,并在新的基础上达到了更高层次的团结。

1929年12月28日,红四军党的第九次代表大会在上杭古田胜利召开。毛泽东在会上明确提出纠正对"执行党的正确路线"妨碍极大的八种错误思想,强调"中国的红军是一个执行革命的政治任务的武装集团"。②会议一致通过关于纠正党内错误思想以及党的组织、党内教育、红军宣传、士兵政治训练、废止肉刑、优待伤病兵、军事系统与政治系统关系等一揽子决议案(即"古田会议决议"),第一次从总体上提出了人民军队建设的纲领,从根本上划清了新型人民军队同一切旧式军队的界限。由此,古田被誉为人民军队定型、政治工作奠基的地方。古田会议也成为党内军内解决思想问题、统一思想认识的一次典范,红军领袖和广大党员干部都接受了一次正确开展思想斗争的洗礼。

从政工战线成长起来的唯一一名元帅罗荣桓后来回忆说,三湾改编尤其是古田会议,实际上是我军的新生。从古田会议《决议》及会议之前的争论可以看出,它解决的问题是:在思想上什么是对的、什么是错的,进而用何种理论来统一认识指导行动;在组织上是党的领导第一还是个人领导第一,如何保证正确路线对军队的集中统一领导。古田之所以成为人民军队定型的地方,首先是因为从这里开始,人民军队从思想上、政治上、组织上完全服从党的领导。

所谓新型人民军队的"新",核心是新在先进性上,就是由最先进的组织来掌控、用最先进的理论来武装。兵权问题是古往今来所有军队建设的首要课题,人民军队的兵权概而言之就是党指挥枪,就是以共产党的先进性来塑造和保持人民军队的先进性,这是区别于一切旧式军队的根本点。"建军总

---

① 《解放军报》,2014年9月28日第4版"古田会议的前前后后"。
② 《毛泽东文集》第1卷,人民出版社1993年版,第78页。

原则，党的领导遵。非军指挥党，惟党指挥军。"朱德同志在建军 35 周年时赋的这首小诗，生动揭示了人民军队的红色基因。

古田会议前夕，身患疟疾在上杭养病的毛泽东赋词一首："人生易老天难老，岁岁重阳，今又重阳，战地黄花分外香。一年一度秋风劲，不似春光，胜似春光，寥廓江天万里霜。"一反重阳节令悲秋的情调，表达了豪迈旷达的革命情怀和昂扬奋进的乐观主义精神。这是何等的境界，唯有历经斗争方能感受到如此景致！"党内不同思想的对立和斗争是经常发生的，这是社会的阶级矛盾和新旧事物的矛盾在党内的反映。党内如果没有矛盾和解决矛盾的思想斗争，党的生命也就停止了。"[①] 我们不能天真地期许天上掉下个大团结，一个伟大的制度创设，往往伴随着风雷电火。正所谓"千淘万漉虽辛苦，吹尽狂沙始到金。"

毛泽东在给林彪的公开信中，曾详细解释了党的领导权在红四军里不能绝对建立起来的两个缘由：一个是四军的大部分是从旧式军队脱胎出来的，带来了一切旧思想、旧习惯、旧制度的拥护者；再一个是从失败环境中拖出来的，那时候的得救，可以说十分原因中有九分是靠了个人的领导才得救的，因此造成了个人庞大的领导权。随着党的建设和领导逐渐加强，争论也出来了。

在列举了个人领导和党的领导争雄的具体表现后，毛泽东点出了争论的实质："因为党的意志伸张，个人意志减缩，一切问题都要在各级党的会议席上议决之后，才许党员个人依照决议去执行工作，使得个人没有英雄式的自由，……个人主义与反个人主义的，亦即个人领导和党的领导的斗争，是四军历史问题的总线索。"[②] 这已经讲得不能再直白了，所谓党指挥枪还是枪指挥党，总归要落实到个人层面，实质是个人主义在作祟。

古田会议不仅在实际上，而且从理论上组织上制度上解决了个人领导与

---

① 《毛泽东选集》第 1 卷，人民出版社 1991 年版，第 306 页。
② 《毛泽东文集》第 1 卷，人民出版社 1993 年版，第 67 页。

党的领导的关系问题。这是经过艰难曲折的斗争得来的，但并不意味着一劳永逸地解决了这个问题。1938 年 11 月 6 日，毛泽东再一次强调："共产党员不争个人的兵权（决不能争，再也不要学张国焘），但要争党的兵权，要争人民的兵权。……在兵权问题上患幼稚病，必定得不到一点东西。"①

张国焘任鄂豫皖中央分局书记后，借口整顿组织大搞"肃反"，几乎撤换了原鄂豫皖所有党组织以及红军的主要负责人，建立了他个人的指挥系统，确立了他在鄂豫皖军阀主义的领导。客观而言，旧中国有着产生军阀主义、山头主义倾向的深厚土壤，体现在党内，坚持个人领导还是党的领导，个人领导多一点还是党的领导多一点，是长期存在的普遍性矛盾。即便有再好的制度设计，如果不经过实际的具体的斗争，个人主义的东西是不会自动消除的。

争党的兵权，实质就是坚持党指挥枪。历史的教训一再告诫我们，在争党的兵权的斗争中，有两个方面问题始终是重大而现实的考验：第一个是如何防止党内军内出现野心家篡权误军。党指挥不了枪的结果就是枪指挥党。长征途中张国焘自恃枪多人多拥兵自重，个人凌驾于组织之上，篡夺党和红军的最高领导权，甚至到了企图扣留毛泽东和周恩来等中央领导人的地步，差一点葬送了党和军队。毛泽东称之为"最黑暗的时刻"。

第二个需要经常面对的课题，就是如何处理好党的领导与个人作用的关系。强调党的领导，并不意味着不重视个人的作用。特别是在危机时刻、艰难时期，个人的领导作用显得尤为突出。邓小平在党的八大《关于修改党的章程的报告》中强调："我们主张巩固集体领导，这并不是为了降低个人的作用，相反，个人的作用，只有通过集体，才能得到正确的发挥，而集体领导，也必须同个人负责相结合。没有个人分工负责，我们就不可能进行任何复杂的工作，就将陷入无人负责的灾难中。在任何一个组织中，不仅需要分工负

---

① 《毛泽东选集》第 2 卷，人民出版社 1991 年版，第 546 页。

责，而且需要有人负总责。"①只要有人群的地方，就会始终存在个人与集体的关系；只要有党组织的单位，就会有个人领导与党的领导的关系问题。党在长期革命和建设实践中，业已形成和确立了党对军队绝对领导的一系列根本原则和制度体系，为解决这一经常课题提供了根本遵循。

古田之后

党指挥枪，只是把这套制度挂在墙上，并不会自动实现其效能。但重要的是，现在我们已经有了解决这个问题的理论指导、政策原则、制度路径、程序规定和丰富经验，只要不折不扣抓好落实，开展经常性的必要斗争，党的领导就"虚不了"，阴谋家就"反不了"，军队颜色就"变不了"，党和国家就"乱不了"。

从军权运行的一般规律看，高度集权和集中统一是战争和军事这一特殊领域的共性要求，也是古今中外统军治军的普遍共识和通行做法。人民军队在长期的革命和建设中，始终坚持党指挥枪的总原则，从支部建在连上，到实行党委制、政治委员制、政治机关制，从党委统一的集体领导下的首长分工负责制，到全面深入贯彻军委主席负责制，已经内生演化为上顶天、下立地、纵到底、横到边的一整套行之有效的制度链条。其中居于统领地位的就是军委主席负责制，党和国家的根本大法——宪法和党章都明确规定了"中央军事委员会实行主席负责制"。在军队最高领导权和指挥权这个"党指挥枪"的要害问题上，决不能出现一丝一毫的问题，决不能有任何形式的虚化。

列宁曾强调："借口集体管理而无人负责，是最危险的祸害，这种祸害威胁着一切没有很多集体管理工作经验的人，而在军事上往往导致无法避免的灾难、混乱、惊惶失措、权力分散和失败。"②党委统一的集体领导下的首长分工负责制，是军委主席负责制之下党领导军队的一项根本制度，是从组

---

① 《邓小平文选》第1卷，人民出版社1994年版，第234页。
② 《列宁全集》第37卷，人民出版社1986年版，第41—42页。

织原则层面正确处理集体领导与分工负责关系的制度设计。历史地看，旧军队的实际控制权掌握在单一长官手里，而人民军队实行政治主官制，创设了双首长平等权力的领导架构，与党委制、政治机关制、支部建在连上等形成一个严密的组织领导体系，实现了对旧军队的有效控制与先进性改造。

当然，制度是同一个制度，实践起来各有各的不同。党委（支部）统一的集体领导下的首长分工负责制，落到末端是一个实践问题，需要在实践中一个党组织一个党组织、一件事一件事地加以解决。换句话说，具体到每一党组织，能不能贯彻好党委（支部）统一的集体领导下的首长分工负责制，是需要通过健康的党内斗争和政治历练方能争取出来的一个实际状态，并不是说有了一个原则、一项制度或一纸任命就能自然而然解决的。

从另一个角度看，军事指挥要害在效率，所谓兵贵神速。而如何处理好牢牢掌控军队与灵活机动打胜仗的关系，是历代军制都极为重视解决的一个主要矛盾。人民军队的历史业已表明，坚持党的绝对领导是根本原则，战斗力是唯一的根本标准，能打胜仗是军队的根本职能，由此出发，革命战争年代形成了保证党的集中统一领导和高效决策指挥的多种实现模式，书写了党指挥枪的胜战传奇。当然，这并非有了党指挥枪的制度就能自动实现的。战时一切为了胜利，谁能打仗就以谁为主，谁擅长什么就发挥什么，而大敌当前也压倒了其它次要矛盾。在平时则难免会遇到集体领导与个体领导的权力纠葛，1+1＝2，或大于2，或小于2，甚至小于1，这些情况都是可能的。如何把组织优势转化为制胜优势，就成为一个经常性的现实课题。

党对军队绝对领导的一系列制度创设，是在面对一个个现实考验中逐步完善的。古田会议前夕，毛泽东曾对红四军要不要设置新的指导机关作了严肃批驳，其中蕴含着领导体制改革的宝贵思想资源。他说，不问"于工作上是否有效果，于斗争上是否更形便利，不从需要上实际上去估量，单从形式上去估量，这是什么一种共产主义者的态度呢?! 请问实际弄得不好，形式上弄得再好看又有什么用处呢？！……这种形式论发展下去，势必不问一切事的效果，而只是它的形式，危险将不可胜言。"①

新的历史时期，军队建设的系统性、动态性、复杂性，军事斗争的政治性、政策性、敏感性，作战指挥的联合性、时效性、精准性，都有了显著变化，对集中高效的战略筹划和决策指挥提出了新的更高要求。走得再远，都不能忘记当初为什么出发。从一定意义上讲，之所以在传统的军事建制之上架设一套党指挥枪的组织体系，是为了解决旧式军队单一行政体系容易陷入官僚化泥淖而无法自拔的固有矛盾。因此，这套新体系必须保持本身的先进性纯洁性，才能发挥其政治保证功能。

全面深入贯彻军委主席负责制，从根本上和最高层面解决了党指挥枪的问题，在这方面高级干部负有不可推卸的特殊责任。在此基础上，还要在各级党组织层面贯彻落实好党委（支部）统一的集体领导下的首长分工负责制，最大限度地把政治优势和组织优势转化为制度优势制胜优势。这两个层面结合起来，充分彰显了中国特色军事领导指挥体制的独特优势。

生命线

抗战时期，毛泽东和英国记者贝特兰谈话时，指出八路军有一种极其重要和极其显著的东西，这就是政治工作。"这种制度是中国历史上没有的，靠了这种制度使军队一新其面目。"②

"政治工作"到底是一种什么工作？欲明其义，先知其源。

1932年7月，中共中央即指出："政治工作不是附带的，而是红军的生命线。"③1934年2月，红军第一次全国政治工作会议正式提出："政治工作是我们红军的生命线"。④1938年，周恩来在《抗战军队的政治工作》一文

---

① 《毛泽东文集》第1卷，人民出版社1993年版，第72页。

② 《毛泽东选集》第2卷，人民出版社1991年版，第380页。

③ 《中国人民解放军军史》第1卷，军事科学出版社2010年版，第298页。

④ 《中国人民解放军军史》第1卷，军事科学出版社2010年版，第303页。

中强调："以革命主义为基础的革命政治工作是一切革命军队的生命线与灵魂！"1944年，毛泽东在修改谭政《关于军队政治工作问题》报告初稿时，亲笔加了一句话：共产党领导的革命的政治工作是革命军队的生命线。谭政报告是我军政治工作走向成熟的重要标志，报告中对生命线作了较为明确的解读："是以民族民主革命的纲领教育军队，是以人民革命的精神教育军队，使革命军队内部趋于一致，使革命军队与革命人民、革命政府趋于一致，使革命军队完全服从革命政党的政治领导，提高军队的战斗力，并进行瓦解敌军、协和友军的工作，达到团结自己，战胜敌人，解放民族，解放人民的目的。这就是我们的军队与其他军队的原则区别。"①

1954年4月15日，毛泽东修改《中国人民解放军政治工作条例（草案）》时，将总则第四条中"中国共产党在中国人民解放军中的政治工作是我军战斗力量的保证"一句，恢复为原稿的"中国共产党在中国人民解放军中的政治工作是我军的生命线"，②并重写了被划去的"的生命线"四个字。为什么如此看重"生命线"这几个字，其中有何深意？

关于政治工作，《中国军事百科全书》中是这样定义的："中国人民解放军政治工作是中国共产党为了掌握和领导军队，实现自身的政治主张和政治目标而建立和开展的，是中国共产党在军队中的思想工作和组织工作。"③从这段权威解读可以看出政治工作的"三大件"：一是掌握和领导军队，即保证党指挥枪；二是掌控军队后干什么，即保证履行使命；三是怎么来保证，即实现途径。

不言而喻，古往今来，无论哪一支军队都会把掌控兵权视为命根子紧紧抓在自己手里的，尽管不一定把它叫作"政治工作"。但是，人民军队的兵权问题有着其特殊内涵。

1932年1月19日，红军总政治部《关于红军中支部工作的一封信》中，

---

① 《中国人民解放军军史》第2卷，军事科学出版社2010年版，第356页。

② 《建国以来毛泽东军事文稿》中卷，军事科学出版社、中央文献出版社2010年版，第206页。

③ 《中国军事百科全书·中国人民解放军政治工作卷》，中国大百科全书出版社2014年版，第5页。

最早提出党对军队"绝对领导"的概念，强调"加强党的本身教育，扩大党的政治影响，提高并巩固党在红军中的绝对领导，保证红军中对上级命令的执行与巩固红军的纪律，这是目前红军中党的最中心任务"。[①] 这一年的 9 至 10 月间，红军总政治部又相继发出党的工作和政治工作《训令》，反复强调红军中的政治委员和政治机关要通过顺利地进行一切工作"保障党在红军中的绝对领导"，"健强无产阶级先锋队——共产党在红军中的绝对领导"。可见，创建政治工作最直接的动机是党掌握和领导军队的需要，但这不同于旧军队靠长官命令、靠威权利益来掌控军队。坚持党对军队的绝对领导，是人民军队的军魂所系，是政治工作的核心任务。这里的政治领导是核心，思想领导是基础，组织领导是保证。革命的政治工作之所以成为我军的独特法宝、鲜明特色、最大优势，并不在于形式上对军队的掌控，真正的要害在于先进性，在于是不是用最先进的主义、最先进的政党来组织和武装军队。这是人民军队同一切旧军队的实质分别。

弄清楚了革命的政治工作是如何保证党指挥枪的，也就理解了生命线的第一要义。那么，赋予军队生命线后做什么、怎么做、谁来做？如此延伸下去，生命线就有了另外三个维度：第一，做正确的事；第二，正确地做事；第三，正确的人来做。

"政策与策略是我党我军的生命"

党领导和掌握军队做什么？这个问题，从毛泽东给红军下的定义中可以找到线索："红军是一个执行革命的政治任务的武装集团"。[②] 后面的"武装集团"四个字是共性的，古今中外一切军队皆然，特殊的是前面的定语："执行革命的政治任务"。沿着这个逻辑继续往下走，政治任务又是指什么呢？

土地革命时期，打仗、做群众工作、筹款是红军的三大任务。"离了对

---

① 《中国人民解放军军史》第 1 卷，军事科学出版社 2010 年版第 197 页。
② 《毛泽东选集》第 1 卷，人民出版社 1991 年版，第 86 页。

群众的宣传、组织、武装和建设革命政权等项目标，就是失去了打仗的意义，也就是失去了红军存在的意义。"①现在看来，这似乎是很平常的观点了，但在当时可谓史无前例的创举，因为在世人的心目中，军队不过就是打仗的工具。抗日战争时期，毛泽东又提出这支军队要当两支用，一方面打仗，一方面生产，又能武来又能文，又生产来又打仗，我们的军队有了这两套本领，再加上做群众工作一项本领，就可以克服困难，把日本帝国主义打垮。解放战争时期，解放军的三大任务被通俗地概括为战斗队、工作队和生产队。

可见，党的旗帜就是人民军队的旗帜，坚定正确的政治方向就是人民军队的生命线，也就是政治工作之所务。但不同时期的政治任务有不同的内容和重点，不能把某一特定时期的任务当成质的规定固化下来。当然，万变不离其宗，核心还是打仗，离开了这一条就不成其为军队。"人民解放军永远是一个战斗队。就是在全国胜利以后，在国内没有消灭阶级和世界上存在着帝国主义制度的历史时期内，我们的军队还是一个战斗队。对于这一点不能有任何的误解和动摇。"②

欲要弄清楚"革命的政治任务"，还需要对政治有深刻而准确的把握。"政治"，可以说是一个常用而又复杂的概念，有的学者认为"我们大多数人在使用政治一词时并不提出关于政治的明确定义"。但毛泽东眼里的"政治"从来都是明确的、彻底的、光明正大的。他旗帜鲜明地宣示，共产党人从来不隐瞒自己的政治主张。"一切问题的关键在政治，一切政治的关键在民众，不解决要不要民众的问题，什么都无从谈起。要民众，虽危险也有出路；不要民众，一切必然是漆黑一团。"③为人民服务就是革命军人最大的政治，这是管总的，也是讲政治的出发点和落脚点。在这一政治立场、政治信念下面，才有政治方向、方略、方法层面的内容。

作为战略家的毛泽东，总是把注意力关注点放在更高层次、战略全局、

---

① 《毛泽东选集》第1卷，人民出版社1991年版，第86页。

② 《毛泽东选集》第4卷，人民出版社1991年版，第1426页。

③ 《毛泽东文集》第3卷，人民出版社1996年版，第202页。

关键枢纽上，善于从高点出发确定路线、方针、政策和策略，这也就是从政治上看问题想办法拿措施。回过头来再看长期革命斗争中发展壮大的政治工作，之所以把"政治"突出出来，当成一门"工作"予以高度关注，正是因为它着眼的是观大事谋大事议大事抓大事，这是它不同于一般的行政事务或单纯军事工作的地方。这种不同于一般的高点，首当其冲体现在理论强党上。

早在建党之前，毛泽东在给新民学会会员罗章龙的信中便指出，"主义譬如一面旗子，旗子立起了，大家才有所指望，才知所趋赴"。[①]主义者，理论体系也，行动之指南。没有革命的理论就没有革命的行动，没有一条好路线也就没有"生命线"。近代中国的落后，首先是缺少一个先进的主义；近代中国的进步，始于先进理论的武装。

十月革命一声炮响，送来了马克思列宁主义。"马克思列宁主义的普遍真理一经和中国革命的具体实践相结合，就使中国革命的面目为之一新。"[②]毛泽东的这句名言，一方面指出了理论的重要性，另一方面强调了理论必须与实践相结合的极端重要性：改变中国面貌的不是理论本身，而是普遍真理和中国实践的结合。正如革命导师所指出的，马克思主义不是现成的教条，而是进一步研究的出发点和供这种研究使用的方法。如果把主义当成教义，不但不能正确地指引革命，反而会带来巨大损失甚至葬送革命。因此，"要把马克思主义当作工具看待，没有什么神秘，因为它合用，别的工具不合用。"[③]

"生命线"的生命在于管用。主义本身并不具有操作性，必须转化为具体的政策和策略才管用，这就是毛泽东指出的："须知政策与策略，是我党我军的生命。"[④]一个革命政党的任何行动都是实行政策，不是实行正确的政策就是实行错误的政策，不是自觉地就是盲目地实行某种政策。那么，正确的

---

① 《毛泽东早期文稿》，湖南人民出版社 2008 年版，第 498 页。
② 《毛泽东选集》第 3 卷，人民出版社 1991 年版，第 796 页。
③ 《毛泽东文集》第 8 卷，人民出版社 1999 年版，第 264 页。
④ 《毛泽东文集》第 5 卷，人民出版社 1996 年版，第 83 页。

政策和策略从哪里来？就是在先进主义的指导下，针对时代需求和现实问题，总结实践经验并进行理论升华得来的。其中，"主义"背后的理论思维是至关重要的一环。

恩格斯曾经指出，"一个民族要想登上科学的高峰，究竟是不能离开理论思维的。"[1] 理论思维是人类理性能力和智慧的最高体现，也是个体乃至民族精神素质的集中反映。从表面上看，旧中国缺少的是"主义"，实质缺少的是理论思维。为什么理论思维在旧中国发展不起来？缺少哺育和支撑理论思维的土壤和环境是显而易见的原因。君主专制之下，权力高于逻辑，使得求真之辩成为多余甚至是招灾惹祸之举，人云亦云、千篇一律的思维习惯根深蒂固，述而不作、信而好古的思想传统源远流长。加之长期农耕社会下与谋生息息相关的经验思维、实惠思想高度发达，精致细密的理论思维形式相对较难以成长壮大、开花结果。

为什么会有教条主义？因为理论自信严重缺失，抄来抄去就抄成了教条；为什么叫做理论"武装"？因为这不是一般意义上的学习，不仅是学理论体系的具体知识，更要锻炼理论思维的大脑，培养自觉的理论思维习惯，进而生产出自己的"主义"。

中国共产党自成立之日起，便把思想建党、理论强党作为发展壮大的先导，着力于培养缺失已久的理论思维习惯，强化理论自信，进而形成中国气派的马克思主义理论创新成果，带动培塑民族的大众的理论思维品质。正确的理论指引正确的方向，正确的武装掌握正确的理论。近百年来，指引中国人民从站起来、富起来到强起来的历次伟大飞跃，无不以党的指导理论的创新发展为前提，此可为理论自信的明证。而当下强调科学理论武装的历史和现实意义，主要理由也正在于此。

政治工作，也有人习惯称作思想政治工作或政治思想工作。"思想政治工作"突出了政治工作中的"思想性"，而"政治思想工作"则突出了思想工

---

[1] 《马克思恩格斯选集》第 4 卷，人民出版社 1995 年版，第 285 页。

作中的"政治性",叫法不一,殊途同归,要害在于必须有一套进步的理论体系,以及与之相匹配的政策和策略,然后宣传、带领群众把它贯彻落实下去。

换句话说,政治工作不是独立存在的另外一套工作,而是立于更高层面对一切工作的把握和保证。一旦脱离了保证的目标,生命线也就断了线,即使屠龙宝刀在手也无所用之。怎么来保证?正如毛泽东所言,我们的任务是过河,不解决桥或船的问题,过河就是一句空话。政治工作的另一个重要功能就是解决"桥"和"船"的问题。

怎么做?

国防大学的金一南教授在解读党的早期革命史时,曾提出一个直白而深透的问题:在最落后的山村获取最勇敢的战士,在最发达的城市获取最先进的思想,这个巨大的鸿沟怎么弥补?

这个问题的解决可以视为我军政治工作之滥觞。1928年11月25日,毛泽东在写给中央的《井冈山的斗争》报告中,详细分析了红军的六个来源,结果竟是数量上以敌军俘虏为多,设无此项补充,则兵员大成问题。红军"游民成分太多,当然不好。但因天天在战斗,伤亡又大,游民分子却有战斗力,能找到游民补充已属不易。在此种情形下,只有加紧政治训练的一法。"[1] 由此,红军党内最迫切的问题,要算是教育的问题。作为我军政治工作奠基石的古田会议《决议》,第一部分即是《关于纠正党内的错误思想》,实乃情势所迫。

为什么会创建被称为"独特法宝"的思想政治工作?在以人口众多著称的国度,如何统一思想自古以来就是个老大难问题。所有的事情都是人来做的,人多力量大,但人多思想也不好统一。即便有好的思想,如何让群众接受就成了一件大事,而且是头等大事。后人看起来很容易接受的许多思想观点,在革命早期要想占据主导地位恐怕需要流血牺牲来开路,甚至是在生死

---

① 《毛泽东选集》第1卷,人民出版社1991年版,第63页。

存亡的危急关头才会被普遍接受。这个称之为"独特法宝"的思想政治工作，基于这一国情特点也就好理解了。

毛泽东的一大贡献，就是创造性总结提出了宣传和武装群众的一整套理论、制度和方法。其实质在于"使民知、明明德"的群众路线，这是迥异于传统治理"民可使由之、不可使知之"的光明大道。

人民群众是历史实践的主体，先进分子只有与广大群众相结合才可以能动地创造历史。这个结合，首先体现在先进分子进行理论创新，进而用先进理论武装群众，推动自发的历史实践转进到自觉的历史实践。由此，毛泽东多次强调："掌握思想教育，是团结全党进行伟大政治斗争的中心环节。如果这个任务不解决，党的一切政治任务是不能完成的。"① "掌握思想教育是我们第一等的业务。"② "掌握思想领导是掌握一切领导的第一位。"③

综上，人民军队政治工作之所以定义为"党在军队中的思想工作和组织工作"，其中内含着一个朴素的现实逻辑：要想抓枪杆子，首先得有人。人从哪里来？要靠宣传、教育、鼓动，启发阶级觉悟，这就是思想工作；进而把革命同志组织起来，结成紧密的战斗团体，这就是组织工作。非如此不能抓牢枪杆子，也无法开启人民战争的原力。这里的思想工作与组织工作是一体之两面，没有组织工作就没有思想工作，思想工作做不好组织也发挥不了功能。这艘奔向目标的"船"是选对了，但能不能驾驭好又是另一回事了。

"军队的基础在士兵，没有进步的政治精神贯注于军队之中，没有进步的政治工作去执行这种贯注，就不能达到真正的官长和士兵的一致，就不能激发官兵最大限度的抗战热忱，一切技术和战术就不能得着最好的基础去发挥它们应有的效力。"④ 这是《论持久战》里的一段话，其中有个词叫"贯注"，政治教育专业里也叫"灌输"，指的是先进的理论不会自动掌握群众，

---

① 《毛泽东选集》第3卷，人民出版社1991年版，第1094页。
② 《毛泽东文集》第2卷，人民出版社1993年版，第375页。
③ 《毛泽东文集》第2卷，人民出版社1993年版，第435页。
④ 《毛泽东选集》第2卷，人民出版社1991年版，第511页。

要想让人民群众掌握理论武器，从而把批判的武器变成武器的批判，就必须靠主动的宣传教育。当然这里隐含着一个前提，也就是金一南教授在前面提到的巨大鸿沟问题。

可以说，理论灌输是先进政党的先天职能，没有灌输就没有宣传，就无法争取群众。但要注意，如果把灌输简单化为大水漫灌、照本宣科或"填鸭式"硬灌的宣传方式，也就等于取消了思想宣传工作。

打意识形态领域仗，更要讲究战法。发生在脖子上面的战斗，有其特殊的制胜机理。自以为高群众一筹，身段下不来，态度拧着劲，不接地气，不聚人气，这种作派对思想宣传工作为害甚大。毛泽东早就指出，很多人对于官兵关系、军民关系弄不好，以为是方法不对，我总告诉他们是根本态度（或根本宗旨）问题，这态度就是尊重士兵和尊重人民。从这态度出发，于是有各种的政策、方法、方式。离了这态度，政策、方法、方式也一定是错的，官兵之间、军民之间的关系便决然弄不好。"军队政治工作的三大原则：第一是官兵一致，第二是军民一致，第三是瓦解敌军。这些原则要实行有效，都须从尊重士兵、尊重人民和尊重已经放下武器的敌军俘虏的人格这种根本态度出发。那些认为不是根本态度问题而是技术问题的人，实在是想错了，应该加以改正才对。"①

不知从何时起，板着面孔，一本正经，成为群众印象中某些政治工作者的标准像。其实，政治工作应该是有情有义有温度的。这个道理，毛泽东在谈到对待起义人员的工作方针时也讲过，"不能用粗暴的方法，不能下大雨，要像下小雨一样才能渗透进去。要按照他们的具体情况和能够接受的程度进行思想政治教育，不能强迫灌注。"同时他又对政治工作人员强调："如果搞不好是会被别人赶出来的，即使不被赶出来，你站不住，也是要出来的。……我们派去的干部不能在业务上给予帮助，又不作具体调查研究，只是大讲了三天反帝反国民党的大道理，讲完了又没有新的，人家就不愿意听，

---

① 《毛泽东选集》第2卷，人民出版社1991年版，第512页。

不赞成你。"①实际上，你讲的道理人家听不进去，就等于被人家从心里扫地出门了。这里蕴含着一个宝贵的"阵地"思想。

如何才能做好宣传思想工作？这就好比打仗，首先要找准"阵地"。这看似不成问题，课堂、报刊、文艺以及现在的信息网络，这些都是看得见听得到的宣传教育阵地。然而，政治工作说到底是做人的工作，真正的阵地不在别处，就在人的大脑里，在人的思想意识里。也就是说，意识形态领域的斗争，最终的阵地是在脖子上面，单单看占有了多少宣传载体并非衡量打赢的标准。不妨说，每一个活思想都是工作的"阵地"，每一种错误观点就是一座"堡垒"，需要一个一个去争夺。

因之，政治工作要跟着人的思想这个活阵地走，而不可固守在自设"阵地"里守株待兔。说服一个人、争取一个人，就算打了一个胜仗；一堂课、一次谈话，没有多少效果甚至起了反作用，就等于打了败仗。政治工作的对象都是有名有姓的个体，仅仅是概略瞄准模糊评估，以泛泛的"部队""官兵"来取代一个个真实的头脑、活跃的思想，用"基本上""大多数""总体上"等描述战况战果，就无法掌握真正的阵地实情。而对于那种不讲效益不计成本的工作方式，不客气地讲，就是一种政治资源挥霍浪费行为。

找准阵地才能分清敌我。如果把向自己的同志说理当成向对手喊话，板着脸"硬讲理"，简单化"讲硬理"，硬邦邦"不讲理"，看似挺用力，实则使反劲，结果就是敌人听不到，自己人又听不进去。应当厘清的是，思想领域有不同观点并不可怕，"正确的意见如果是在温室里培养出来的，如果没有见过风雨，没有取得免疫力，遇到错误意见就不能打胜仗。"②怕的是搞不清阵地，瞄不准靶心，或者混淆对象与对手的区别，导致阵地错位，甚至采取鸵鸟政策，陷入自说自话、自讲自听、自定胜负的"怪圈"。

毛泽东多次讲到宣传教育的实效性问题："不是将政治纲领背诵给老百

① 《建国以来毛泽东军事文稿》上卷，军事科学出版社、中央文献出版社 2010 年版，第 47 页。
② 《毛泽东文集》第 7 卷，人民出版社 1999 年版，第 232 页。

姓听，这样的背诵是没有人听的；要联系战争发展的情况，联系士兵和老百姓的生活，把战争的政治动员，变成经常的运动。这是一件绝大的事，战争首先要靠它取得胜利。"① "军队历来讲雷厉风行的作风，我赞成。但是，解决思想问题不能雷厉风行，一定要摆事实，讲道理。"② "课不能照书本去讲。那样讲，听的人要打瞌睡。自己做准备，结合实际讲，总结革命经验，听的人就有劲头了。"③

从上面的描述中可以看出，政治工作是一种软实力，是明显区别于残酷斗争、强制性行政命令的一种工作方式。也就是毛泽东一贯强调的，有话好好说，有事好商量，就是"开个会"，以民主的方式，当面说服，不搞阴谋，和风细雨，统一思想。"大家把道理讲通，心情愉快，有共同的方向。方向很明确，不是糊里糊涂。"④ "用协商的办法，互相打通思想，这样做事快得多。不同意的先不要办，即使同意，也要看是心里愿意还是嘴上愿意，若勉强就缓办。军队也要协商。这是中国的特点。"⑤

对此，邓小平同志有一番很到位的解读："对于思想问题，无论如何不能用压服的办法，要真正实行'双百'方针。一听到群众有一点议论，尤其是尖锐一点的议论，就要追查所谓'政治背景'、所谓'政治谣言'，就要立案，进行打击压制，这种恶劣作风必须坚决制止。毛泽东同志历来说，这种状况实际上是软弱的表现，是神经衰弱的表现。"⑥

谁来做？

八七会议后，中共中央明确提出建立工农革命军，新的革命军队中"要有极广泛的政治工作及党代表制度，强固的本党兵士支部，要有靠得住的忠

① 《毛泽东选集》第2卷，人民出版社1991年版，第480页。
② 《建国以来毛泽东军事文稿》下卷，军事科学出版社、中央文献出版社2010年版，第377页。
③ 《建国以来毛泽东军事文稿》下卷，军事科学出版社、中央文献出版社2010年版，第114页。
④ 《建国以来毛泽东军事文稿》中卷，军事科学出版社、中央文献出版社2010年版，第387页。
⑤ 《建国以来毛泽东军事文稿》上卷，军事科学出版社、中央文献出版社2010年版，第50页。
⑥ 《邓小平文选》第2卷，人民出版社1994年版，第145页。

实于革命的军官"。①随后，毛泽东在三湾改编秋收起义部队时，规定在班或排建立党小组，在连建立党支部，在营以上各级建立党委，并实行党代表兼任同级党委（支部）书记的新党代表制。

1928 年 4 月，朱德、陈毅率领的工农革命军与毛泽东井冈山会师后，"三湾改编"成果在全军推行，同时又在团以上各级建立党委机关，兼负政治部职能，组织指导政治工作和宣传工作，这就克服了过去国民革命军中只是政治部少数人做政治工作的弊端。同年的 5 月 25 日，中共中央颁发《军事工作大纲》，要求取消工农革命军名义，开始改称红军，实行政治委员制，政治委员即为党的代表，负责进行政治工作。之后，各地红军陆续将党代表改称为政治委员。1929 年初，红四军前委决定把军和纵队（团）两级党委机关改为同级政治部，与司令部平行，对内做官兵的政治训练工作，对外做宣传群众的工作。②中央肯定了这一做法，并向各地红军推广。

从人民军队政治工作奠基的这一时期看，已经初步形成了政治工作的根本制度，其中最主要的，就是党委制、政治委员制和政治机关制。那么，政治工作具体由谁来做呢？只是政治工作部门和政治干部的事吗？毛泽东曾多次强调过这个问题："思想政治工作，各个部门都要负责任。"③"各地党委的第一书记应该亲自出马来抓思想问题。"④"重要的是政治、根据地、人民群众、党、统战工作，只有会做政治工作的人才会打仗，不懂政治的人就不会打仗。"⑤后来，邓小平对这个问题也作了明确而具体的强调："军队的政治思想工作，军队所有的军事人员、政治人员都要做。"⑥

政治工作当然有其主体力量，有其专业的知识、专门的人员，但并不等同于工作的"业务化"，这是由政治工作的本质属性决定的。一方面，各领域

①《中国人民解放军军史》第 1 卷，军事科学出版社 2010 年版，第 10 页。
②《中国人民解放军军史》第 1 卷，军事科学出版社 2010 年版，第 81 页。
③《毛泽东文集》第 7 卷，人民出版社 1999 年版，第 226 页。
④《毛泽东文集》第 7 卷，人民出版社 1999 年版，第 282 页。
⑤《毛泽东军事文集》第 6 卷，军事科学出版社、中央文献出版社 1993 年版，第 397 页。
⑥《邓小平文选》第 2 卷，人民出版社 1994 年版，第 290 页。

各系统各单位的工作都会有一个全局，其上也都会有一个更高层面的大局，亦应有一个从群众中来、到群众中去的"大政方针"，直至最高层面党的路线方针政策和决策部署。而政治工作不同于一般业务工作的地方，恰在于它是保证准确领会、全面贯彻这一"大政方针"的。因此，政治工作只能置于党的全面领导之下，融入到军事大系统的实际运行全程，而不可囿于自成体系的"业务"之中。另一方面，政治工作的"政治"，通俗而言就是先把大的问题搞明白，跳出条块分割的具体业务，站高一点，望远一步，想全一些，谋深一层，先把方向性全局性问题搞准。政治上对头了，后面的事情就好办了。之所以强调政治意识、政治眼光、政治能力，意义也在于此。但正因为这种高点站位全局思维，非单纯业务工作所能为，特别是陷入"业务化"后就容易搞虚踩空，导致空头政治。

早在政治工作奠基的古田会议时期，毛泽东便指出因为宣传员成分太差，差不多官兵一致地排斥宣传队，"吃闲饭的""卖假膏药的"就是一般人送给宣传员们的称号。在古田会议召开前给林彪的信中，毛泽东指出了一些空头政治现象："凡在四军生活过的人，大概没有不承认四军军事技术到了很差的程度了，但是偏有一些同志对于训练军官的本职不愿去管，却天天作些政治上的鼓动"。① 可见，政治工作从源头上就是同这种假大空倾向作斗争中发展起来的，今后也必须时时注意警惕之。一旦脱离经常性的中心工作，就只剩下凌空蹈虚的功夫了。

反过来看，这种情况之所以经常存在，恰是因为政治工作的"高大上"定位：管方向、管根本、管长远、管全局，牵一发动全身。如果没有高人一筹的政治视野和战略思维，没有切实掌握先进的理论和正确的政策策略，没有真切的具体实践打底子，无论如何费力去灌输、去宣传，也难以发挥出应有的威力。从这个意义上讲，革命的政治工作非革命的政治家不能为。

1930年10月，中共中央向全国各苏区红军颁发《中国工农红军政治工

---

① 《毛泽东文集》第1卷，人民出版社1993年版，第70页。

作暂行条例草案》，指出基层政治工作者是最能得群众信任、能作群众最好模范的同志，开展政治工作全凭本身直接接近群众和熟识红军战士；强调必须任命"最有阶级觉悟，最坚强勇敢，并有政治教育工作经验的共产党员"为政治委员，连队指导员"要成为艰苦、耐劳、勇敢和遵守纪律的模范"。①1934年召开的红军全国政治工作会议，提出"一切政治工作，都是为着前线上的胜利"，政治工作"是提高红军战斗力的原动力"；要求政治工作人员"要成为一个战术家"。②可见，作为政治工作的主体力量，政治干部首先是各项工作的先进和模范，是率先垂范以身作则的榜样，最忌的是只说不干、走空落虚。

总而言之，如果说政治工作在内容上是"高大上"的，那么从形式上看则是"接地气"的。这一鲜明特征可以概括为"顶天立地"："天"，就是高端、高明、高超，站得高望得远；"地"，就是接地气聚人气，脚踏实地，直达基层，走群众路线。不站在高端就会迷失方向甚至走了歪路，但站位高不等于姿态高高在上。倘若不联系实际，落不到地上，就会被群众嘲讽为"唱高调"。

之所以强调政治工作非政治家不能为，是从"高大上"这一点讲的，如果视野境界达不到又要做这种高端工作，就容易搞成假大空，高不上去，实不下来，两头悬着；之所以强调政治工作是全党全军的工作，是因为政治工作实质是群众工作，一切理论政策最终要变成改造世界的具体实践，从群众中来还须回到群众中去。这一"天"一"地"，系着生命线的两头，缺一不可，偏一不可，弱一不可。这就是人民军队政治工作的特色所在。

"兵者，以武为植，以文为种；武为表，文为里。"早在先秦时期，中华古老兵学就对军事与政治的内在关系有了深刻认识，不过这仅是泛泛意义上的"政治教化"。而革命的政治工作与革命性相伴而生，如果丢掉了政治站

---

① 《中国人民解放军军史》第 1 卷，军事科学出版社 2010 年版，第 215 页。
② 《中国人民解放军军史》第 1 卷，军事科学出版社 2010 年版，第 303 页。

位，取消了先进性本质，沦为一般意义上的政治类工作，生命线也就失去了生命。

"不怕中国军队现代化，就怕中国军队毛泽东化。"这一直就是敌对势力的深层焦虑，应该说这个判断在当时还是相当传神的，鲜明体现了人民军队的优势与劣势。曾经的"东亚病夫"变成了充满"谜一样东方精神"的钢铁战士，这般神奇的"化"，怎能不让敌人害怕！时代不同了，有些情况发生了很大变化，但有些东西永远不能变。简而言之，"不怕中国军队现代化"已成过去时，怕还是不怕靠实力说话；但"就怕中国军队毛泽东化"已有明证且仍当其时。

那么，这到底是一种怎样让敌人害怕的"化"呢？前述政治工作的原力、基点、内容和方法，其实从不同方面回答了为什么"化"、"化"什么、怎么"化"的问题。把军队掌控住，进而保证能打胜仗，这恐怕是古今中外所有军队的普遍追求。而毛泽东化的人民军队，其独特追求在于彻底的革命性，即在最先进政党领导下，紧紧依靠人民来完成革命的政治任务。这就跳出了单纯军事观点，从本质上规定了人民军队的革命属性，既强调军事练兵又强调思想练兵，既强调军事训练又强调政治训练，开辟出政治统摄军事的毛泽东兵法时代。

其实，国民党军队也是讲所谓"政治"的，但本质上仍是为蒋家王朝打仗的工具，与历朝历代的军队并没有根本性的区别。全心全意为人民服务的唯一宗旨和根本立场，是"毛泽东化"的基点所在，这在世界军事史上也是亘古未有之举。而始终保持先进性纯洁性，则是"毛泽东化"的内核。从这里出发，这个"化"可以有无穷延展，化成团结一心的内部关系，化成视死如归的战斗精神，化成牢不可破的革命意志，化成以弱对强的制胜策略，化成坚不可摧的战争伟力，化为永远不变的生命线。

敌人越是害怕的，我们越是要坚持，这是我对于敌的非对称优势；敌人自恃"不怕"的，则要紧追快赶敢于超越，出其不意弥补敌对我的非对称优势。可以预见，人民军队将要面对的主要对手，与以往国内对手相比，不可同日而语，需要因事而化、因时而进、因势而新，但传统法宝仍是优势所系。一句话，无论怎么"化"，倘若"化"不出人民战争的伟力，"化"不出团结如一人的内部关系，"化"不出试看天下谁能敌的战力，就不是那个真正令敌人害怕的"毛泽东化"。

综上，革命的政治工作是革命军队的生命线，这条生命线的"奥秘"，并非其物理特性，而在其化学反应，也就是"毛泽东化"：首先体现在彻底的政治立场，好比是坚韧不拔的根，扯不烂拽不断；再就是坚定正确的政治方向，站得正，看得远，行得稳，坚如磐石，不偏不移；还有与时俱进的政策策略，想得深，虑得全，谋得准，赋予生命线源源不断的前进力量，实现活力常存永不断线。

"一切空话都是无用的"

政治工作大约是众人皆知的了，却少有人追问这里的"工作"与一般意义上的工作有何区别？

土地革命战争时期，在国民党军队展开对中央革命根据地的第五次"围剿"之际，毛泽东在全国工农兵代表大会上郑重提出一个"柴米油盐"的问题：我们应该深刻地注意群众生活的问题，从土地、劳动问题，到柴米油盐问题。妇女群众要学习犁耙，找什么人去教她们呢？小孩子要求读书，小学办起了没有呢？对面的木桥太小会跌倒行人，要不要修理一下呢？许多人生疮害病，想个什么办法呢？一切这些群众生活上的问题，都应该把它提到自己的议事日程上。应该讨论，应该决定，应该实行，应该检查。①

倘若不是把群众最关心的事放在心上，群众又怎会有闲情逸致去关心那些"高大上"的革命理想呢？离开了人的所思所盼又怎能做好人的工作？不想群众之所想、急群众之所急、解群众之所难，群众总归是要跑掉的。从这

---

① 《毛泽东选集》第1卷，人民出版社1991年版，第138页。

个意义上讲，如果把政治工作比作人民军队的生命线，那么人民群众就是生命线的生命之所系。

毛泽东还举了一个根据地的例子：为什么长冈乡工作人员的战争动员就能得到广大群众的拥护？因为群众真心实意地感到"共产党真正好，什么事情都替我们想到了。"于是，就有了这个结论：要得到群众的拥护吗？要群众拿出他们的全力放到战线上去吗？那末，就得和群众在一起，就得去发动群众的积极性，就得关心群众的痛痒，就得真心实意地为群众谋利益，解决群众的生产和生活的问题，盐的问题，米的问题，房子的问题，衣的问题，生小孩子的问题，解决群众的一切问题。

群之所为事无不成，众之所举业无不胜，这个理可谓自古通鉴。中国共产党和他领导的人民军队所致力奋斗的，是服务人民大众的事业，这是需要千千万万人参与的事业。人民军队与一切旧军队或西方军队的最大区别，就在于全心全意为人民服务的立场。从这个立场出发，才有了共同理想；而为了实现共同理想，就必须全心全意依靠人民群众。

由之，革命军人自觉选择了一种最艰苦的工作方法：做群众工作，关心群众的柴米油盐，在服务群众中发动群众。这就要"跑到你那熟悉的或不熟悉的乡村中间去，夏天晒着酷热的太阳，冬天冒着严寒的风雪，挽着农民的手，问他们痛苦些什么，问他们要些什么。从他们的痛苦与需要中，引导他们组织起来"。[①] 如果说这就是政治工作，那么这种艰苦细致永无止境的工作，除了先进分子谁愿为之！

立场是一种什么样的"场"？是一旦坚定后便具有自发性，想问题办事情自然生发的情感态度，并顽强地决定着之后的行为。延安大生产运动时期，针对那种脱离群众，不能够帮助群众组织生产改善生活的现象，毛泽东谆谆告诫道，如果只知道要救国公粮，而不知道首先用百分之九十的精力去解决群众"救民私粮"的问题，然后仅仅用百分之十的精力就可以解决救国公粮

---

① 《毛泽东文集》第 1 卷，人民出版社 1993 年版，第 39 页。

的问题，那末这种党员的作风就是国民党的作风，这种党员的脸上就堆上了一层官僚主义的灰尘。"就得用一盆热水好好洗干净。"①这种灰尘光洗脸恐怕是不够的，还得洗脚，因为病根在脚上，是站不稳立场的体现。一旦立场出了问题，一个人的言行很难跳出他所站立的那个圈子，很难摆脱他所在的那个"场"的顽固作用力。

1942年12月，毛泽东在陕甘宁边区高干会上讲了一段非常接地气的话：一切空话都是无用的，必须给人民以看得见的物质福利。……我们应该不惜风霜劳苦，夜以继日，勤勤恳恳，切切实实地去研究人民中间的生活问题，生产问题，耕牛、农具、种子、肥料、水利、牧草、农贷、移民、开荒、改良农作法、妇女劳动、二流子劳动、按家计划、合作社、变工队、运输队、纺织业、畜牧业、盐业等等重要问题，并帮助人民具体地而不是讲空话地去解决这些问题。这就是我们党的根本路线，根本政策，只有在我们的同志懂得并且实行了这样两方面工作的配合时，我们方能算得上一个完全的共产主义的革命家，否则我们虽也在做革命工作，虽也是一个革命家，却还不是一个完全的革命家。"而且，对于某些同志说来，他们还是一个脱离群众的官僚主义者，因为他们只知道向群众要东西，却不知道或不愿意给群众一点东西，引起群众讨厌他们。"②

毛泽东在这里提出了"两方面的工作"：一个方面即是向人民要这样那样的东西，粮呀，草呀，税呀，这样那样的动员工作呀；另一个方面则是用尽力量帮助人民发展生产，提高文化等等。一个完全的共产主义者，第一个方面的工作并不是向人民要东西，而是给人民以东西。换句话说，只知要东西的政治工作还不是完全的革命的政治工作，不管要的东西是粮草还是文字材料。

群众的柴米油盐，毛泽东认为"这个问题非常重要，希望大家十分注意，并向全党宣传这个道理。"就共产党人的宗旨而言，这本不是个问题，

---

① 《毛泽东选集》第3卷，人民出版社1991年版，第933页。
② 《毛泽东文集》第2卷，人民出版社1993年版，第468页。

因为我们奋斗的一切就是为了让人民过上好日子。关心群众的冷暖疾苦，解决群众的实际问题，维护群众的切身利益，是革命者永恒的工作主题，也是政治工作的基本原则，但是远大的政治理想与琐碎的柴米油盐常常不能完全一致。对于那些不关心群众疾苦的空头政治家，需要时刻铭记的就是列宁指出的："今后最好的政治就是少谈政治"。①

红军的战士为什么那么勇敢？最根本的一点就是他们知道了为谁打仗，懂得了为何扛枪。打土豪、分土地，这些土得掉渣的口号，成为鼓动千千万万农民参军闹革命的"神器"。这种根本利益上的激励作用是决定性的，且不可替代。因此，毛泽东直截了当指明了其中的道理："红军虽小却有强大的战斗力，因为在共产党领导下的红军人员是从土地革命中产生，为着自己的利益而战斗的。"② "有了土地改革这个胜利，才有了打倒蒋介石的胜利。"③ 可见，人民子弟兵身上那种敌人始终搞不懂的"魔力"，固然表现在精神上，根子还在利益上，这就是人民为自己的利益而战。毕竟，革命不是奋斗的最终目的，为了人民利益而革命才是原本的逻辑。

革命战士在远大目标的指引下，油然产生作为伟大团体一分子的自豪感和荣耀体验，从而甘愿为了最大多数人的利益而放弃个人利益甚至牺牲一切，这是封官发饷等小恩小惠的激励功效所无法比拟的。尽管理想这个词在当下不那么让人激情澎湃了，但是秉承着全心全意为人民服务的宗旨，革命军队的理想旗帜依然猎猎作响。当然，理想远非单纯教育灌输的结果，靠嘴皮子说教既非首要也非主要，"'思想'一旦离开'利益'，就一定会使自己出丑。"④ 人民军队从胜利走向胜利的历程一再证明了这个真理。

政治工作是人民军队的传家宝，不忘初心的政治工作怎么做呢？就从关心群众的柴米油盐做起！

---

① 《列宁选集》第4卷，人民出版社1972年版，第397页。
② 《毛泽东选集》第1卷，人民出版社1991年版，第190页。
③ 《毛泽东文集》第6卷，人民出版社1999年版，第73页。
④ 《马克思恩格斯文集》第1卷，人民出版社2009年版，第286页。

解放军是一所大学校

枪杆子里出政权，"还可以造干部，造学校，造文化，造民众运动。延安的一切就是枪杆子造出来的。枪杆子里面出一切东西。"① 那么，这样无所不能的"枪杆子"是怎么炼成的？

1938年10月14日，在党的六届六中全会上，毛泽东郑重提出从这次全会之后，来一个全党的"学习竞赛"。半年后，延安在职干部教育动员大会上，毛泽东又讲到，我们队伍里边有一种恐慌，不是经济恐慌，也不是政治恐慌，而是本领恐慌。"过去学的本领只有一点点，今天用一些，明天用一些，渐渐告罄了。好像一个铺子，本来东西不多，一卖就完，空空如也，再开下去就不成了，再开就一定要进货。"② 这里的"进货"，就是学习本领。

就是这支"本领恐慌"的队伍，7年后迎来了抗战的胜利；还是这支队伍，又用了3年时间打败了蒋介石，解放了全中国。胜绩是最好的文凭，人民军队的学习无疑是非常成功的。

没有文化的军队是愚蠢的军队

1950年8月1日，毛泽东以中央人民政府人民革命军事委员会主席的名义，发布《军委关于在军队中实施文化教育的指示》，强调"鉴于人民解放军的指挥员、战斗员一般的文化水平太低的情况，为了要完成伟大的新任务，就必须提高全体指挥员、战斗员的文化科学与技术水平……全军除执行规定的作战任务和生产任务外，必须在今后一个相当时期内着重学习文化，以提高文化为首要任务，使军队形成为一个巨大的学校"。③

这里讲的大学校，更多的是强调学习科学知识。然而，抗美援朝战争的爆发，学习文化这个首要任务受到影响。战争稳定下来后，军队大规模的文

---

① 《毛泽东选集》第2卷，人民出版社1991年版，第547页。
② 《毛泽东文集》第2卷，人民出版社1993年版，第178页。
③ 《毛泽东军事文集》第6卷，军事科学出版社、中央文献出版社1993年版，第86页。

化学习很快又摆上日程。1953年底至1954年初，军委组织了一次全国军事系统党的高级干部会议，主题聚焦在军队的现代化。会议集中了123名军队高级干部，开了将近五十天时间，这在新中国成立后还是首次。正如陈毅在大会发言中所说的："这样大的会议，在延安也没有召开过，等于全军的党代表会议。"①

这次会议指出，虽然有现代化的装备，现代化的组织编制、制度，现代的工程建筑，但如果没有坚强的、现代化的指挥干部和专家来掌握使用，则上述一切均成废物。而要把现有的干部变成坚强的、能够掌握现代装备技术的干部，比之解决装备、组织编制、工程建筑、建立制度等问题，其困难不知要大多少倍。会议强调，建设现代化的革命军队，没有足够数量的具有马克思列宁主义基础知识，具有一定的文化科学水平，具有现代战争知识并能掌握现代技术的干部是不可能的。②

"没有文化的军队是愚蠢的军队，而愚蠢的军队是不能战胜敌人的。"③鉴于科学文化上的巨大鸿沟，毛泽东经常告诫各级干部要多读书多学习。"有了学问，好比站在山上，可以看到很远很多东西。没有学问，如在暗沟里走路，摸索不着，那会苦煞人。"他针对把"没有功夫"作为躲懒理由的同志，提出了"挤"的学习观："在忙的中间，想一个法子，叫做'挤'，用'挤'来对付忙。好比开会的时候，人多得很，就要挤进去，才得有座位。又好比木匠师傅钉一个钉子到木头上，就可以挂衣裳了，这就是木匠向木头一'挤'，木头让了步，才成功的。"而对于看不懂的畏难情绪，则提出一个"钻"的学习观："看不懂也有一个办法，叫做'钻'，如木匠钻木头一样地'钻'进去。看不懂的东西我们不要怕，就用'钻'来对付。在中国，本来读书就叫攻书"。④

---

① 《中国人民解放军军史》第5卷，军事科学出版社2011年版，第7页。
② 《中国人民解放军军史》第5卷，军事科学出版社2011年版，第9页。
③ 《毛泽东选集》第3卷，人民出版社1991年版，第1011页。
④ 《毛泽东文集》第2卷，人民出版社1993年版，第180页。

毛泽东的一生，是战斗的一生，也是学习的一生，直到去世前仍保持旺盛的学习欲望，真正践行了活到老、学到老的信念。他曾多次表达做个教员的内心愿望，并毫不掩饰对贴在自己身上那"四个伟大"（伟大导师、伟大领袖、伟大统帅、伟大舵手）的反感，表示总有一天统统都要去掉，只留下一个"Teacher"。事实证明，他不愧为一个很好的导师。

对擅长打仗但没有什么学习经历的骁将们，毛泽东教导他们对读不懂的东西要当敌人一样去攻下它，正面搞不通，可以从旁的方面着手，如打仗一样，旁袭侧击，四面包围；他告诫这些"大老粗"们，学习一定要学到底，学习的最大敌人是不到"底"，懂了一点就满足了，不再学习了，这满足就是学习运动的最大顽敌。

对于学什么，毛泽东也有深入思考，在战争年代就指出，"如果我们党有一百个至二百个系统地而不是零碎地、实际地而不是空洞地学会了马克思列宁主义的同志，就会大大地提高我们党的战斗力量"。① 直到解放后，仍反复劝告各级领导干部要学哲学，"基础的东西是马克思主义哲学。这个东西没有学通，我们就没有共同的语言，没有共同的方法，扯了许多皮，还扯不清楚。"② 强调要"让哲学从哲学家的课堂上和书本里解放出来，变为群众手里的尖锐武器。"③

1958 年 1 月，毛泽东亲自起草了《工作方法六十条》，其中从第 39 条到第 43 条都是讲学习问题，包括学点自然科学和技术科学；学点哲学和政治经济学；学点历史和法学；学点文学；学点文法和逻辑。第 44 条则建议在自愿的原则下，中央和省市的负责同志，学一种外国文。④ 他还对省委书记、市委书记、地委书记以及中央各部门的负责同志，提出了"两个专家"的学习要求，这就是"在提高马克思列宁主义水平的基础上，使自己成为精通政治

---

① 《毛泽东选集》第 2 卷，人民出版社 1991 年版，第 533 页。
② 《毛泽东文集》第 6 卷，人民出版社 1999 年版，第 396 页。
③ 《毛泽东文集》第 8 卷，人民出版社 1999 年版，第 323 页。
④ 《毛泽东文集》第 7 卷，人民出版社 1999 年版，第 359 页。

工作和经济工作的专家。一方面要搞好政治思想工作，一方面要搞好经济建设。"①

1959 年，毛泽东在一次重要会议上提出了需要讨论的十八个问题，排在第一个的就是"读书"，强调有鉴于现在工作中还有事务主义，所以应当好好读书。"我们提倡读书，使这些同志不要像热锅上的蚂蚁，整年整月陷入事务主义，搞得很忙乱，要使他们有时间想想问题。现在这些人都是热锅上的蚂蚁，要把他们拿出来冷一下。"②

毛泽东不但是一个好导师，还是一个好校长。早在延安时期，他就提出了"大学校"的思想。"我们这个干部教育制度很好，是一个新发明，是一个新发明的大学制度。讲到大学，我们这里有马列学院，抗日军政大学，女子大学等等，这都是很好的。在外边有北京大学、复旦大学等等，在外国有牛津大学、巴黎大学等等，他们都是学习五年、六年便要毕业，叫做有期大学。而我们这个大学，可算是天下第一，叫做无期大学，年纪大一点也没有关系，只要你是活着，都可以进我们的大学。我们这样的大学，是延安独创。"③ 这个大学的教育方针叫有教无类，任何人都可以进，互相做先生，互相做学生，做同学，互帮互学；而且有教无地、有教无时，不论在什么地方、什么时间都可以学。

这个独创的大学，其优势当然不仅在教知识。能将一支成员主要是文盲半文盲的队伍，改造成令世界强国都不敢轻视的一流军队；能将地处西北一隅的延安办成革命圣地，吸引着国内外最优秀的中华儿女不顾千难万险奔向这个"大学校"，其中必有值得好好总结的更为珍贵的东西。

人民军队这所"大学校"是如何办学的？毛泽东曾多次讲到"实践是所大学校"，这就是在战争中学习战争。除此之外，还有一种卓有成效的办学模式：民主也是所大学校。

---

① 《毛泽东文集》第 6 卷，人民出版社 1999 年版，第 396 页。
② 《毛泽东文集》第 8 卷，人民出版社 1999 年版，第 75 页。
③ 《毛泽东文集》第 2 卷，人民出版社 1993 年版，第 183 页。

军队也需要民主主义

秋收起义爆发后不久，毛泽东即在受挫后南下的队伍中进行第一次组织变革（三湾改编）。在强化党的领导的同时，首创士兵委员会制度，由士兵选举代表组成士兵会（士委会），参与部队的行政和经济管理，并有监督军官之权。这一史无前例的举措，开中国军队民主主义之先河，一改旧军队军阀主义的管理方式，废除等级森严的烦琐礼节，官长不打士兵，士兵有开会说话的自由，待遇平等同甘共苦，使传统的官兵关系发生了根本性变化，深受士兵群众欢迎，兵也更好带了。

军队讲民主，开天辟地头一回。当时的一位连长在写给妻子的信中说："我们天天行军打仗，钱也没有，衣也没有穿，但是精神非常的愉快，较之从前过优美生活的时代好多了，因为是自由的，绝不受任何人压迫；同志之间亦同心同德，团结一致。"[1]毛泽东在井冈山写给中央的报告中，言简意赅地总结了这一民主建军经验："红军的物质生活如此菲薄，战斗如此频繁，仍能维持不敝，除党的作用外，就是靠实行军队内的民主主义。"

1930年1月，中共中央军事部编印的《军事通讯》第一期，刊载了陈毅《关于朱毛红军的历史及其状况的报告》，在编者按中称"这是很值得我们宝贵的一个报告"，值得我们每一个同志注意，如他们的编制，他们的战术，他们的筹款给养的方法，他们与群众的关系，他们对内的军事和政治训练，他们处置军中供给开支的原则（官兵夫经济平等，开支绝对公开），"都是在中国'别开生面'，在过去所没有看过听过的。"[2]

所谓新型军队，新在何处？毛泽东明确指出，"同样一个兵，昨天在敌军不勇敢，今天在红军很勇敢，就是民主主义的影响。红军像一个火炉，俘虏兵过来马上就熔化了。中国不但人民需要民主主义，军队也需要民主主

① 《中国共产党的九十年》（新民主主义革命时期），中共党史出版社、党建读物出版社2016年版，第105页。

② 《中国人民解放军八十年大事记》，军事科学出版社2007年版，第21页。

义。"①这种团结和谐的新型内部关系，催生了传统治军方式和军事管理的革命，不仅在中国历史上从未有过，在世界军事史上也是创举。所谓"毛泽东化"，这是极为重要的一"化"，是敌人所无法真正明白的东方魔力所在。

逢山开路，遇水搭桥，办法总比困难多，总有无穷创造力。人民军队就是通过组织创新实现了广泛而真实的民主，最大限度消除了阻碍群众智慧涌现的官僚主义，从而得以开动脑筋，挖掘出克服一切困难、打败各种敌人的力量和智慧之源。

贺龙元帅曾讲过，许多外国人乃至一些中国人，总是弄不懂解放军的手榴弹怎么会制服坦克？木船怎么会打败军舰？没有大炮怎么会炸开了坚固的城墙？如此等等，一连串解不开的谜。其实，这一切奇迹之所以能够创造出来，除了靠我们部队高度的政治觉悟和勇敢精神外，主要的就是靠"大家想办法，人人出主意"的军事民主。

民主是个好东西，好就好在出智慧力，出创造力，出团结力，能大大提升战斗力。要想打胜仗就得有力量，要想力量大就得团结好，要想团结好就得讲民主，这并非简单的逻辑推理，而是长期革命战争于万难之中闯出的一条民主之路。正如毛泽东曾指出的，处在伟大斗争面前的中国共产党，要求整个党的领导机关，全党的党员和干部，高度地发挥其积极性，才能取得胜利。"这些积极性的发挥，有赖于党内生活的民主化。党内缺乏民主生活，发挥积极性的目的就不能达到。大批能干人材的创造，也只有在民主生活中才有可能。"②

实行民主主义有一个重要法宝：批评和自我批评。1942年延安整风时，毛泽东系统总结了这种民主的方法，并具体化为一个公式，叫做"团结——批评——团结"。③这就是从团结的愿望出发，经过批评或者斗争，分清是非，使矛盾得到解决，从而在新的基础上达到新的团结。在处理领导和群众的关

---

① 《毛泽东选集》第1卷，人民出版社1991年版，第65页。
② 《毛泽东选集》第2卷，人民出版社1991年版，第529页。
③ 《毛泽东文集》第7卷，人民出版社1999年版，第210页。

系，处理军民关系、官兵关系、几部分军队之间的关系、几部分干部之间的关系，都采用了这个方法，并且得到了伟大的成功。

还可以追溯到更远，从1927年党在南方建立革命军队和革命根据地开始，处理党群关系、军民关系、官兵关系以及其他人民内部关系，就是采用这个方法的。批评和自我批评，"这是一个很好的方法，是推动大家坚持真理、修正错误的很好的方法，是人民国家内全体革命人民进行自我教育和自我改造的唯一正确的方法。"①

解放战争时期，毛泽东高度评价以"诉苦""三查"（查阶级查工作查斗志）"三整"（整顿组织整顿思想整顿作风）为主要内容的新式整军运动。这个运动源于东北民主联军第三纵队的诉苦教育，开始只是提出了"为谁当兵、为谁打仗、谁养活谁"等十几个问题组织官兵讨论，贫苦阶层出身的士兵们个个苦大仇深，在讨论时纷纷倒旧社会的苦水。在这个基础上，进一步采取民主的形式和自我教育形式，广泛开展批评和自我批评，部队的阶级觉悟提高了，民主发扬起来了，群众性的练兵运动也开展起来了。"这样就使部队万众一心，大家想办法，大家出力量，不怕牺牲，克服物质条件的困难，群威群胆，英勇杀敌。这样的军队，将是无敌于天下的。"②

一位美国学者将此称之为"世界上任何一支军队都没有过的政治手段"，认为"这样的集体诉苦比指挥员或是政委的任何说话都更有感染力，这样的教育是绝对不可以低估的，更是任何人也模仿不到的，倘若蒋介石也让他的士兵起来诉苦，士兵恐怕定会起来反抗他们的长官。"③这个认识还是相当深刻的，如果不是一条心，既不可能有民主，也不可能有团结。

解放军掀起的民主练兵热潮中，出现了许多令国民党军队匪夷所思的场景。官教兵、兵教官、兵教兵，你追我赶，帮学比超，一些干部说，"我们不是下命令给战士练，而是下命令给战士停止练；我们不是把战士从屋里督促

---

① 《毛泽东文集》第6卷，人民出版社1999年版，第81页。
② 《毛泽东选集》第4卷，人民出版社1991年版，第1294页。
③ 《中国人民解放军军史》第3卷，军事科学出版社2010年版，第210页。

到操场，而是从操场督促到屋里。"①许多战士早起晚睡，有的被炎热的太阳晒得脊背脱了二三层皮也不甘休，有的因病被劝休息也不下训练场，各解放区形成嗷嗷叫的战斗精神。

西北野战军的战士们提出："西北战场敌人，西北野战军负责打，不让一个敌人增援到中原与太原去。"东北野战军普及推广基层创造的"一点两面""三猛战术""四组一队""四快一慢"等战法经验。华东野战军各兵团则结合作战任务和新的对手，重点开展了对大规模攻坚战运动战所必需的爆破技术、打子母堡的小群动作、火力组织及步炮协同等针对性训练。全军各部队提出"勇猛与智慧结合""技术与战术结合"等口号，各级干部专心研究战术，战士们也纷纷献计献策，火线上召开"想办法会""诸葛亮会"，头脑风暴集智攻关，发挥"让一线呼唤炮火"的功效，破敌招法层出不穷，先后创造出迫击炮抵近射击、连续爆破、排雷、投掷小包炸药、用发射筒抛掷炸药包等多种以劣势装备战胜敌人的新技术、新战术。这些看似既土气又简易的方法，上演了许多"神仙仗"和战场奇迹，成为人民军队从胜利走向胜利的不竭源泉。

革命战争的经验充分证明，只有充分发扬民主，营造团结和谐的内部关系，才能最大限度挖掘官兵中蕴藏的无穷智慧。1948年1月30日，毛泽东在为中央军委起草的《军队内部的民主运动》指示中，集大成式完整提出了政治民主、经济民主、军事民主这"三大民主"，强调部队内部政治工作方针是放手发动士兵群众、指挥员和一切工作人员，通过集中领导下的民主运动，达到政治上高度团结、生活上获得改善、军事上提高技术和战术的三大目的。厉行这样的民主，"证明只有好处，毫无害处。"②

当然，真正的民主主义与极端民主化是截然不同的，这一点早在古田会议《决议》中就已经申明了。一切民主的正确实行，其效果都应体现在巩固

---

① 《中国人民解放军军史》第3卷，军事科学出版社2010年版，第251页。
② 《毛泽东选集》第4卷，人民出版社1991年版，第1275页。

纪律和增强战斗力上，而不是损害这种纪律和战斗力。这是毫无疑义的。

学习型组织

最高级的带兵，既带"心"又带"脑"。带心旨在团结一致、忠贞不二，带出向心力凝聚力；带脑旨在提升思维、开发智能，带出学习力创造力。这两条，是解放军这所大学校的一个好传统。

20世纪90年代，有一本名叫《第五项修炼》的书带来了一个新概念："学习型组织"。曾几何时，"学习型企业""学习型乡镇""学习型班组"等口号琳琅满目，"学习型机关""学习型连队"等评选活动此起彼伏，行驶在乡村公路上随处可见刷在墙上的大标语："建设学习型××村"。显而易见的是，再喧嚣的热潮，在口惠而实不至的跟风中终会降温。当然，真正好的东西是不会昙花一现的。

作者彼得·圣吉总结了在竞争中有生命力组织的"五项修炼"：自我超越、改善心智模式、确立共同愿景、团体学习、系统思维。之所以名之为《第五项修炼》，其实是强调对最后一项"系统思维"的训练，这也是书中最核心的部分。系统思维，旨在拓展思维边界，寻找原因背后的原因，避免今日的问题来自昨日问题的解决方案。或许是因为西方擅长分而析之的思维模式，系统思维尤为稀缺而使之突出出来。然而，一方水土养一方人，注重综合性和整体性恰是东方人思维的长项。从这个角度说，学习型组织的"五项修炼"，也可以因人而宜地称之为"第四项修炼"或"第三项修炼"等等。或许，去掉这个旨在突出"第×"的前缀，对理解学习型组织的精髓反而更加到位。

为什么叫"学习型组织"？看似强调的是学习，即各种类型组织对学习的重视；实质逻辑是倒过来的，即通过不断的变革打造适应不断学习的开放型组织。须知，没有组织形态的变革重构，就不会有这个"型"或那个"型"，而所谓的"型"，就是能以万变应万变或以不变应万变的组织形态。换句话说，学习型组织的理念不是先教你如何组织学习，而是先教你如何学会变革组织；它改变的不仅是学习方法或学习内容那点事，核心是组织形态的变革。

变革力是学习型组织的核心指标，这种组织形态着力于促进一切创新源泉充分涌流，促进一切创造活力竞相迸发。因而，构建学习型组织，就是营建创新共同体之路，就是按照创新创造需求构架或及时变革组织：一方面，作为团队通过搭配、调整、融合达到 1+1 > 2 的效果，即整体效益大于部分之和；另一方面，作为个体在团队中要获得比单独学习更高的效率，即 1 > 1。

对于一个真正的学习型组织而言，每一个成员都是学习者：你提出学习需求，组织来满足你。每一个成员都是创新者：只要你有创意，就能及时得到组织的评估和支持，迅速进入决策和实施。在这样的组织里，总会有无穷的创新举措，办法总比困难多，也就不奇怪了。

对于什么是学习型组织，可能会有不同维度的解读；但对于什么不是学习型组织，则是有大致共识的。彼得·圣吉提到一个学习"智障"的概念，指的是企业中的管理团体"常把时间花在争权夺利，或避免任何使自己失去颜面的事发生，同时佯装每个人都在为团体的共同目标而努力，维持一个组织团结和谐的外貌。为了符合这样的团体形象，他们设法压制不同的意见；保守的人甚至避免公然谈及这些歧见，而共同的决定更是七折八扣下的妥协——反映每一个人勉强能接受的、或是某一个人强加于群体的决定"。[①] 其实，这是僵化的科层权力机构的常见病，那里充满了许多擅长逃避真正学习的人，系统沉沦于"熟练的无能"。

在学习型组织里，最可宝贵的资源就是人才，这样的组织无一例外都是"人才之家"。有一本拥有众多军迷的畅销书《这是你的船》，是曾任美国海军"本福尔德号"舰长的阿伯拉肖夫写的一段个人经历。他刚接管这艘当时配备

---

① （美）彼得·圣吉：《第五项修炼：学习型组织的艺术与实务》，上海三联书店 1998 年版，第 27 页。

美军太平洋舰队最先进武器的驱逐舰时，发现水兵们士气消沉，很多人讨厌待在这艘船上，甚至想赶紧退役。而在两年后当他离职时，全舰官兵上下一心，整个团队士气高昂运作通畅，"本福尔德号"也被公认为是美国海军的一艘王牌驱逐舰。

阿伯拉肖夫是怎么做到两年时间让一艘军舰焕然一新的？"我的经验告诉我，只有帮助人们发挥他们的潜力，实现他们的价值，你才能完成那些在传统的'命令——控制'体制下看似不可能的任务。"[1] 他还谈到在担任"本福尔德号"舰长期间，曾让其他九艘舰艇的舰长感到不安，因为他们的水兵一直在抱怨自己不能像"本福尔德号"的水兵那样得到尊重和自由。

不同的体制，其管理模式无法一概而论，但阿伯拉肖夫的经验并不陌生，这就是所谓的"同舟共济"，也是名副其实的"学习型军舰"：命令产生不了凝聚力，也产生不了创造力；只有发自内心的尊重和关爱，才能产生强大的学习力变革力创造力。不知道阿伯拉肖夫舰长是否读过毛泽东的书，其实早在抗战时期，毛泽东就批评有些干部一切工作都是靠下命令，"在部队中发命令，这是威风，但光有威风而没有本领是无用的。"[2]

战场上双方的对抗，更多地取决于战场下的竞争，其中很重要的一条就是学习模式的较量。从解放军这所大学校"毕业"的人才可谓不计其数，从普通士兵到军之骁将，从众多不识字的文盲到打遍天下无敌手的胜利之师，解放军可谓是最成功的学习型组织。

解放军这所"大学校"的学风，与学习型组织的理念有异曲同工之妙。学风问题可称之为"五项修炼"的要核之一，延安整风运动始自党的六届六中全会之后的学习运动，初衷就是反对主观主义以整顿学风。为什么提出"改造我们的学习"，为什么强调"实践也是学习，而且是更重要的学习"，为什么把学习叫做"理论武装"？因为教条主义、经验主义害死人，断送了革

---

①（美）迈克尔·阿伯拉肖夫：《这是你的船》，机械工业出版社 2016 年版，第 7 页。
② 《毛泽东文集》第 2 卷，人民出版社 1993 年版，第 178 页。

命果实。

解放军这所"大学校"，不是以获取知识为主的背记考学习，而是通过立场、信仰和思维方法的改造，破除教条重塑自我，从而获得改造世界的创造力；不是为了完成学习任务按部就班照本宣科的学习，而是伴随战斗任务的集思广益、集智攻关。人民军队素有的革命精神、如磐信念、牺牲奉献、集体荣誉、主人翁责任感，这些都是学习型组织的优良基因，放在当下也是最先进的学习理念。当然，解放军的成功之道远非五项修炼所能囊括。

回过头来看，为什么学习型组织的概念在中国风靡一时？因为快速发展的中国对学习的需求与渴望从未像今天这么急迫。为什么需要"修炼"？这意味着学习型组织不是一劳永逸的，只有通过共同学习，创造性解决不断出现的新问题，才能锻造出一个伟大的组织。通常而言，一个组织在初创时，面对足以致己于死地的众多竞争对手，逼出来的创新动力可以减少很多变革阻力，而不致讨论来讨论去，久议不决尾大不掉。对百年老店而言则是一个巨大挑战，相对严密固化的组织体系与机动灵活的创新要求始终是一对矛盾，能不能解决好这对矛盾关乎超大型组织的长治久安。这也是学习型组织初创容易持久则难的原因所在。

解放军有一个独特的组织优势，就是在军事行政体系之上，还有一套贯彻到底的党组织体系。从学习型组织的角度看，塑造并保持先进性纯洁性的党组织体系，可以对行政体系的科层权力固化倾向起到一个纠偏作用。这就是通过先进理论的不间断武装，通过党内批评和自我批评的自我净化革新，通过广泛深入发扬民主，防止权力僵化腐化，保持组织革新活力，从而把政治优势和组织优势转化为学习优势、创造优势、制胜优势。从这个意义上讲，解放军可谓典型的学习型组织，而且是世界上最大的学习型组织。

第五章　最可爱的人

1944 年 9 月 8 日，毛泽东在一名普通战士的追悼会上，即兴作了一个讲演："我们这个队伍完全是为着解放人民的，是彻底地为人民的利益工作的……张思德同志是为人民利益而死的，他的死是比泰山还要重的"。[①] 这个讲演后来以《为人民服务》为题编入《毛泽东选集》，是著名的"老三篇"之一。打出全心全意为人民服务的旗子，并且以此为唯一宗旨的军队，是历史上从未有过的；这种新型人民军队的建设，也是前所未有的创举。

酸菜里面出政治

为什么战旗美如画？英雄的鲜血染红了它。

1951 年 4 月，著名作家魏巍从朝鲜战场归来，发表了一篇广为传诵并感动了几代人的战地通讯《谁是最可爱的人》。作家描写道，他在防空洞里看到一个小战士一口炒面一口雪，就问"你不觉得苦吗？"战士回答："怎么不觉得？我们革命军队又不是个怪物。不过我们的光荣也就在这里。"战士的回答朴素而有哲理，我在这里吃雪，正是为了让祖国的人民不吃雪；我在这里蹲防空洞，祖国的人民就可以不蹲防空洞。深受感动的魏巍，以抑制不住的笔触写下了这句话：

他们是历史上、世界上第一流的战士，第一流的人！他们是世界上一切伟大人民的优秀之花！是我们值得骄傲的祖国之花。

"最可爱的人！"作家喊出了时代的心声，引起了人民的极大共鸣，很快就成为志愿军乃至人民军队的代名词。魏巍在谈创作体会时曾说，"最可爱

[①]《毛泽东选集》第 3 卷，人民出版社 1991 年版，第 1004 页。

的人"不是硬想出来的，而是在朝鲜战场上从情感的浪潮中蹦出来的，从心里跳出来的。

后来，周恩来总理在第二次全国文代会上，推开讲稿大声地请魏巍同志站起来，让大家认识认识，感谢他为人民子弟兵取了这个光荣的称号。这的确是无上的光荣，古今中外哪一支军队能够享受人民给予的如此荣耀！尽管这是那个时代的人感动于那个时代的战士而发出的心声，但必将跨越时空永远存续下去。

毛泽东对这支人民军队感情至深并寄予厚望，曾在公开场合直言"我是很喜欢这个军队的。"是什么东西引发了一代伟人如此感慨？1956 年 11 月 15 日，毛泽东在党的八届二中全会上专门讲了一段话："一九四九年在这个地方开会的时候，我们有一位将军主张军队要增加薪水，有许多同志赞成，我就反对。他举的例子是资本家吃饭五个碗，解放军吃饭是盐水加一点酸菜，他说这不行。我说这恰恰是好事。你是五个碗，我们吃酸菜。这个酸菜里面就出政治，就出模范。解放军得人心就是这个酸菜，当然还有别的。现在部队的伙食改善了，已经比专吃酸菜有所不同了。但根本的是我们要提倡艰苦奋斗，艰苦奋斗是我们的政治本色。"[1] 最后，他对台下的中央委员们说出了这句话："军队这样，其他的人更要艰苦奋斗。不然，军队就将你的军了。在座的有文有武，我们拿武来将文。解放军是一个好军队，我是很喜欢这个军队的。"

人民军队为什么可爱！为什么被喜欢！能打胜仗这一条当然是必须的，但光能打仗就能成为最可爱的人吗？能打仗的部队并不少见，肯吃酸菜的部队却不好找。军事不过硬一打就败，政治不过硬不打自败，这就是酸菜的价值所在。

---

[1] 《毛泽东文集》第 7 卷，人民出版社 1999 年版，第 162 页。

向解放军学什么

向解放军学习！这是一句曾在中国大地上家喻户晓的流行语，各行各业都要学解放军，学什么呢？当然不是学操枪弄炮。

当中国社会步入以经济建设为中心的改革开放时代后，一度出现"雷锋叔叔不吃香了"的怪象，但向解放军学习的热潮还是此起彼伏。有一本以《向解放军学习》为名的畅销书，介绍了华为、联想、万科、海尔等中国优秀企业，其创始人任正非、柳传志、王石、张瑞敏，都曾是解放军这个"中国迄今为止最有效率的组织"的一员。而该书作者张建华也在解放军中服役23年，他将人民军队的治军理念融入到现代企业组织中，提炼出11条具有本土风格的管理新概念，再次掀起了向解放军学习的风潮。

据统计，一般企业的寿命很少超过人类寿命的一半。以解放军历史之长久、人员之众多、战绩之辉煌、管理经验之丰富，无论是对民企还是国企，无论是对创建几年或者几十年的企业，被学习的资格是毋庸置疑的，被学习的地方也很多。那么，人民军队最打动人心的到底是什么？

2018年以来，在美国发起贸易大战的暴风骤雨下，有一家中国民营企业以其独立自主的底气，直面超级大国动用政府力量肆意进行打压的霸凌行径，毫不畏惧，坦然应对，给全世界留下了深刻印象。这就是华为！欲探寻华为成功的秘诀，就避不开其创始人任正非。尽管对任正非独树一帜的管理模式和不同寻常的行事方式会有不同理解，但不可否认，任正非是极为稀缺的有思想的国际化大企业家。

那么，任正非的思想从哪里来？

在起来一个又很快倒下一个的竞争激烈的市场海洋中，向华为学习的浪潮经久不息，研究华为的书籍和文章已是汗牛充栋。曾在华为任职的周留征博士在《华为哲学》一书里这样描述任正非："他在与竞争对手力量悬殊的情况下学习了毛泽东'农村包围城市，最后夺取全国胜利'的思想，在华为稳步上升的时候学习了毛泽东'艰苦奋斗'的思想，在华为已经取得阶段成果的时候学习了毛泽东'批评和自我批评'的思想。"①无须讳言，毛泽东思想对任正非的影响是显而易见的。当然，这是一种基于竞争的哲学思想对市场主体的内在影响。要说普世，还要什么比高度凝结了人类智慧的哲学思想更具有普世价值！

翻开任正非的一系列内部讲话：《反骄破满，在思想上艰苦奋斗》《华为的红旗到底能打多久》《目前形势与我们的任务》……这些题目与我们熟知的毛泽东著作中的篇目何其相似，处处可见毛泽东思想的影子。"狭路相逢勇者胜""胜则举杯相庆，败则拼死相救""让一线呼唤炮火"，这些充满军事风格的语言，只能发自一支真正的战斗队，从中也道出了市场与战场的渊源。

华为是一家讲宗旨和使命的企业。"以客户为中心，以奋斗者为本，长期坚持艰苦奋斗"是华为一以贯之的核心价值观。客户是企业的衣食父母，华为以客户为中心，正如人民军队以为人民服务为宗旨，一脉相承可见一斑。以奋斗者为本，超越了泛泛的以人为本，而是以崇尚奋斗的华为员工为本，从中也可以看到人民军队的治军带兵脉络。

任正非曾在新年献词中提出，"如果我们能坚持'力出一孔，利出一孔'，下一个倒下的就不会是华为；如果我们发散了'力出一孔，利出一孔'的原则，下一个倒下的也许可能就是华为。"2013年，华为新任CFO（首席财务官）孟晚舟首次在公众面前亮相并接受媒体采访：过去20年，华为员工持股计划为公司创造了强大的生命力，让所有员工深刻意识到，华为只有一条路"力出一孔，利出一孔"。②

"力出一孔，利出一孔"，一如"实事求是"的古语今用。从中可以看出，华为高层把先秦典籍《管子》中的"利出一孔"转化为企业经营之道，赋予新的内涵并上升到核心价值观的层面，以此作为"以客户为中心，以奋斗者为本"的经典表述，并在华为上下得到广泛认同。

---

① 周留征：《华为哲学：任正非的企业之道》，机械工业出版社2016年版，第65页。
② 周留征：《华为哲学：任正非的企业之道》，机械工业出版社2016年版，第120页。

在华为，人人是企业的股东，个个是企业的主人，这是无可估量的不竭动力和发展潜能。作为华为的创始人和当之无愧的灵魂人物，任正非在公司高速发展时把自己的总持股比例降到 1.4% 以内（包括出资比例的 1.18% 和参与员工持股计划占公司总股本的 0.21% 两项累计，这是截止到 2012 年 12 月 31 日的数据），98.6% 的股权分配给了员工。[①] 把利益共享和共同富裕强调到这种程度，在民营企业甚至在国企中都是独树一帜。

"我们决不让雷锋吃亏，奉献者定当得到合理的回报。"这句让老实人真正翻身的金句已正式载入华为"基本法"。就本质而言，华为分股份与毛泽东打土豪分土地可谓异曲同工，有了这个"利出一孔"，自然就会形成心往一处想、劲往一处使的"力出一孔"。正如书中所言，企业的成败最终还是取决于老板的胸怀，而老板有无胸怀的关键就在于能否迈得过利益分享这道门槛。把企业办成利益共同体，进而凝结成事业共同体、命运共同体，无疑是企业发展夯基固本的康庄大道。

所谓兵法之争，也是胸怀格局之争，为最大多数人服务还是为一小撮利益集团服务，胜败的要害正在于此。蒋介石败在哪里？为公与为私不能不说是最根本的原因。有一份私心就会堵塞一份发展潜力，去一份私心则会挖掘一份团结合力，全心全意越彻底力量就越大，走得就越远。无私无畏者最可怕，可以预计，华为如果能够始终践行这样的价值观，要打败它是很难的。

本色与本能

华为核心价值观的最后一条是"长期坚持艰苦奋斗"。从长远来看，这一条的意义恐怕最终体现在让华为长盛不衰上。

初创时苦一点累一点是常态，难得的是发达了还要艰苦奋斗，阔起来之后还能以苦为乐。任正非本人正是华为艰苦奋斗精神的活广告，作为世界上

---

① 周留征：《华为哲学：任正非的企业之道》，机械工业出版社 2016 年版，第 9 页。

最大的电信设备制造企业的老总，时常可见网民拍摄的任正非在机场排队打车、在食堂排队打饭的镜头，其穿着之土气，不由得让人想起"时人未识将军面，朴素浑如田舍翁"的朱老总形象。

历史反复呈现也是可以确信的一点：任凭你多么牛，什么时候丢了艰苦奋斗，必然会被更讲艰苦奋斗的一方打败。所谓"历史周期率"，说到底，不过是艰苦奋斗的一方战胜不那么艰苦奋斗的一方，付出多的一方替代付出少的一方。

百年大店来之不易，却会在安逸病中老去。倡导艰苦奋斗精神，正是基于这样一种深刻的忧患意识。华为业已创造性探索了一条艰苦奋斗与利益激励结合的新路：一方面，把尊重创造、尊重人才的理念落实到价值分配和晋升使用上，在利益分享与重奖创新上华为比任何一家企业都舍得投入；另一方面，超越小富即安的小农意识，倡导长期保持艰苦奋斗的企业文化，打造"无人区"精神，不断超越自己，永立行业潮头。

"清贫，洁白朴素的生活，正是我们革命者能够战胜许多困难的地方！"方志敏同志的狱中绝唱《清贫》，道出了共产党人的本色。本色者，出污泥而不染；本能者，与生俱来无需训练的意向或行为。其实，艰苦奋斗的本色无时不面对贪图享乐的人性染缸。长期抗拒舒适安逸生活的本能诱惑，而始终坚持艰苦奋斗的本色，无疑是对人性的超越。

所谓人性的弱点，大约也就在本色与本能的较量，从中也可以看出战争的胜败机理，乃至决定历史前行的平衡法则。为什么弱的最终能战胜强的，小的最终能战胜大的？一条重要原因就是弱者更容易选择艰苦奋斗，而艰苦奋斗往往代表着生机活力。如果本身既强大又能自觉选择艰苦奋斗，那就真的是天下无敌了。可以说，一人、一时、一地、一事甚至一段时期内，本色战胜本能是可能的，普遍的长期保持本色则极为不易，非炼成"特殊材料"者不能为，非有极大愿力者不能为。

从更宏阔的视野看，人类的生存环境，或许能够满足理性的需求，但无法满足不受克制的欲望，这已经成为世界上有识之士的共同呼声。控制欲望是人类的一个永恒课题，特别是在充斥市场交换的消费社会中，容易把货币作为衡量一切的基准，而以拥有金钱财富的多少作为人生境界的标高。如此，厚厚的欲望之下已难见那一抹艰苦奋斗的本色。

嚼得菜根，百事可做。克勤克俭在中国人的文化里一直是一种美德，这并非过惯了穷日子的权宜之计，也不是苦苦凄凄的人生态度，而是代表了一种生机盎然的健康生活理念，自有其永恒存在的价值。或许会有这样一种论调，倡导艰苦朴素合不合时代潮流？会不会影响消费？类似言论如同打击腐败会不会影响经济发展一样不值一驳。

五千年的文明史，先人早已悟透了人道与天道的常理。俭朴生活理念，蕴含着人与自然、人与社会、人与自己诸矛盾统一体发展进化的智慧结晶，恰是对人类欲望乃至非理性行为的必要纠偏，只会促进更健康更高级更可持续的人类生活，百利而无一弊。时下简单生活理念的逆势回归，就反映了这一趋势。由此，艰苦奋斗的精神，何止是人民军队的本色，也是人类生活的本色，是健康人生的本色。

菜根里面长精神，酸菜里面出政治。人民军队是靠艰苦奋斗起家的，一张白纸好画最新最美的图画，而一旦有了坛坛罐罐，有了后顾之忧，回归本色就不那么容易了。1939 年 5 月 30 日，毛泽东在延安庆贺模范青年大会上作了一个题为"永久奋斗"的讲话，提出智育、德育、体育、美育、群育等等都是模范的标准，但"永久奋斗"才是最主要的一条，没有这一条，什么都是空的。奋斗到什么程度呢？"要奋斗到五年，十年，四十年，五十年，甚至到六十年，七十年，总之一句话，要奋斗到死，没有死就还没有达到永久奋斗的目标。"[1]

为什么对永久奋斗看得这么重？历览前贤国与家，成由勤俭败由奢。弱小者在起步创业阶段，艰苦奋斗容易接受也好践行，强大之后则很难保持艰苦奋斗。无论是一个国家、一支军队、一个企业，莫不如此。早在新中国成

---

[1] 《毛泽东文集》第 2 卷，人民出版社 1993 年版，第 191 页。

138

立前夕，毛泽东就告诫全党："中国的革命是伟大的，但革命以后的路程更长，工作更伟大，更艰苦。这一点现在就必须向党内讲明白，务必使同志们继续地保持谦虚、谨慎、不骄、不躁的作风，务必使同志们继续地保持艰苦奋斗的作风。"①"两个务必"里面，蕴含着盛衰成败的哲理。

解放后，毛泽东在一次党员干部会议上，针对有些同志争名誉，争地位，比较薪水，比较吃穿，比较享受的现象，诙谐地讲了一个"男儿有泪不轻弹，只因未到评级时"的段子：去年评级的时候，就有些人闹得不像样子，痛哭流涕。人不是长着两只眼睛吗？两只眼睛里面有水，叫眼泪。评级评得跟他不对头的时候，就双泪长流。在打蒋介石的时候，抗美援朝的时候，土地改革的时候，镇压反革命的时候，他一滴眼泪也不出，搞社会主义他一滴眼泪也不出，一触动到他个人的利益，就双泪长流。听说还有三天不吃饭的事情。随后，毛泽东借用《林冲夜奔》的一段唱词，重申永久奋斗的道理："世界上是有许多不公道的事情，那个级可能评得不对，那也无须闹，无关大局，只要有饭吃就行。革命党嘛，以饿不死人为原则。人没有饿死，就要做革命工作，就要奋斗。一万年以后，也要奋斗。"②

高尚的人，追求精神生活总是高于物质生活的。要保持先进性，就要在物质生活上有所节制。让人民过上舒适日子是革命者的初心，如果只顾自己先过上舒适日子，就会不可避免地沦落下去了。

知人者智，自知者明。作为一个走过90多年历程的超大型组织，解放军有足够的资格和管理资源可供企业学习借鉴。然而治军之道没有止境，过去先进不等于现在先进，现在先进不等于永远先进。全国人民向解放军学习，那么解放军学谁？

对于这一点，毛泽东始终保持着异于常人的清醒，他提醒各级要谨慎。第一军队要谨慎，第二地方也要谨慎。不能骄傲，一骄傲就犯错误。"工业学

---

① 《毛泽东选集》第4卷，人民出版社1991年版，第1439页。
② 《毛泽东文集》第7卷，人民出版社1999年版，第284页。

大庆，农业学大寨，全国学人民解放军，这不完全，还要加上解放军学全国人民。"①

新时代，解放军被视为艰苦奋斗精神的宣传队、大本营、根据地，这是一项崇高的荣誉。然而，本色与本能的斗争，始终是一个严重的现实考验，而且不可能一考定终身，需要世世代代赶考，每一代革命军人都要自己来作答。

"王道"与"霸道"

纪律严明可以塑造威武之师，作风松散可以搞垮常胜之师。1949年5月25日，历经炮火洗礼的大上海，在蒙蒙细雨中迎来了一个安宁的清晨。当市民打开家门时，无比惊讶地发现，马路两边潮湿的地面上，密密麻麻躺满了身穿黄布军装、和衣抱枪的解放军战士。原来，当夜攻入上海市区的三野十万大军，全部露宿在繁华都市的冰冷街头。这一镜头感动了大上海的人们，并熔铸成人民军队铁纪如山的"标准照"。解放军的第一次亮相，上海市民从心里头就有了一个判断："蒋介石是回不来了！"

第一军规

刑起于兵，师出以律，这是由军队和战争的特殊规律决定的。据《左传》记载，我国最早的法律可以追溯到夏朝的"禹刑"，内容大多是关于战争、军队的规定。令不行，禁不止，步调不一致，行动不统一，只能是一盘散沙，而不可能有任何战斗力。从春秋战国时期的孙武演练兵法，将吴王阖闾两位不听指挥的宠妃直接斩杀；到"冻死不拆屋，饿死不掳掠，夜宿不入宅"，以至让敌人感叹"撼山易，撼岳家军难"的宋代民族英雄岳飞，无不彰显了"军无纪不立，纪不严无威"的铁律。

---

① 《建国以来毛泽东军事文稿》下卷，军事科学出版社、中央文献出版社2010年版，第377页。

加强纪律性，革命无不胜。人民军队素以军纪严明著称于世。三湾改编后，毛泽东带领秋收起义部队向井冈山进军途中，发现有士兵挖老百姓的红薯吃，当即给部队规定"不准拿老百姓一个红薯"，人民军队的第一条纪律就这样诞生了。之后部队在茶陵打土豪时，发生个别军官将所得金银首饰占为己有的现象，于是又诞生了第二条军规："打土豪要归公"。后来又针对实际情况，陆续制定了"上门板""捆铺草""讲话和气""买卖公平""借东西要还""损坏东西要赔"等六项注意。

1928 年 4 月初，在湖南桂东的沙田，毛泽东又为部队规定了一条纪律：一切行动听指挥。同时，正式颁布了"三条纪律六项注意"，人民军队"第一军规"由此诞生。1930 年 3 月 21 日，毛泽东和朱德发布《整顿军风纪的训令》，要求"各官兵一体遵照三条纪律六大注意，使红军精神及主旨深入于一般群众。"[①] 后来又陆续增加了"不得胡乱屙屎""不搜敌兵腰包"两项，使之发展为"八项注意"。

1931 年，红一方面军总部对"三条纪律"进一步作了修订，"一切行动听指挥"由第三条改为第一条，"不得胡乱屙屎"改为"不随便大便"。革命军人个个要牢记，三大纪律八项注意。至此，朗朗上口的"三八"军规基本定型。这里没有深文峻法，只是约法三章，但通俗易懂，好记易行，勾画了人民军队优良作风的朴实底色。

哪个将领不懂得"令严方可肃兵威"的道理，哪一支军队不希望铁纪如山！然而却少有能够真正严下去严到底的。发生在抗战时期的"黄克功案"，鲜明刻画出了什么是共产党的军纪。

1937 年 10 月，延安抗日军政大学第三期第六队队长黄克功，因向陕北公学女学员刘茜求婚遭到拒绝，在延河之畔开枪将其打死。黄克功少年时即加入红军，参加了井冈山的斗争，经过艰苦卓绝的二万五千里长征，成长为一名战功显赫的红军将领。法院审判时，黄克功请求上前线戴罪立功。杀还

---

① 《毛泽东军事文集》第 1 卷，军事科学出版社、中央文献出版社 1993 年版，第 141 页。

是不杀？当时也有许多老红军为其求情。毛泽东亲自给陕甘宁边区高等法院审判长雷经天复信，并请他在公审大会上宣读："正因为黄克功不同于一个普通人，正因为他是一个多年的共产党员，是一个多年的红军，所以不能不这样办。共产党与红军，对于自己的党员与红军成员不能不执行比较一般平民更加严格的纪律。"①最终黄克功被依法执行枪决。

蒋介石败逃台湾后总结失败教训，第一条就是共产党有纪律、国民党没纪律。这个答案并不彻底，不妨继续追问下去：国民党没纪律吗？是没有彻底的纪律！这个一贯倡导礼义廉耻国之四维的国民党"总裁"，素以人情关系治党治军，结果导致军纪涣散形同虚设。纪律不彻底就等于没纪律，这才是应该汲取的教训。

人民怎么评价一支军队？大概不会花大把时间去研究其颁布的章程、制度、规定，而是看表现在每一名官兵身上、体现在每一件事情上的作风形象。纪律是铁，纪律是钢，正是从将军到士兵秋毫无犯毫不例外的"第一军规"，革命军队才赢得了"人民子弟兵"的称呼，受到人民群众的热烈拥戴。

纪律的"两条腿"

古云"徒法不足以自行"，如何才能自行呢？

走路得有两条腿才好。人民军队"第一军规"的彻底执行，当然不是因为简单好记的原因，它的成功实践揭示了铁纪自行的"两条腿"：一是自上而下率先垂范，二是由内而外自觉执行。

1933 年 8 月颁布的《工农红军纪律暂行条令》，是人民军队历史上第一部纪律条令，其中就要求红军指挥员"要以本身作遵守纪律的模范"。1940年的《中共边区中央局关于发布新的施政纲领的决定》，强调"共产党员有犯法者，从重治罪。"1947 年 10 月 10 日，毛泽东亲自起草《中国人民解放军宣言》，强调"必须提高纪律性，坚决执行命令，执行政策，执行三大纪律八

---

① 《毛泽东文集》第 2 卷，人民出版社 1993 年版，第 39 页。

项注意，军民一致，军政一致，官兵一致，全军一致，不允许任何破坏纪律的现象存在。"① 可以看出，人民军队的纪律自始就是与特权思想格格不入的。

历史的教训一再告诫我们，严不下去大多是从严不上去开始的，如果上边松一寸，下面必散一尺。为什么会出现一打文件管不住一张嘴的现象，问题的症结恰在于此。事实证明，只有让纪律成为带电的"高压线"，成为不留"暗门"、不开"天窗"、无法绕开的红线，才能真正落到底。正如邓小平直截了当指出的："贯彻执行的关键在于高级干部要以身作则。高级干部办到了，全军就容易办到。高级干部办不到，就会一风吹，一切照旧。"②

除了党员领导干部带头执行外，铁纪自行还需一条不可或缺的"腿"，就是朱德同志在人民军队创建初期讲过的，红军的纪律绝不依靠打骂来维持，而是建筑在无产阶级的团结上面，用自我批评的精神、教育的精神，互相督促和勉励达到自觉遵守纪律。在《中国工农红军纪律条令草案》中，就要求红军指战员"从阶级的政治立场来认识纪律，从阶级的政治觉悟来提高纪律。"③ 这是人民军队的纪律最具特色的地方。

毛泽东在《井冈山的斗争》中举了一个例子："尤其是新来的俘虏兵，他们感觉国民党军队和我们军队是两个世界。他们虽然感觉红军的物质生活不如白军，但是精神得到了解放。"④ 这从井冈山时期发生的红军"三擒三放"国民党俘虏兵的故事中可以得到印证。有一个叫曹福海的国民党兵，一开始并不相信红军队伍里官兵平等，在一次作战被俘后红军把他放了回去。后来他又在与红军作战中被俘，红军还是一不打、二不骂、三不搜腰包。可顾及到在国民党军队中每月可以领到几块饷钱寄回家，他表示还想回去，于是再捉再放。到了第三次与红军作战时，他下定决心脱离白军，并动员十多个国民党兵一起加入红军。这一次"反水"最直接的动机就是：红军这边官兵平

① 《毛泽东选集》第 4 卷，人民出版社 1991 年版，第 1239 页。
② 《邓小平文选》第 2 卷，人民出版社 1994 年版，第 72 页。
③ 《中国人民解放军军史》第 1 卷，军事科学出版社 2010 年版，第 215 页。
④ 《毛泽东选集》第 1 卷，人民出版社 1991 年版，第 65 页。

等，不打不骂，谁愿意在国民党那边挨打受气！国民党一味强调纪律，即便施以恩惠也无法保证纪律彻底执行；人民军队一改数千年官靠薪、兵靠饷、管理靠威权的旧式兵制后，却产生了无与伦比的凝聚力感召力，达到了自觉的更加严格的纪律。

1945 年 4 月 24 日，毛泽东在党的七大的政治报告中，强调共产党领导的军队已经成为中国抗日战争的主力军，并在论述其力量之源时首先提到了纪律："这个军队之所以有力量，是因为所有参加这个军队的人，都具有自觉的纪律"。^①解放后，毛主席几次讲到一个解放军严守纪律的故事，说的是在辽西战役的时候，锦州那个地方出苹果，我们战士宁肯渴着、饿着也不拿老百姓一个苹果。"在这个问题上，战士们自觉地认为：不吃是很高尚的，而吃了是很卑鄙的，因为这是人民的苹果。我们的纪律就建筑在这个自觉性上边。"^②

"故令之以文，齐之以武，是谓必取。"中国古老的《孙子兵法》中，即有以教化配合军纪带兵的思想。柏拉图亦有言在先：我们若凭信仰战斗，就有双重的武装。法国大革命时期的启蒙思想家卢梭讲得更加直白："一切法律当中最重要的法律，不是铭刻在大理石上，也不是铭刻在铜表上，而是铭刻在公民的内心里。"古今中外有哪一支军队不愿严肃军纪？而只有铭刻在心中的纪律，才能产生牢不可破的执行力。人民军队的自觉纪律就建立在信仰之上，正是有了铁一般的信仰、铁一般的信念，才会有铁一般的纪律。不讲信仰，不讲政治觉悟，也就从根本上抽掉了这种建立在自觉基础上更严格的纪律。

当然，自觉的纪律也有霸道的一面，需要经常修剪维护和严格监督，舍此不称其为铁纪。抗日战争即将结束的时候，毛泽东在党的七大预备会议上就指出，"要知道，一个队伍经常是不大整齐的，所以就要常常喊看齐，向左

---

① 《毛泽东选集》第 3 卷，人民出版社 1991 年版，第 1039 页。
② 《毛泽东文集》第 7 卷，人民出版社 1999 年版，第 162 页。

看齐，向右看齐，向中看齐。"① 看齐就是纪律。解放后，毛泽东也始终不忘加强纪律性，"我们军队里头要经常进行三大纪律、八项注意的教育。只要你空几个月不搞，就松松散散了。"

20 世纪 50 年代后期，毛泽东又专门强调军队要打掉老爷气，指出有小姐气，有骄傲之气，有暮气，有官气，告诫各路大员回去以后，如果嗅不出来，就请个鼻子灵的看究竟有没有、有多少。这就是说，纪律之于军队，形影不可离，须臾不能松。战斗力再强的部队，一旦放松纪律，一盘散沙的局面将为时不远。

"第一军规"不过 61 个字，一时做到并不难，难的是长期坚持下去。为此，毛泽东多次领唱《三大纪律八项注意》歌。1971 年南巡期间，他反复强调遵守纪律步调一致，亲自指挥唱这首第一军规歌，并逐句进行讲解，告诫大家"条条要讲清""如果都能记清，都能这样做，那多好呀。"②1973 年 12 月 12 日，毛泽东主持召开政治局会议，讨论八大军区司令员对调的事，中间提议齐唱《三大纪律八项注意》歌，强调八项注意常常会不那么注意，所以就要常常喊喊看齐，经常唱一唱三大纪律。

早在建军之初，毛泽东就强调："军纪问题是红军一个很大的政治问题。"三大纪律八项注意，把人民军队的性质宗旨转化成一看便知怎么做的行为准则，鲜明体现了人民军队纪律的政治意蕴。延安整风时期，毛泽东又形象地点明了这一辩证关系："路线是'王道'，纪律是'霸道'，这两者都不可少。"③一方面，正确的路线确定之后要靠铁的纪律来保证，这个"霸道"本身就是宣传贯彻"王道"的强力手段；另一方面，"霸道"之所以能执行得下去，不在于多么严苛，而在于信念的引领，是建立在高度自觉基础上的严格纪律。"王道"和"霸道"，相辅相成缺一不可。

① 《毛泽东文集》第 3 卷，人民出版社 1996 年版，第 297 页。
② 《建国以来毛泽东军事文稿》下卷，军事科学出版社、中央文献出版社 2010 年版，第 378 页。
③ 《毛泽东文集》第 2 卷，人民出版社 1993 年版，第 374 页。

法治之道

列宁曾强调,"无产阶级实现无条件的集中和极严格的纪律,是战胜资产阶级的基本条件之一。"[1]这个基本条件在非常时期容易理解和接受,但在革命阶级掌握政权之后,执行什么样的纪律,怎么执行,需要在新的实践中与时俱进地予以回答。

1954年10月18日,毛泽东在一次重要会议中讲到,我们有一条是好的,就是我们所做的事,使全体人民都知道。"过去蒋介石有什么意见,人家要猜摸一番,过了一个时期就变了。现在对我们用不着猜摸,我们的方向就是人民的方向,这是载于宪法的。现在常常听到有人说要摸底,有什么底?宪法就是底。"[2]

法治是一个国家文明进步的重要标志,也是一支现代化军队的鲜明特征。改革开放后,依法治国思想日益深入人心。1988年底召开的军委扩大会议上,我军第一次明确提出"依法治军"的重要思想,并逐步发展为建军治军的基本方略。1997年颁发的《中华人民共和国国防法》第18条明确规定"坚持依法治军",这是依法治军首次载入国家基本法律。自此,伴随着人民军队现代化进程,依法治军理念牢固确立并持续深化,带来我军治军方式的深刻变革。

一个现代化国家必然是法治国家,一支现代化军队必然是法治军队。有一种观点认为,强调依法治军,就要转变那种过分强调人的因素、过分看重靠思想教育进行管理的理念和做法,这是不是意味着思想政治工作的地位降低了?或者就是因为思想政治工作不灵了,才转变到依法治军上来?还有的观点认为,军队就应讲究令行禁止,不能磨磨唧唧。现在地方企业都是定好规矩违反即罚,简单高效无须多言;如果把立足点放在做通思想上,需要增加很多工作人员花费大量时间,问题还不一定解决,最后可能又积累成一个

① 《列宁全集》第39卷,人民出版社1986年版,第4页。
② 《毛泽东文集》第6卷,人民出版社1999年版,第358页。

个的"老大难"。这种简单比对，看似一目了然，其实偷换了一个概念，把无效或低效的思想工作与政治工作传统法宝相提并论了。不可否认，改变一个人的思想是最难的，而且从管理成本上看，惩罚性措施更加简单直接，短时期看似乎效率更高。但高明的思想工作与法治方式非但不矛盾，而且相辅相成相得益彰。

换一种思维，可以从高线和基线两个层面来回答这个问题。人民军队发展至今的独特治理模式，可以概括为两条线：一条是高线，就是建立在高度政治觉悟之上的自觉的严格纪律；一条是基线，就是法不徇情一视同仁的严格执纪。没有后一条，高线势必会虚化弱化；而没有前一条，就不称其为革命军队的纪律，也无法体现先进队伍的特色。具体而言，更自觉的、更严格的、更高要求的纪律，主要还是面对觉悟者的更高级的管理方式，是基于一定行为对象觉悟的高线要求。而对暂时达不到"自觉"程度的对象，应当适用基线管理，丁是丁，卯是卯，依法而行，发挥"动员千遍不如处理一次"的功效。因为在这种情况下，靠觉悟就意味着涣散。

政治建军与依法治军，一个着眼于高线，一个着眼于基线，各有侧重，缺一不可。一方面，依法治军并不排斥更不是取代通过思想教育来启发觉悟，而是把政治工作的优良传统纳入法治化轨道，用法治来保证政治路线不偏不离不弱，更加有力有序有效落实。另一方面，从政治高度强化依法治军，促进更深层次更可持久的法治建设，正是当下政治工作的重要着力点。特别是对长期存在的情大于法、权高于法、言重于法等积弊，需要从政治和法治两个方面共同发力共克顽症。

军纪从严是普遍规律，人治也讲从严。旧式军队的专制治理模式下，法纪不过是驾驭控制军队的手段，与现代意义上的依法治军有着本质区别。军阀式独裁式的人治管理、"我令你行"的命令式做法固然简单，但最终靠不住，即便有效也是有限的暂时的。而且背后要靠惩罚作后盾，这与人民军队的宗旨背道而驰，人民战争的一切战法也将会因此失效。我军建立在政治自觉基础上的纪律，与依法治军理念高度契合，旨在反对简单的命令主义，强调严兵先严官、严下先严上，以"关键少数"带动绝大多数。

从历史的长视野来看，政治工作本身就是更高层次的治军方式，是对旧式军队人治带兵模式的否定。当然，更高级的管理需要更高级的理念、更高级的素质和更高级的方法，否则付出更高成本却可能收获更差效果。

党的十八大以来，人民军队全面贯彻依法治军、从严治军方针，按照法治要求努力实现"三个根本性转变"，即从单纯依靠行政命令的做法向依法行政的根本性转变，从单纯靠习惯和经验开展工作的方式向依靠法规和制度开展工作的根本性转变，从突击式、运动式抓工作的方式向按条令条例办事的根本性转变，推动形成党委依法决策、机关依法指导、部队依法行动、官兵依法履职的良好局面。这"三个根本性转变"将彻底摒弃人治思维，使法治成为基本思想理念、基本思维方式、基本工作方法，从而实现治军方式的深刻变革。

如此，"王道"和"霸道"，再加上法治之道，人民军队的治理模式有着无可比拟的独特优势。

"藏垢纳污的东西"

新中国成立后，针对党内出现的一种贪图享受、趋向腐化的苗头，毛泽东敏锐指出要向解放军学习，强调"武"化；同时针对军队内部滋生的和平积习，提出要警惕"文"化。人民军队是"执行革命的政治任务的武装集团"，这是区别于其他一切军队的最大特色，失去了这一点也就抹掉了人民军队的本色。但军队的底色仍是武装集团，军人终归是扛枪打仗舍命报国的人，必须时时保持武德的纯粹。

话说"材料文化"

回顾历史，和平环境下的军队都容易得"和平病"，只是病症不一。清末八旗子弟从人皆为兵到斗鸡遛鸟，荒疏武事，可谓是"闲"出来的一种和平病。还有一种看似很"忙"的和平病，当然不是忙于打仗，而是忙于作秀，其病症尤其表现为八股调的"材料文化"。

八股文是明清时期皇朝考试制度所规定的一种形式大于内容的特殊文体，洋八股、党八股、军八股可以说是它的孪生体。毛泽东称之为"藏垢纳污的东西"，并将其作为整风运动最后"将一军"的堡垒。1942年2月8日，毛泽东在延安干部会上作《反对党八股》的讲演，仿照八股笔法给它列出八大罪状：空话连篇，言之无物；装腔作势，借以吓人；无的放矢，不看对象；语言无味，像个瘪三；甲乙丙丁，开中药铺；不负责任，到处害人；流毒全党，妨害革命；传播出去，祸国殃民。

"一个人写党八股，如果只给自己看，那倒还不要紧。如果送给第二个人看，人数多了一倍，已属害人不浅。如果还要贴在墙上，或付油印，或登上报纸，或印成一本书，那问题可就大了，它就可以影响许多的人。而写党八股的人们，却总是想写给许多人看的。这就非加以揭穿，把它打倒不可。"① 不要以为这只是"笔杆子"才会有的毛病，实则是主观主义和宗派主义的宣传工具。这种作派后来发展出新的形式：组团作业，美其名曰"搞材料"。

材料作为机关工作的重要载体，无疑是应该高度重视的。但诸如"党八股"及其种种变形，则是必须高度警惕并坚决反对的。《解放军报》2019年2月21日"基层传真"版有一篇关于"材料"的报道，开门见山便指出：有一种工作，叫推材料；有一种加班，叫推材料；有一种煎熬，也叫推材料。文章历数了推材料的种种怪现状：一个投影仪前，三五个、七八个人，你一言我一语，广泛争论交锋之后仍犹豫不决。通宵达旦连轴转是小儿科，集中兵力、闭关月余也算平常事。一些材料经过数易其稿、反复推敲之后，立马变了模样，对仗工整、新词层出、亮点频闪，那叫一个浓墨重彩、脱胎换骨。但这个过程，牵扯了多少时间精力？让多少人"皓首穷经"。文章连续发问：

---

① 《毛泽东选集》第3卷，人民出版社1991年版，第830页。

"如此耗时费力，推这种材料意义何在？到底是为了工作而材料，还是为材料而工作，抑或为材料而材料？"①

言而无文，行之不远。古人推敲文字曾达到"吟安一个字，捻断数茎须"的境界。如果真的是为了解决问题，点灯熬油推材料值得点赞；倘若只是越推离实际越远的文字游戏，写者累得吐血，念者慷慨激昂，听者云里雾里，则另当别论。比如八股风下的"推材料"现象，已无古人的推敲之义，相反成为推卸、推脱、扯淡的代名词，推来推去，推掉了担当，推误了战机。

文风连着话风和会风，背后都是党性作风、思维方式、行为模式乃至工作机制的反映。军队是要打仗的，其文风应有战斗队的样子，容不得这样的虚头巴脑，讲究不了那么多客套雕饰。军言军语里充盈的应是令行禁止、雷厉风行的干净利落，能听得到闻令而动、坚决服从的斩钉截铁，读得出兵味战味硝烟味。"军八股"则是孤立于战斗力之外的话语体系，甚至一些战法创新也是前后对仗、工整押韵的"四六句"，听起来朗朗上口，实则似是而非、不知所云。

兵贵神速，自古皆然。短些，再短些，残酷的战斗塑造了军事公文的型体，信息化战争更是把军人带进读秒时代，一点也要不得慢条斯理、繁文缛节、絮絮叨叨、穿靴戴帽的八股调。打仗无一定之规，材料也无须条条框框。不必一二三四，能解决问题就是好文体；无须押韵对仗，能以最短时间看明白意图就是好文章。毕竟，两军对阵不是靠拼材料，空话连篇的花样文章吓不到敌人，精心雕镂的银样蜡枪头产生不了什么威力，反倒会涣散己方的凝聚力。

八股文风的弊病，主要在于它是形式主义、官僚主义的"道具"。这里面潜伏着不少疑难杂症，像牛皮癣一样久治不愈，比如历史悠久的"五多"现象。1953 年 2 月 7 日，毛泽东在全国政协一届四次会议闭幕会上专门讲到这个问题，"应该说其中有很多的部门，不是少数的部门，存在着官僚主义。

---

① 《解放军报》，2019 年 2 月 21 日第八版"有一种推材料，伤不起！"

他们脱离群众，脱离下面的实际情况，关在房子里写决议案，写指示。决议案、指示像雪片一样地飞出去，下面的情况究竟怎么样，能不能执行，不去管。"①之后，总政副主任萧华在全国军事系统党的高级干部会议上作的《关于军队政治工作建设的几个问题》报告中，也具体概括了领导上存在着头多、指示多、文件多、报告表册多、会议多等"五多"现象。

1960年3月30日，毛泽东为中共中央起草《反对官僚主义，克服"五多五少"》的党内指示，详细描绘了"五多"的又一变种："会议多，联系群众少；文件、表报多，经验总结少；人们蹲在机关多，认真调查研究少；事务多，学习少；一般号召多，细致地组织工作少。"这些似曾相识的镜头放到现在也不觉陌生，多到什么程度呢？在这个指示里举了山东省历城县的例子："县委及县委各部门，自今年一月一日到三月十日，七十天中，召开了有各公社党委书记和部门负责人参加的会议，共有一百八十四次，电话会议五十六次，印发文件一千零七十四件，表报五百九十九份。"②这并非闲得没事找事干，而是在国民经济陷入严重困难时期发生的现象。

其实早在新中国成立后不久的抗美援朝战争期间，毛泽东就亲自起草过一个关于《解决区乡工作中的"五多"问题》党内指示，那时的"五多"是这样表述的："任务多，会议集训多，公文报告表册多，组织多，积极分子兼职多"。③内容大同小异，一如当下的各类变种。更早则可以追溯至中央苏区第五次反"围剿"之际，毛泽东就疾呼"要把官僚主义方式这个极坏的家伙抛到粪缸里去，因为没有一个同志喜欢它。"④到了延安整风时期，毛泽东开始系统彻底地批判这种八股文风会风："一开会，二报告，三讨论，四结论，五散会"。假使每处每回无大无小都要按照这个死板的程序，不也就是党八股吗？在会场上做起"报告"来，则常常就是"一国际，二国内，三边区，四

① 《毛泽东文集》第6卷，人民出版社1999年版，第265页。

② 《毛泽东文集》第8卷，人民出版社1999年版，第166页。

③ 《毛泽东文集》第6卷，人民出版社1999年版，第271页。

④ 《毛泽东选集》第1卷，人民出版社1991年版，第124页。

本部"，会是常常从早上开到晚上，没有话讲的人也要讲一顿，不讲好像对人不起。①

可见，官僚主义与形式主义结成同盟军，借助八股文风这个"道具"一本正经唱大戏，不是现在才有的，也不是一个地方一个部门独有的。晚清中兴重臣曾国藩素来奉行中庸之道，也无法容忍这种"八股"官气，称其为"奄奄无气，凡遇一事，但凭书办家人之口说出，凭文书写出，不能身到心到口到眼到，尤不能苦下身段，去事上体察一番。"②

十月革命后，列宁更是三番五次地怒斥这种现象："可恶的官僚主义积习使我们陷入滥发文件、讨论法令、乱下指示的境地，生动活泼的工作就淹没在这浩如烟海的公文之中了。"③"泛泛之谈。空话连篇。大家听厌了的愿望。这就是当今的'共产党员的官僚主义'。最好去掉这些东西，拿出实际经验的材料，即使是一个县一个乡也好，不是学院式地、而是实际地加以研究，让可爱的共产党员官僚主义者来学习学习，哪些不应该做（具体地，有例子，有地名，有确切事实），哪些应该做（也要同样具体）。"④

空谈误国，实干兴军。1965年1月，毛泽东告诫"部队不要搞那些花花绿绿的东西，不要搞那些花样……不要搞那些只是好看的，要搞实际战斗能用的东西。"⑤对于实干家，一个会不开、一个文不发、一次话不讲，就可以搞定一件事；相反，也可以开几次会、讲几次话、发几次文但解决不了一个问题。当然，这样的几次会、几次话、几次文，总结起来也可以构成洋洋洒洒的"工作成果"，只是与战斗力毫无干系。

为什么这些可恶的东西假八股材料之具屡禁不绝？从材料积习中揪出来的看似是主观主义的作派，再往深处揪实质仍是个人主义在作怪。"不仅现在

① 《毛泽东选集》第3卷，人民出版社1991年版，第841页。
② 蔡锷：《曾胡治兵语录》，岳麓书社2016年版，第8页。
③ 《列宁全集》第42卷，人民出版社1987年版，第387页。
④ 《列宁全集》第43卷，人民出版社1987年版，第45页。
⑤ 《建国以来毛泽东军事文稿》下卷，军事科学出版社、中央文献出版社2010年版，第290页。

有，将来还会有。主观主义永远都会有，一万年，一万万年，只要人类不毁灭，总是有的。"① 大概人性中总有好逸恶劳的因子，总是怕麻烦图省事。以会议落实会议，以文件落实文件，诸如此类主观主义的工作方式，可谓是对最不操心最不费力最舒适工作方式的"自然选择"，因而有着顽强的生命力。

没有调查就没有发言权

20 世纪 30 年代，毛泽东在中央苏区进行了一系列农村社会调查，先后写出了《寻乌调查》《兴国调查》《东塘等处调查》《木口村调查》《长冈乡调查》《才溪乡调查》等报告。通过这些实际深入的调查，全面掌握了农村的土地状况，分析揭示了农民群众在土地问题上的强烈诉求，从而制定出正确的土地革命纲领。

1961 年 3 月，毛泽东在广州召开的中央工作会议上，专门讲到一篇失而复得的文章，他说："别的文章丢了，我不伤心，也不记得了，这两篇文章我总是记得的。忽然找出一篇来了，我是高兴的。"失掉了而比较伤心的是在湖南和井冈山时期的几个调查材料，后来找到的这篇文章则是 1930 年为反对教条主义而写的《调查工作》。这是福建上杭县一个农民发现后，于 1957 年 2 月献给当时龙岩地委党史办公室的。1958 年 11 月，中央革命博物馆到龙岩征集文物时看到这本小册子，便收藏了此件。

1961 年 1 月，毛泽东的秘书田家英听说后借到此件交给毛泽东；1 月 13 日，毛泽东在中央工作会议上提出"大兴调查研究之风"；1 月 20 日，毛泽东请田家英将找到的这篇文章分送陈伯达、胡乔木，并提出陈、胡、田三人各带一个调查组分头去搞调研，每人发一份这篇文章；3 月 11 日，毛泽东在广州召开的"南三区"工作会议上批示印发这篇文章，并将题目改为《关于调查工作》。3 月 13 日他在这次会议上又讲了一段话："今年一月找出了三十年前我写的一篇文章，我自己看看觉得还有点道理，别人看怎么样不知道。

---

① 《毛泽东文集》第 7 卷，人民出版社 1999 年版，第 90 页。

'文章是自己的好'，我对自己的文章有些也并不喜欢，这一篇我是喜欢的。这篇文章是经过一番大斗争以后写出来的，是在红四军党的第九次代表大会以后，一九三〇年写的。过去到处找，找不到。"①

尔后，在 1961 年 3 月 23 日的中央工作会议上，毛泽东对这篇 4000 余字的文章，用了近 6000 字的篇幅不厌其细逐段进行了讲解，这也是他唯一一篇亲自全篇解读的文章。1964 年编入《毛泽东著作选读（甲种本）》时，毛泽东亲自将题目改为《反对本本主义》，后来收录到《毛泽东选集》第一卷。

毛泽东在 1961 年初如此重视调查研究的背景，是为了纠正"大跃进"和人民公社化运动中发生的"共产风"、浮夸风、命令风、干部特殊风和对生产瞎指挥风。"今年搞一个实事求是年好不好？河北省有个河间县，汉朝封了一个王叫河间献王。班固在《汉书·河间献王刘德》中说他'实事求是'，这句话一直流传到现在。提出今年搞个实事求是年，当然不是讲我们过去根本一点也不实事求是。我们党是有实事求是传统的，就是把马列主义的普遍真理同中国的实际相结合。但是建国以来，特别是最近几年，我们对实际情况不大摸底了，大概是官做大了。我这个人就是官做大了，我从前在江西那样的调查研究，现在就做得很少了。"② 这里揭示了另一个道理：没有调查就没有发言权，调查不真不实同样没有发言权。

毛泽东还和大家相约，去搞点副食品基地的调查研究，目的是为了解决问题，不是为了报表。发那么多表格，报上来说粮食增加了，猪也增加了，经济作物也增加了，而实际上没有增加。我看不要看那些表格，报表我是不看的，实在没有味道。河南要求下边报六类干部情况，今天通知明天就要，这只能是假报告。我们要接受教训。"报表有一点也可以，统计部门搞统计需要报表，可是我们了解情况主要不靠报表，也不能靠逐级的报告，要亲自了解基层的情况。"③

① 《毛泽东文集》第 8 卷，人民出版社 1999 年版，第 252 页。
② 《毛泽东文集》第 8 卷，人民出版社 1999 年版，第 237 页。
③ 《毛泽东文集》第 8 卷，人民出版社 1999 年版，第 253 页。

大凡实干家都是善于调研的，因为真知只能在实际中得来，倘若没有真干之意也就不会去真搞调研。"我的经验历来如此，凡是忧愁没有办法的时候，就去调查研究，一经调查研究，办法就出来了，问题就解决了。打仗也是这样，凡是没有办法的时候，就去调查研究。"① 毛泽东这番话确是经验之谈，亦是真知灼见。

"军事是极质之事"

历史学家钱穆先生曾说，"一切问题，由文化问题产生；一切问题，由文化问题解决。"这是一句很有中国特色的话，有着深厚的历史底蕴。

从南昌起义走来，人民军队90多年砥砺前行，凝结形成了优良的革命传统。对一个人而言这不算短了，从历史长河看仍不过是沧海一粟。而在更漫长的中国军事文化传统中，总有一种脱离实际舞文弄墨的历史惯性和现实冲动。历史无法割裂，传承红色基因就要警惕并及时剔除一些根深蒂固的腐朽文化因子。

"我中国之弱，在于习气太深，文法太密。庸俗之史多，豪杰之士少。文法者庸人藉为藏身之固，而胥吏倚为牟利之符。公事以文牍相往来，而毫无实际，人才以资格相限制，而日见消磨。误国家者在一私字，困国家者在一例字。"② 这段激情横溢的文字，并非革命党的檄文，而是八国联军攻陷北京后，逃难于西安的慈禧太后以光绪皇帝名义发布的变法诏谕。"痛自刻责"之后，提出"欲去此弊，其本在于公而忘私，其究归于实事求是。"言辞不可谓不诚，药方不可谓不实。然而，文字的游戏再堂皇，大本大源不通透，具体路数不实际，终归于无用。

真正的实践者，关键在于怎么做，而不是怎么说。中国历来不乏明白人，说起来头头是道，做起来个个不到。正如鲁迅直言，整个中国的天地是

---

① 《毛泽东文集》第8卷，人民出版社1999年版，第261页。
② 王先明主编：《中国近代史（1840—1949）》，中国人民大学出版社2011年版，第304页。

一个戏场，整个历史就是一部做戏的历史，中国人多是"做事的虚无党"，中国是一个"文字的游戏国"，中国的群众多是"戏剧的看客"。这些剖析无疑是深刻的，直指传统文化的弊病：不在知否，而在知行脱离。

明代大儒王阳明即提出"知行合一"，说明那时脱实向虚的病症已经不轻。知必归于行，不行不算真知，知行不可分离。病症准，药方也对，但逆转历史大势的时机不到，如此一直滑到清末，知行仍未合一。直到外邦列强入侵，在亡国亡种危机之下，不实不足以生存了，实事求是才算登堂入室，彻底从根上收拾人心，成为先进政党的思想路线，而尤以军事先行。

民国名将蔡锷任云南新军协统时，亲辑《曾胡治兵语录》一书，专列一章"诚实"。其中录有曾国藩论兵："军事是极质之事，二十三史除班马而外，皆文人以意为之，不知甲仗为何物，战阵为何事，浮词伪语，随意编造，断不可信。""楚军之所以耐久者，亦由于办事结实，敦朴之气未尽浇散。若奏报浮伪，不特畏遐迩之指摘，亦恐坏桑梓之风气。"还录有胡林翼论兵："军旅之事，胜败无常，总贵确实而戒虚捏。确实则准备周妥，虚饰则有误调度，此治兵之最要关键也。"

随后蔡锷有一大段评语："吾国人心，断送于伪之一字。吾国人心之伪，足以断送国家及其种族而有余。上以伪驱下，下以伪事上，同辈以伪交，驯至习惯于伪，只知伪之利，不知伪之害矣。人性本善，何乐于伪，惟以非伪不足以自存，不得不趋于伪之一途。……军队之为用，全恃万众一心，同袍无间，不容有丝毫芥蒂，此尤在有一诚字为之贯串，为之维系。否则，如一盘散沙，必将不戢自焚。社会以伪相尚，其祸伏而缓；军队以伪相尚，其祸彰而速且烈。吾辈既充军人，则将伪之一字，排斥之不遗余力，将此种性根拔除净尽，不使稍留萌蘖，乃可以言治兵，乃可以为将，乃可以当兵。"[1]曾胡之论诚矣，蔡锷之评更可谓切中肯綮。

1924 年，蒋介石在担任黄埔军官学校校长时，亲自为蔡锷的《曾胡治兵

① 蔡锷：《曾胡治兵语录》，岳麓书社 2016 年版，第 23 页。

语录》作序，云"其意切，其言简，不惟治兵者之至宝，实为治心治国之良规，愿本校同志，人各一编，则将来治军治国，均有所本矣。"单就这一段文字看，蒋介石求实之意也是溢于言表，亦开风气之先，然而离知行合一相去甚远。

17年后，在延安整风运动中，毛泽东借用中国传统文化中"实事求是"这个成语，从马克思主义哲学的角度重新作了阐释，赋予其新的内涵："实事"就是客观存在着的一切事物，"是"就是客观事物的内部联系，即规律性，"求"就是我们去研究。[①]

为什么"实事求是"由此成为党的思想路线的灵魂，而与蒋介石集团愈行愈远？这从毛泽东对另一成语画龙点睛式的借用中可知一二：许多同志天天念的一句"理论和实际联系"，实际上却是讲"隔离"，因为他们并不去联系。拿一句通俗的话来讲，就是"有的放矢"。"矢"就是箭，"的"就是靶，放箭要对准靶。马克思列宁主义和中国革命的关系，就是箭和靶的关系。

"有些同志却在那里'无的放矢'，乱放一通，这样的人就容易把革命弄坏。有些同志则仅仅把箭拿在手里搓来搓去，连声赞曰：'好箭！好箭！'却老是不愿意放出去。这样的人就是古董鉴赏家，几乎和革命不发生关系。"[②]从中可以一窥知行合一之理，亦可知抓而不紧等于不抓、抓而不彻底等于不抓的道理，还可领会毛泽东自信"我们的战略战术是敌人学不去的"奥秘所在。

中华文化绵延数千年而不绝，展现出"周虽旧邦，其命维新"的顽强生命力。文德武德互补并进，乃文化健康发展之道，亦是救世纠偏之法。大历史终归要落实到一人一事，无论哪一人，无勇则无担当。文与武一旦分离，勇气从"士"身上消失，必然会害上"文化病"，积重难返铸成文弱之痼疾。

"知者行之始，行者知之成，圣学只一个功夫，知行不可分作二事。"自

---

① 《毛泽东选集》第3卷，人民出版社1991年版，第801页。
② 《毛泽东选集》第3卷，人民出版社1991年版，第819页。

王阳明创心学收拾人心，重启文化革命传统，文武合流之脉赓续不绝。在20世纪由中国共产党人历经艰难探索实践，结出"实事求是"的硕果，开启中华民族复兴新篇。军队本为武德之载体，断不可染上材料积习，而应为实事求是之模范。

不怕鬼的故事

1919年，青年毛泽东在《湘江评论》创刊宣言中，以雄辩的语势写道："天不要怕，鬼不要怕，死人不要怕，官僚不要怕，军阀不要怕，资本家不要怕"。[①] 不怕，这是毛泽东身上最可珍贵的一种东西。他终生不怕鬼不信邪，不畏强势，敢于和任何强敌交手，完美地诠释了一名彻底的唯物主义者的大无畏气概。

"武备之要务，当以强心为先"。不怕，不仅是作为领袖的个性气质问题，从更深远的历史视野当可发现，积贫积弱的旧中国，人们看多了软弱无力丧权辱国的当家人，迫切需要一位天不怕地不怕的领路者。毛泽东的出现，一扫中华民族百余年来的萎靡之气，代表着中国人们从此站立起来了。

当然，民族自信心的光复绝非一蹴而就，毛泽东终其一生都很注意这一点。"有些人做奴隶做久了，感觉事事不如人，在外国人面前伸不直腰，像《法门寺》里的贾桂一样，人家让他坐，他说站惯了，不想坐。"[②] 因此，毛泽东强调在这方面要鼓点劲，把民族自信心提高起来，把抗美援朝中提倡的"藐视美帝国主义"的精神发展起来。为根治这一由来已久的软骨病，毛泽东找到了一个巧妙的隐喻："鬼"。借鬼说人，破心中贼。他认为，一切敌人、对手和困难，都属于"鬼"，只有不怕它，才能战胜它、克服它。

1959年5月6日，毛泽东在会见外宾时讲到，世界上有人怕鬼，也有人

---

① 《毛泽东早期文稿》，湖南人民出版社2008年版，第270页。

② 《毛泽东文集》第7卷，人民出版社1999年版，第43页。

不怕鬼。鬼是怕它好呢，还是不怕它好？经验证明，鬼是怕不得的。越怕鬼就越有鬼，不怕鬼就没有鬼了。在这次谈话中，他提出要把中国小说里一些不怕鬼的故事编成一本小册子。

大约一年半后小册子编好了，毛泽东在审阅中国科学院文学研究所所长何其芳报送的《〈不怕鬼的故事〉序》时，作了多处加写，其中有一句话："难道我们越怕'鬼'，'鬼'就越喜爱我们，发出慈悲心，不害我们，而我们的事业就会忽然变得顺利起来，一切光昌流丽，春暖花开了吗？"① 可见，编辑这些不怕鬼的故事，不是闲来无事说聊斋，而是作为政治斗争和思想斗争的工具，为人民群众鼓劲助威的。

"纸老虎"与"真老虎"

"你要搞就搞，你不要来吓我。"② 帝国主义和一切反动派可怕不可怕？毛泽东从两方面作了回答："一方面，藐视它，轻而易举，不算数，不在乎，可以完成，能打胜仗。一方面，重视它，并非轻而易举，算数的，千万不可以掉以轻心，不经艰苦奋斗，不苦战，就不能胜利。"③ 这就是说，一面是活老虎、铁老虎、真老虎，吃人，成百万人成千万人地吃，要从这点上建立我们的策略思想和战术思想；另一面，它们终究会转化成纸老虎、死老虎、豆腐老虎，从本质上看，从长期上看，从战略上看，必须如实地把帝国主义和一切反动派，都看成纸老虎，要从这点上建立我们的战略思想。这便是战略上的蔑视和战术上重视的统一，也是真老虎和纸老虎的辩证法。

不怕，蕴含着革命乐观主义精神。"一点不怕，无忧无虑，真正单纯的乐神，从来没有。每一个人都是忧患与生俱来。学生们怕考试，儿童怕父母有偏爱，三灾八难，五痨七伤，发烧四十一度，以及'天有不测风云，人有旦夕祸福'之类，不可胜数。阶级斗争，向自然界的斗争，所遇到的困难，

---

① 《毛泽东年谱（1949－1976）》第4卷，中央文献出版社2013年版，第529页。
② 《建国以来毛泽东军事文稿》中卷，军事科学出版社、中央文献出版社2010年版，第294页。
③ 《建国以来毛泽东军事文稿》中卷，军事科学出版社、中央文献出版社2010年版，第460页。

更不可胜数。"① 从毛泽东关于怕与不怕的论述中，可以看出革命乐观主义的源泉。

世界上的矛盾永远不会消失，无时不在，无处不有。共产党人存在的价值就是要做工作，就是要斗争，不当怕死鬼，不做好龙之叶公，以苦为乐，以矛盾为常态，与困难为伍，乐观对待斗争，将革命进行到底。再者，凡事总有两面，处于劣势时，信心不足时，就要强调有利的一面，增强信心的一面；胜利时，容易骄傲时，则要强调谦虚谨慎的一面。

不怕，并非自我壮胆的精神胜利法，亦非迷惑敌人的虚张声势，而是基于严酷斗争的辩证思考，是敢于胜利的决断。面对凶猛无比的敌人，不怕的底气是打出来的！在抗美援朝作战中，钢少气多的志愿军以视死如归的英雄气概，攻则势不可挡，守则像钉子一样牢牢铆在阵地上，淋漓尽致诠释了人民军队的血性胆气，谱写了人类战争史上的奇迹。毛泽东称赞道：这一次，我们摸了一下美国军队的底。对美国军队，如果不接触它，就会怕它。我们跟它打了三十三个月，把它的底摸熟了。"美帝国主义并不可怕，就是那么一回事。我们取得了这一条经验，这是一条了不起的经验。"② 心存幻想，没有与强敌过招的充分准备，则难免因树欲静而风不止导致被动，受制于敌；认清敌人本性，做最坏打算，坚定斗争意志，反而能掌握主动权，促成局势缓和或趋于均势的稳定态。

怕，它也打，不怕，它也打，二者选哪一个呢？还是怕好，还是不怕好？"每天总是怕，在干部和人民里头不鼓起一点劲，这是很危险的。我看，还是横下一条心，要打就打，打了再建设。"③ 在回答美国记者安娜·路易斯·斯特朗的提问时，毛泽东再次说明了这个道理：如果帝国主义一定要发动战争，你害怕有什么用呢？你怕也好，不怕也好，战争反正要到来。你越是害怕，战争也许还会来得早一些。

① 《毛泽东文集》第 7 卷，人民出版社 1999 年版，第 456 页。
② 《建国以来毛泽东军事文稿》中卷，军事科学出版社、中央文献出版社 2010 年版，第 175 页。
③ 《建国以来毛泽东军事文稿》中卷，军事科学出版社、中央文献出版社 2010 年版，第 418 页。

"把问题这样想透了，就不害怕了。当然，我说不害怕的意思，并不是说可以睡大觉，而是说要斗争。你如果怕得要死，你的手脚就束缚住了。到全世界没有一个人害怕战争的时候，世界上就不会有战争了。"① 这就是怕与不怕的辩证法。

现在世界上究竟谁怕谁

1970 年 5 月 20 日，北京各界群众五十余万人在天安门广场隆重集会，拥护毛泽东关于《全世界人民团结起来打败美国侵略者及其一切走狗》的声明。这是一个为支援印度支那三国人民抗美救国斗争所发表的"不怕鬼"的声明，毛泽东豪迈地提出了"现在世界上究竟谁怕谁"的命题，强调小国人民只要敢于起来斗争，敢于拿起武器，掌握自己国家的命运，就一定能够战胜大国的侵略。这是一条历史的规律。② 印度支那及其它受霸权主义欺压的中小国家由此受到极大鼓舞，革命声势为之大振，中国也逐渐成为世界人民心目中反霸权主义的革命圣地。

早在 1958 年 9 月 5 日，毛泽东在最高国务会议上集中谈了八条观察国际形势的观点，其中第一条便是"谁怕谁多一点"，后来就有了"东风压倒西风"的著名结论。"我看美国人是怕打仗。我们也怕打仗。问题是究竟哪一个怕得多一点。这也是个观点，也是个看法。请各位拿了这个观点去看一看，观察观察，以后一年、二年、三年、四年，就这样观察下去，究竟是西方怕东方多一点，还是我们东方怕西方多一点？"③ 这是一个力量的问题，人心的问题，人心就是力量。双方都怕，但是他们怕我们比较多一点。我们是人民的国家，人民的军队，有人民撑腰，这里蕴藏的力量是天下无敌的。

为什么把怕不怕这个问题看得这么重？近代以来，中华民族接连遭遇重大危机，自卑萎靡心态在国民中弥漫已久，要破除对帝国主义的迷信不容易，

---

① 《建国以来毛泽东军事文稿》下卷，军事科学出版社、中央文献出版社 2010 年版，第 18 页。

② 《建国以来毛泽东军事文稿》下卷，军事科学出版社、中央文献出版社 2010 年版，第 365 页。

③ 《建国以来毛泽东军事文稿》中卷，军事科学出版社、中央文献出版社 2010 年版，第 413 页。

反映到军队就是敢不敢打的精神危机。1960 年 5 月 7 日，毛泽东在会见非洲客人时讲到，人常常是有很多迷信的，迷信帝国主义是其中的一种；再有一种，是不相信自己的力量，觉得自己力量很小；认为西方世界很行，我们黄种人、黑种人、棕种人都是不行的，这也是一种迷信。这种迷信甚至扩展到对一切外国人。1963 年 2 月 19 日，毛泽东在听取中印边界东段自卫反击作战情况汇报时讲到，"印军可以攻到我这里来，我不能去呀？这里头还有一点怕鬼的味道，包括我这个人的思想。开头你们是要打的，我是死也不要打的。"①

怕不怕鬼？这种心理状态直接影响到人的精气神，制约着人的主观能动性，关系到政策底线的取舍。因此，如何破除迷信确立自信，是一个至关重要的大问题。

1963 年 8 月 1 日，毛泽东专门为"南京路上好八连"题写《八连颂》：

"好八连，天下传。为什么？意志坚。

为人民，几十年。拒腐蚀，永不沾。

因此叫，好八连。解放军，要学习。

全军民，要自立。不怕压，不怕迫。

不怕刀，不怕戟。不怕鬼，不怕魅。

不怕帝，不怕贼。奇儿女，如松柏。

上参天，傲霜雪。纪律好，如坚壁。

军事好，如霹雳。政治好，称第一。

思想好，能分析。分析好，大有益。

益在哪？团结力。军民团结如一人，

试看天下谁能敌。"②

① 《建国以来毛泽东军事文稿》下卷，军事科学出版社、中央文献出版社 2010 年版，第 161 页。

② 《毛泽东军事文集》第 6 卷，军事科学出版社、中央文献出版社 1993 年版，第 395 页。

毛泽东不仅是伟大的战略家、理论家，也是举世公认的文章大家、诗词大家。重庆谈判时，曾以一首《沁园春·雪》独领风骚轰动山城。这首杂言诗看上去通俗至极却赋予深意，其中连续用了"八个不怕"是合为事而作，环顾当时四方来敌八面来风，向全国军民发出了"不怕"的动员令，在历史关头顶住了各种压力，坚定维护了国家和民族的根本利益。

面对世界上最大的霸权主义国家的战争威胁和赤裸裸的核讹诈，毛泽东在政治局常委和各中央局第一书记会议上指出，要讲清楚，不要慌张。一慌张还能打仗？无论是打枪、打炮、打原子弹，都不要慌张。原子弹打下来了，就见马克思。怕什么！干部也死不完的，不死的就跟他干。"总而言之，是要准备打。还有不要慌张，原子弹如果落到头上，走路也走不赢，死就死，不管躺着死，走着死。总之，对帝国主义不要怕，要教育人民，不要怕它。"①

这个世界上究竟谁怕谁，谁怕谁多一点？想彻底了就不必怕了；想不到那个极点，总归还是要怕一些的。在这方面，毛泽东作出了表率，无论面对多么强势的对手他一概不迷信。"我们还没有核武器，但谁吓唬我们是不行的，我们从来就不接受强大力量的威胁。不接受这样的威胁，在我们力量再小的时候也是如此。"②可见，先得在精神上立起来，先得在骨头上硬起来，先得把腰杆挺直了，然后才谈得上如何斗争的问题。膝盖骨一软，则鬼影重重，无计可施。

兵法有没有用？这不是个理论问题，而是个实践问题。所谓战斗精神，还是毛泽东倡导的一不怕苦、二不怕死。勇敢的精神是军人的标配，是激活战斗力诸要素的钥匙。没有一点血性，没有敢于斗争的勇气，所有战法都将归于无效，不敢打一切等于零，这是任何理论和战法都无法替代的。

---

① 《建国以来毛泽东军事文稿》下卷，军事科学出版社、中央文献出版社 2010 年版，第 230 页。
② 《建国以来毛泽东军事文稿》下卷，军事科学出版社、中央文献出版社 2010 年版，第 264 页。

第六章　决定的因素

军队是要打仗的。"兵熊熊一个，将熊熊一窝""一将无能，累死三军"，这些军伍俗语，不知是多少战场胜负、多少鲜血染成的真理。"营官不得人，一营皆成废物；哨官不得人，一哨皆成废物；什长不得人，十人皆成废物"。[①] 这一段话，更是道出了军队这个铁血集团的铁律。

毛泽东曾指出："政治路线确定之后，干部就是决定的因素。"[②] 选人用人可谓是一个老生常谈的话题了，"决定的因素"如何决定则是一个常谈常新的课题。

"决定的因素"如何决定

选将任能，千古一难。无论哪朝哪代哪一级哪一个选人用人，谁不想选拔出适合的人才？这方面积累下来资以通鉴的经验恐怕数不胜数，然而并不能一劳永逸地回答这一超级难题。

从世界历史的视野看，古老的中国有较为成熟且曾经先进的吏治模式，与之相伴的另一面就是源远流长的官本位意识形态。"当官发财""光宗耀祖"之类的思想根深蒂固，民众心理普遍认为当官必有好处，否则便不可思议，传统意识惯性太强，以至积习难改。历朝历代，初时或许尚可选贤任能以成就伟业，而一旦条件好了，选人用人上的一个怪圈便会出现：劣币驱逐良币。

① 蔡锷：《曾胡治兵语录》，岳麓书社 2016 年版，第 8 页。
② 《毛泽东选集》第 2 卷，人民出版社 1991 年版，第 526 页。

党管干部

为什么劣币有能力驱逐良币？且不说那些复杂的人才理论，仅取一个直接的视角观察："个体"与"组织"的"PK"。《论语·颜渊》篇说，"君子之德风，小人之德草，草上之风，必偃。"指的是上层精英的品德好比风，平民百姓的言行就像草，风吹到草上，草必然顺着风的方向倒。然而现实生活中"君子"和"小人"斗法的版本往往是这样演绎的：君子卓尔不群单枪匹马，难以成风；小人抱团逐利，野火烧不尽，春风吹又生。特别是旧官场乃名利场，所谓的正人君子大多不屑于争权夺利，以洁身自好为荣，而奸邪小人则大多抱团，为了利益不择手段。这就好比是打仗，在力量上是个体对团伙，在手段上是以少对多，因而官场上自古君子斗不过小人，是有其内在逻辑的。

其实，中国历来不缺先进分子，但他们大多处在单打独斗、"散兵游勇"状态，无法发挥整体力量和影响，充其量是朋党之类的各自为政罢了。从大的历史逻辑看，在先进主义的旗帜指引下，志同道合的先进分子组织起来，在阶级基础上组建进步政党，进而把最大多数的人民群众组织起来，形成推动社会进步的伟力。由此，先进分子可以组党从而以集体的力量发挥着引领社会进步的作用，便是现代政党的价值所在。中国共产党的成立，置于数千年计的历史背景下，其伟大意义也正在此。从具体的实践逻辑看，凡是有战斗力的团体，无一不是同道者团结起来共同奋斗，这就是组织工作的初衷：把志同道合者组织起来。选人用人的要害，说到底就是把先进分子或者说同志者组织起来，组成一个进步的"大圈子"，从而形成主流，也才有力量与落后的"小圈子"作斗争。

共产党人的组织工作开辟了一条吏治新路：把先进分子选拔使用起来，再去带动广大群众，形成社会的主导力量。正是这种先进性主导的组织力量，避免了劣币驱逐良币进而陷入传统吏治的治乱循环。这较之专制时代或人治背景下的选人用人，根本的区别在于：是选人当官做老爷，还是找出自己的同志干革命。换句话说，党组织选人的出发点是"先进性假设"，选的是同志，是全心全意为人民服务的志同道合的先进分子，舍此则无法在一个层面讨论选人用人问题。

换个角度来看，现代经济学里有一个"理性人假设"：每一个从事经济活动的人都是利己的，其所采取的经济行为都是力图以最小的经济代价去获得最大的经济利益，这才是合乎理性的人。这个假设也称为"经济人假设"，是对大多数人而言的。如果遇到全局利益和自我利益的权衡取舍，舍己为公并不是理性人的假设；相反，基于人性中固有的自私基因，把个体利益置于集体利益之上，可能更符合理性人的假设。

毛泽东在党的七大上专门讲到一个工具论，告诫党的领导干部要把自己当作"工具"来看，应该作为人民选出来的工具而自豪。"群众是从实践中来选择他们的领导工具、他们的领导者。被选的人，如果自以为了不得，不是自觉地作工具，而以为'我是何等人物'！那就错了。我们党要使人民胜利，就要当工具，自觉地当工具。"[1] 可见，毛泽东管党治党、选人用人的前提是"工具论假设"或"先进性假设"。这个假设是展开讨论的前提和基础，必须确定无疑方可。由此，也得出了"决定的因素"如何决定的基本前提：党管干部，组织选人，选自觉当"工具"而不是当官的人。

当然，这只是从理论或原则、宗旨上回答这一难题，实践中的问题远比这个逻辑复杂。"在这个使用干部的问题上，我们民族历史中从来就有两个对立的路线：一个是'任人唯贤'的路线，一个是'任人唯亲'的路线。"[2] 选人用人说简单也简单，标准是清楚的，条件是公开的，程序是透明的，而且主要是在实际工作中选人用人，谁行谁不行是有现实可比性的，群众心里有杆秤，领导判断也不难。但说复杂也复杂，复杂在各种"圈子"遮挡了视野：老乡圈、同学圈、亲情圈、背景圈……，圈圈障目，却并非视力问题，而是

---

① 《毛泽东文集》第3卷，人民出版社1996年版，第373页。
② 《毛泽东选集》第2卷，人民出版社1991年版，第527页。

屁股问题，是到底坐在什么立场上的问题，是公与私的对决。

选人用人，最能看出一个人的立场，看出组织观念强不强。所谓靠制度选人用人，制度仍是人制定且靠人来执行的，落实起来还是人选人、人用人；后面这个"人"选得好不好，跟前面那一个"人"有直接关系。由此，得出了"决定的因素"如何决定的一条基本定律：代表组织选人的人，必须要首先选好。头一关把不住，一空百空。

毛泽东同志曾讲，"领导者的责任，归结起来，主要地是出主意、用干部两件事。"① 对此，邓小平也有过一段精到论述：是不是说，我们现在就没有人才呢？不是，是我们的各级党委，特别是一些老同志，在这方面注意不够，没有去有意识地发现、选拔、培养、帮助一批专业的人才。"我们的人才本来就少，决不能再浪费人才，我们经不起这个浪费。老同志的最主要的任务，第一位的任务，是提拔年纪比较轻的干部。别的事情搞差一点，这件事情搞好了，我们见马克思还可以交得了帐，否则是交不了帐的。"②

在战争制胜问题上，人是决定性因素。武器再发达人不匹配也是白搭，千招万招抓不到人才还是虚招，千忙万忙用不好干部就是瞎忙。从这个意义上讲，判断一个领导干部是否称职，既要看干成了多少事，也要把用对了多少人作为同等重要的指标，而且是更具长远价值的指标。各级领导除了带领群众干好主责主业，还要把选人用人这一条重大职责硬化起来，让选对一个人成为重要政绩，让选错一个人成为严重失职，两个方面都要有个说法有个交待。

打仗靠用人，用人如打仗。用对一个人、用错一个人不是小事，哪个岗位上用哪个人，实际上就是争夺战，不是为个人争，而是为党的事业争。丢掉一个位置，其损失不亚于作战中丢掉一个堡垒。因之，在选人用人上必须予以足够的重视，投入足够的精力，一个位置一个位置地争，寸步不让。如

---

① 《毛泽东选集》第2卷，人民出版社1991年版，第527页。

② 《邓小平文选》第2卷，人民出版社1994年版，第264页。

果在这个问题上作"绅士"状，不屑于斗争，严重地说，这是缺乏为党和人民争兵权的组织观念。

就兵法而言，即便再高明的招式、再严密的计划、再完备的流程，并不等于能打胜仗。选人用人也是一样，制定出一整套原则、制度、规定、程序等等，这是一回事；能不能真正把合适的人选出来用在合适的岗位上，这是另一回事。制度的一个直接功能只是设定了一个门槛，如果得到确实执行的话，可以相对地把劣币挡在门外。也就是说，选人用人的制度化规范化可以避免选错一个人，但仅靠制度并不能解决如何把一个优秀人才选出来的难题。

历史的经验教训一再提醒：这里没有捷径，就是靠一个一个地选对一个一个的人，选对了这个，这个再选对下一个，形成一级用好一级干部、一流人才选出一流人才的正向循环。只要保持组织活力，有什么问题就解决什么问题，一代人解决一代人的选人用人课题，就能保证人才源源不断，事业接续向前。

熟悉干部

"决定的因素"如何决定？还有一条就是必须熟悉干部，熟悉人才。好比打仗，知己知彼是头条。熟悉干部在战时还好办，因为战场是最严酷最公正最无私的"选拔官"，而在战场之外情况就复杂起来了。

毛泽东在党的六届六中全会上曾指出，"必须善于识别干部。不但要看干部的一时一事，而且要看干部的全部历史和全部工作，这是识别干部的主要方法。"[1] 但选人用人的困境恰在于此，尽可能全面深入地熟悉干部与尽可能大范围地熟悉干部，是需要很大成本的。一般而言，决策者熟悉的干部毕竟有限，小圈子里选人只能满足前者。这里隐含着一个悖论：一个真正德才兼备的同志往往把主要精力放在干事上，在人事上花费心思自然会少得多，平常主动密切联系有任免权的部门或领导概率就低；倘若掌握任免权的领导

---

[1] 《毛泽东选集》第2卷，人民出版社1991年版，第527页。

或部门不能主动密切联系这类干部，一些优秀人才就难以进入视野，且易为投机取巧者钻空子，导致失准失察。

要解决"千里马常有而伯乐不常有"的难题，最简单也是最有效的办法就是把伯乐赶到马群里去。此举好处多多，起码一举三得：一是解决熟悉干部的问题；二是解决领导作风的问题，走群众路线；三是把用干部与干事业结合起来，在带头干事、领着创业的战斗中识人，实现事业与人才双丰收。到一线去选拔人才，谁能啃硬骨头，谁能解决棘手问题，谁工作踏踏实实，前沿阵地上看得最清楚。甚至可以说，真正干事的人，无不极重人才极爱人才；选不出优秀人才者恐非真正想干事之人，亦难免脱离群众脱离实践之嫌。

党的十八大以来，人民军队强力整肃纲纪回归本色，选人用人风气为之一新。2018年，中共中央印发《关于进一步激励广大干部新时代新担当新作为的意见》，强调要"鲜明树立重实干重实绩的用人导向"。这一导向，指明了一条以事择人、知事识人、因事评人的选人用人路径。陈云同志在谈到干部政策时曾指出，"才，不是空才；德，也不是空德。考察一个干部的才和德，主要应看其在完成任务中的表现。"一个人有什么、会什么、能干什么，实践最有说服力，其德才素质与工作实绩大致是成正比的。

因此，从一个干部"究竟做了什么、做得怎么样、是怎么做的、现在正在做什么"当中，分析其德、能、勤、绩、廉，无疑是较为客观公道的。当然，这需要辩证分析，既要看显绩，也要看隐绩，还要看潜绩；既要横向比成绩大小，也要纵向看进步幅度；既要看现实作为，还要看起点基础，看在什么样的环境条件下干成了什么事、解决了什么难题。

好的且切实贯彻的制度可以防止劣币驱逐良币，而事中选人则可以防止庸币淘汰良币，进而实现优才淘汰庸才。事实证明，离开强军实践，不到基层一线，就难以全面客观地评价一个干部。当然，全方位、多角度、立体式、长时间地识别一个干部，是一项极为复杂的工程。无论是直接的第一手信息，还是间接的第二手信息，无一例外都需要舍得花大时间、下大成本、用大精力、费细功夫，在更大范围内经常性近距离去接触干部、了解干部、熟悉干部。反过来讲，正因为用好每一名干部的极端重要性，在如何熟悉一个个具体干部上多一些"投入"无疑是值得的，其现实和长远意义怎么评价也不为过。

选人用人应充分尊重基层意见，让一线识别"人才"。需要注意的是，群众在识别干部上眼睛是雪亮的，但在特定场合下的选择未必那么一清二楚。为公还是从私？决策者遇到的人情困境，群众同样会遇到。惟才是举还是惟人情是举？贿选现象的背后折射出群众在人事问题上面临的纠结。为什么强调重票不唯票？民主投票无疑体现了选人用人上的群众路线，但"大会海推""划票打勾"一类以票取人的做法之所以不可取，除了群众面临的人情困境因素外，还有操作层面的诸多因素。

首先是"选票"的设计科学不科学的问题。选票的内容、选项、权重等等不科学不精准，其实用价值可想而知。再就是"投票"的过程合理不合理的问题。投票过程应精心设计，不能走过场，哪些人填、什么时间填、在什么环境填、如何提交，都需要详加考究。还有"评价"的结果精准不精准的问题。要尊重测评结果，一个重要前提是准确分析测评结果，未经科学分析的统计结果其参考价值大打折扣，甚至事与愿违。这些都不是小事，民主是个好东西，但操作不好就毁了。不妨说，民主投票是个科学过程，亟需专业人士来操作。

实践证明，走好群众路线，是选人用人机制保持健康的必要条件。如果选人用人封闭运行自我评价，就会失去新陈代谢和自我纠错功能，有错难改，积重难返，从而陷入恶性循环难以自拔。这里并没有放之四海而皆准的选人用人宝典，再细密的规定也不足以选出千里马。而检验选人用人机制好不好的标准，最终要靠实践来说话，就是看选出的人才能否胜任本职，如果不能就要不断予以修正完善。

综上，"决定的因素"是由一整串链条决定的。最关键的一条是把选人用人者选好，管干部用干部的出了问题，其危害就是决定性的。最基本的一条就是真正熟悉干部，不熟悉就谈不上选准用好；而不舍得下大功夫，也就很难熟悉更多的干部。

他山之石，可以攻玉

俗话说，商场如战场。选人用人的一个现成参照系是市场经济这个主战场，主角就是企业。市场竞争的残酷和激烈程度或许比不上战场，但其抗争的真实性并不亚于部队的训练场，因为它本身就是实战而无须"实战化"。从企业的用人之道，可以得到一些宝贵的镜鉴。

华为创始人任正非很早就提出一个"知本主义"的概念，他有一句很经典的话："我们华为什么都不值钱，唯一值钱的，就是大家的脑袋。"企业要想在优胜劣汰的市场竞争中生存下来，容不得半点假把式，必须不断提高效率创新超越，最后生存下来的团队也必是最有效率最有创新力的组织。这一切关键在人才，没有人才再好的愿景也难以实现，再好的决策也难以落地。

民企的一大优势恰恰在于不拘一格的选人用人机制：一方面，能够在最短时间内把最需要的人才招进来、选出来、用起来，很快聚集起认同并真正践行企业价值观的人；另一方面，不换脑筋就换人、能上也能下的自主用人机制，可以及时对不适合的人进行调整，从而使企业理念、战略、举措得以强有力的贯彻执行。

把正确的人及时用在正确的位置，这是最有效率组织的致胜之道。这是一笔很容易算的账：与其费很大劲、花很大精力、下很大成本，依靠说服教育转化那些不适合的人，不如把功夫下在把合适的人选出来用起来。况且，一个不适合的人恐怕很难靠启发思想觉悟使其胜任本职、尽职尽责。

人才是第一资源。借鉴市场配置资源的原理，最有效益的人才配置当然是哪里最需要最适合就去哪里。这就意味着必须在更大范围内选人用人，促进人才在更大范围内自由流动，这也是形成人才市场的前提条件。人才不能流动，无论在培养教育和选用上增加多少投入，也难以精准实现人事相宜、人尽其才、才尽其用。

市场机制决定了企业用人必须灵活高效。从成功企业的用人机制看，要做到熟悉干部、人事相符，事权与人权必须高度匹配：让一线负责人有灵活用人权，专职的干部人事部门主要负责提供政策制度咨询、人员信息服务、程序标准及过程监管等业务性工作。战场的残酷甚于市场，战场上的灵活机动必然体现在用人上的灵活机动，从而天然具有精准高效性。平时没有了战争这个自动遴选机制，缺少了选人用人的紧迫感危机感，就容易陷入要么随意性大、要么繁琐僵化的困境。战场的"龙头"摆不起来，部队建设年复一年，怎么评价干成了多少事？不出事可能更好评判。曾几何时，安全工作"一票否决"在一些单位成了硬杠杠，核心能力反而成了软指标。

人事人事，因事择人，找人干事而已。有事有责才会有选才用才甚至抢才的压力，缺少事业牵引的干部人事工作则会失去抢抓人才的动力，平庸文化、圈子文化便会盛行，沦为论资排辈甚至拉帮结伙的名利场。为什么战时出英雄？因为特殊的环境打乱了旧有僵化体制和习惯模式，有形无形的壁垒破除了，一些佼佼者就挡不住地冒了出来，从而形成不拘一格降人才的局面。平时缺少竞争环境也就缺少人才冒出来的渠道，如何检验、辨别人才始终是一个老大难。而在以论资排辈循例升迁为常态的科层用人体制下，优秀人才的脱颖而出往往带有偶然性。

那些能灵活机动选人用人、拥有更多一流人才的企业，才能在市场上各领风骚。但市场并不能自动保持这种选人用人的功能，年头一长，家业一大，"大店""老店"相伴而生的就是"官僚文化"粉墨登场，市场功能在官场陋习侵蚀下，曾经生龙活虎的机制就会逐渐僵化。

华为公司在而立之年也不可避免地患上了"大企业病"，管理模式开始僵化，组织也官僚起来，对客户的响应速度越来越跟不上业务的发展。曾有其内部文章坦承："华为不乏职位能上能下、工资能高能低的基因和历史传统，但现实中却逐步在走向僵化、固化甚至封闭"。一位员工则以"五斗米"为笔名在华为"心声社区"发了一篇《华为，你将被谁抛弃——华为十大内耗浅析》的文章，直陈令人触目惊心的内耗。[①] 当时华为的研发总裁要求所有中

---

① 周留征：《华为哲学：任正非的企业之道》，机械工业出版社 2016 年版，第316页。

高级干部都要学习这篇文章。

富有远见的任正非，早在20世纪90年代中期即开始引进国际上先进的人力资源管理工具，着手建立一个职业化的团队。在国内市场一片红火、形势大好的背景下，他直陈"华为是一群从青纱帐里出来的土八路，还习惯于埋个地雷、端个炮楼的工作方法"的现状，以"誓将管理变革进行到底"的魄力，不计成本不惜代价实施一系列管理变革项目，果断开启华为现代化改造的征程，从而保证了后来的华为快速健康可持续发展。

市场上的第二不能算失败，但战场上没有第二的位置，军人的字典里永远是第一，这就注定要比企业更有危机感更讲求效率，才能生存进而战胜敌人。90多年来，人民军队历经战火洗礼，经受住了各种考验，正在进行迄今最为深刻的组织变革，可谓"百年老店"重整行装再出发。行百里者半九十。是不是有利于人才脱颖而出，能不能实现能者上、庸者让、劣者下，既是一个超大型组织保持活力和效率的关键所在，也是判断改革成效的核心指标。

迈向世界一流军队的新长征路上，有许多急事、难事、大事要干，亟需一大批堪当强军重任的才干。正如任正非所言：如果世界上最优秀的人才都进不来，如何能做到世界最优秀的公司呢？同样，如果吸引不来、培养不出世界一流军事人才，怎么实现全面建成世界一流军队的目标呢？言至此，"决定的因素"如何决定并没有现成的答案，一代人有一代人要解决的难题。但可以确定的是：如果在这个决定性的环节上出问题，必败无疑。

领导的"两个方法"

早在战争年代，毛泽东即指出，中国共产党是在一个几万万人的大民族中领导伟大革命斗争的党，没有多数才德兼备的领导干部，是不能完成其历史任务的。从词源上看，"领导干部"在中国古汉语中并不存在，"领导"顾名思义是指担负率领、引导及指挥控制职能的人；"干部"一词则是源于法语"Cadre"的日文对译，通常是指在国家机关和公共团体中起骨干作用的人员。

在共产党人看来，"领导"和"干部"更多的是一个动词，让我们来看看其中的"秘诀"。

"我们共产党人无论进行何项工作，有两个方法是必须采用的，一是一般和个别相结合，二是领导和群众相结合。"① 这是 1943 年 6 月 1 日，毛泽东为中共中央起草的《关于领导方法的若干问题》中打头的一句话。一般和个别、领导和群众，看似寻寻常常的两句话，实为共产党人基本的领导方法，是毛泽东同志在长期的革命斗争实践中为我们总结出来的，不能不予以足够的重视。

如何领悟这两大基本方法的深意？共产党人所从事的一切，全部归于"全心全意为人民服务"的宗旨之下，在这个宗旨下的一切工作业已证明：凡属正确的领导，必是从群众中来，到群众中去。简单地说，就是将群众中分散的无系统的意见集中起来，经过研究化为系统的意见，又回到群众中去作宣传解释，化为群众的意见，使群众坚持下去，见之于行动，并在群众行动中考验这些意见是否正确，然后进入下一个循环：再从群众中集中起来，再回到群众中坚持下去。而在集中和坚持的过程中，又必须采取一般号召和个别指导相结合的方法，从许多个别指导中形成一般意见，又拿这一般意见到许多个别单位中去考验，然后集中新的经验，做成新的指示去普遍地指导群众。

这是毛泽东同志的一个创造性总结。一方面，从群众中来，形成真知灼见进而成为主导性的政策方略，这不容易，需要做大量工作；另一方面，把来之不易的正确路线，回到群众中贯彻下去，这更加不易，需要做更多人的工作。前者取决于决策层领导层的工作，后者取决于执行层群众层的工作，前者重在"领"，后者重在"导"。这里面蕴含着毛泽东的实践论和矛盾论思想，从个别到一般，从一般回到个别，实践、认识，再实践、再认识，一次比一次更正确、更生动、更丰富，循环往复以至无穷。

---

① 《毛泽东选集》第 3 卷，人民出版社 1991 年版，第 897 页。

1944 年 7 月，中外记者西北参观团访问延安。美联社、英国《曼彻斯特卫报》、美国《基督教科学箴言报》驻重庆记者斯坦因采访毛泽东，问了一个尖锐的问题："你是说你的政策从来没有被怀疑过或被反对过吗？"

毛泽东回答，在我们工作中起决定性作用的因素是我们经常去了解我们哪些政策为群众所接受，哪些政策受到群众的批评或拒绝。只有那些受群众欢迎的政策才能成为我们党继续实行的政策。每当采取一项新的措施时，党内和党外总会有一些人不大理解。但是在实施过程中，必然会形成一种绝大多数人共同的意见，这是因为我们的党始终在注视着党内外的普遍反应，而且还根据人民的实际需要和意见，不断修改我们的措施。我们所有的党组织，从上到下都必须遵守我们的一项至关重要的原则，这就是不脱离群众，同群众的需要和愿望息息相通。① 毛泽东借回答这个问题的机会，对一般和个别、领导和群众作了通俗易懂的解读，同时也指出了这两个基本领导方法的实质：群众路线。

领导带头是先进政党的主要领导方式，但只有领导骨干的积极性，而无广大群众的积极性相结合，必将成为少数人的空忙。相反，如果只有广大群众的积极性，而无有力的领导骨干去恰当地组织群众的积极性，则群众积极性既不可能持久，也不可能走向正确的方向和提到高级的程度。"任何有群众的地方，大致都有比较积极的、中间状态的和比较落后的三部分人。故领导者必须善于团结少数积极分子作为领导的骨干，并凭借这批骨干去提高中间分子，争取落后分子。"② 许多地方和机关工作推不动的一个基本原因，就是缺乏这样一个团结一致、联系群众的健全的领导骨干。毛泽东的这段论述，既指明了一条基本的领导途径，也点出了党管干部、组织选人的核心要义：如何选出这些"少数积极分子"。

毛泽东的著作，大都是为着实际工作和现实斗争的需要而作，群众路线

---

① 《毛泽东文集》第 3 卷，人民出版社 1996 年版，第 188 页。
② 《毛泽东选集》第 3 卷，人民出版社 1991 年版，第 898 页。

是贯穿其中的一条红线。早在党的七大上，毛泽东即指出：二十四年的经验告诉我们，凡属正确的任务、政策和工作作风，都是和当时当地的群众要求相适合，都是联系群众的；凡属错误的任务、政策和工作作风，都是和当时当地的群众要求不相适合，都是脱离群众的。"教条主义、经验主义、命令主义、尾巴主义、宗派主义、官僚主义、骄傲自大的工作态度等项弊病之所以一定不好，一定要不得，如果什么人有了这类弊病一定要改正，就是因为它们脱离群众。"①

我们历来主张革命要依靠人民群众，大家动手，反对只依靠少数人发号施令。但是在有些同志的工作中间，群众路线仍然不能贯彻，他们还是只靠少数人冷冷清清地做工作。其原因之一，"就是他们做一件事情，总不愿意向被领导的人讲清楚，不懂得发挥被领导者的积极性和创造力。他们主观上也要大家动手动脚去做，但是不让大家知道要做的是怎么一回事，应当怎样做法，这样，大家怎么能动起来，事情怎么能够办好？"② 作为党的群众路线的开创者和集大成者，毛泽东为全党作出了表率。一切为了群众，一切依靠群众，人民创造了并正在创造历史，共产党人所从事的，正是群众史观的现在进行时。

群众路线还是党员干部锻炼才干的大学校、大课堂。正如毛泽东所指出的，"如果我们的党员，一生一世坐在房子里不出去，不经风雨，不见世面，这种党员，对于中国人民究竟有什么好处没有呢？一点好处也没有的，我们不需要这样的人做党员。我们共产党员应该经风雨，见世面；这个风雨，就是群众斗争的大风雨，这个世面，就是群众斗争的大世面。"③

毛泽东还告诫各级领导，"三个臭皮匠，合成一个诸葛亮"，群众有伟大的创造力，有成千上万的"诸葛亮"，每个乡村，每个市镇，都有那里的"诸葛亮"。我们应该走到群众中间去，向群众学习，把他们的经验综合起来，成为更好的有条理的道理和办法，然后再告诉群众，并号召群众实行起来。

---

① 《毛泽东选集》第 3 卷，人民出版社 1991 年版，第 1095 页。
② 《毛泽东选集》第 4 卷，人民出版社 1991 年版，第 1318 页。
③ 《毛泽东选集》第 3 卷，人民出版社 1991 年版，第 933 页。

群众路线的要核是真正尊重人民群众的历史主体地位。一切为群众的工作都要从群众的需要出发，而不是从任何良好的个人愿望出发。有许多时候，群众在客观上虽然有了某种改革的需要，但在他们的主观上还没有这种觉悟，还不愿实行改革，我们就要耐心地等待；直到经过我们的工作，群众的多数有了觉悟，有了决心，自愿实行改革，才去实行这种改革，否则就会脱离群众。凡是需要群众参加的工作，如果没有群众的自觉和自愿，就会流于徒有形式而失败。"这里是两条原则：一条是群众的实际上的需要，而不是我们脑子里头幻想出来的需要；一条是群众的自愿，由群众自己下决心，而不是由我们代替群众下决心。"①

群众路线怎么走？党在长期的革命、建设和改革实践中积累形成了一套成熟的经验，最基本的就是一般和个别、领导和群众这两个结合。在后一点上，需要特别注意毛泽东强调的两对矛盾：急性病和慢性病、冒险主义和机会主义。在一切工作中，命令主义是错误的，因为它超过群众的觉悟程度，违反了群众的自愿原则，害了急性病。在一切工作中，尾巴主义也是错误的，因为它落后于群众的觉悟程度，违反了领导群众前进一步的原则，害了慢性病。当着群众还不觉悟的时候，我们要进攻，那是冒险主义。群众不愿干的事，我们硬要领导他们去干，其结果必然失败。当着群众要求前进的时候，我们不前进，那是右倾机会主义。②这些劝告的确是经验之谈，不经历丰富的斗争实践，是得不出这种通俗又通透的结论的。

毋庸置疑，历朝历代都会有一些品德高尚的人，思想先进的人，以苦为乐的人，甘于奉献的人，但是从来没有像共产党人这样结成一个最强"团队"，形成先进分子的最大集体。共产党人以身作则倡导无私奉献，对社会是一种极好又极必要的导向，但让所有人都有这般觉悟，都以苦为乐，显然是做不到的。

---

① 《毛泽东选集》第 3 卷，人民出版社 1991 年版，第 1013 页。
② 《毛泽东选集》第 3 卷，人民出版社 1991 年版，第 1095 页。

"除了沙漠，凡有人群的地方，都有左、中、右，一万年以后还会是这样。"①之所以叫"先进分子"，就是说在全社会中始终只是走在前列的那一小部分，真正的共产党人也只能保持在一定的比例，而这个少数恰是为了保持先进性纯洁性。质而言之，先进性是共产党人心甘情愿的特性，倘若在全社会把先进性泛化，非但无法普及，反而会拉低少数先进分子的格调和质量。

共产党人应该是各行各业的人才，但人才未必全是共产党人，在政治要求（即先进性）上不可一概而论：共产党人，就要坚持以全心全意为人民服务为最大快乐，通过无私奉献实现崇高人生价值，在这一涉及根本宗旨的问题上绝不可降格以求，一丝一毫也含糊不得；对普通群众包括各类人才，则宜倡导全社会普遍认同的体现个人价值的做法，鼓励将个人追求融入共同理想中，在实现自我价值中发挥聪明才智。

这里体现了群众路线的本义：相信群众，相信历史是人民创造的。只要共产党人自己做好了，群众就会跟着做，从而壮大主流，压制不良倾向而不使其成风，保证社会肌体的整体健康。

什么是共产党的干部？"跟我上"与"给我上"，这两种不同指挥模式，已经成为对比共产党军队与国民党军队的鲜明标签。战争年代，共产党的干部普遍能做到带头冲锋陷阵，伤亡比例高于普通士兵。聂荣臻元帅曾回忆："红军打仗，打的是党团员，打的是干部。"这是有事实依据的，红军时期有四分之三的党员从入党之日算起活不过三年，以至于红军总部多次下令要求指挥员留在安全位置，尽量减少伤亡。

干部干部，先干一步。在革命军队里，靠带头冲而不是靠口头喊就是制胜法宝。"我前进你们跟着我，我停止你们推着我，我后退你们枪毙我。"八路军129师10旅旅长范子侠生前的一段战前动员，正是这一领导方式的形象表达。我们常讲，坚持党对军队的绝对领导是永远不变的军魂，怎么坚持呢？这就需要讲另一句话：党员干部模范带头是永远不变的领导方式。

———————————

① 《毛泽东选集》第5卷，人民出版社1977年版，第428页。

其实，无论哪个时代，总会有一些难以解决的复杂问题和棘手矛盾。唯有群众路线威力无限，只要领导带头，激发出蕴藏在群众中的无穷智慧和力量，任何困难都是能够克服的。

特殊材料制成的人

1945 年 7 月初，民主人士黄炎培访问延安，曾和毛泽东留下一段著名的"窑洞对"："我生六十多年，耳闻的不说，所亲眼看到的，真所谓'其兴也勃焉'，'其亡也忽焉'，一人，一家，一团体，一地方，乃至一国，不少不少单位都没有能跳出这周期率的支配力。大凡初时聚精会神，没有一事不用心，没有一人不卖力，也许那时艰难困苦，只有从万死中觅取一生。既而环境渐渐好转了，精神也就渐渐放下了。有的因为历时长久，自然地惰性发作，由少数演为多数，到风气养成，虽有大力，无法扭转，并且无法补救。也有为了区域一步步扩大了，它的扩大，有的出于自然发展，有的为功业欲所驱使，强求发展，到干部人才渐见竭蹶、艰于应付的时候，环境倒越加复杂起来了，控制力不免趋于薄弱了。一部历史，'政怠宦成'的也有，'人亡政息'的也有，'求荣取辱'的也有。总之没有能跳出这周期率。"

黄炎培先生总结的"周期率"，当然不止于他的生平亲历，数千年的历史无不验证着这一规律。对于这一千古难题，毛泽东是怎么回答的？黄炎培在他后来发表的《延安归来》中是这样记录的："我们已经找到新路，我们能跳出这周期率。这条新路，就是民主。只有让人民来监督政府，政府才不敢松懈。只有人人起来负责，才不会人亡政息。"[1] 周期率的确是个好问题，而毛泽东的回答也非常好。这个"德先生"之路，是近代以来无数仁人志士艰难探索出的一条康庄大道，既是新路也是永无止境之路。但这是不是跳出"周期率"的全部答案呢？

---

[1] 黄炎培：《八十年来》，中国文艺出版社 1982 年版，第 156－157 页。

从毛泽东后来管党治党的经验看，起码还有一条与人民监督并行的大道：党员干部的自我警醒、自我批判、自我革命之路。其基本思路是保持执政党的先进性纯洁性，不断用吃苦、牺牲、奉献、忘我这些"特殊材料"将共产党人隔绝在"周期率"之外。这是另一条新路，古今中外未有之路，也是永无止境之路。

在与黄炎培交谈的两年前，毛泽东为纪念抗战六周年写的宣言中指出，"共产党员是一种特别的人，他们完全不谋私利，而只为民族与人民求福利。"[1] 那是一个激情燃烧的艰苦卓绝岁月，也锻造了一大批"特殊材料"的共产党人。从抗战时期的"窑洞对"，到解放前夕的"两个务必"，再到新中国成立后的社会主义建设时期，共产党人对历史周期率的回答从未止步。

1958 年 3 月 22 日，毛泽东在成都会议上讲到"六怕"："一怕封为机会主义，二怕撤职，三怕开除党籍，四怕老婆离婚，五怕坐班房，六怕杀头。"[2] 只要准备好这几条，什么都不怕了。后来他又强调："我赞成这样的口号，叫做'一不怕苦，二不怕死'，而不赞成那样的口号，'没有功劳也有苦劳，没有苦劳也有疲劳'。这个口号同'一不怕苦，二不怕死'是对立的。"[3]

不难看出，毛泽东眼里的共产党人，从来就是牺牲奉献、无所畏惧、革命到底的代名词。苦也不怕，死也不怕，世上还有什么好怕的？世上可有哪个党哪个派有如此追求？这是向人性极限的挑战，非特殊材料打造的人不能为之！谁能胜任这样的挑战，必定天下无敌。无疑这是极为高难的挑战，也因此而极有意义。然而，挑战成功并不意味着能一劳永逸地保持住。

"我们共产党人是具有特种性格的人，我们是由特殊材料制成的"。斯大林在《悼列宁》一文中也讲到了特殊材料，但特殊材料不是与生俱来的，没有人天生就是共产党人。还是毛泽东讲的更近人情一些："人并不是一生下来，他母亲就嘱咐他搞共产，我的母亲也没有要我搞共产。共产是逼出来的，七

---

① 《毛泽东文集》第 3 卷，人民出版社 1996 年版，第 47 页。

② 《毛泽东年谱（1949－1976）》第 3 卷，中央文献出版社 2013 年版，第 321 页。

③ 《建国以来毛泽东军事文稿》下卷，军事科学出版社、中央文献出版社 2010 年版，第 360 页。

逼八逼就逼上了梁山。"①共产党人的"特殊材料"是后天锻造出来的，而且是在特殊环境中逼出来的。承平年代，缺少这种"逼"的环境，锻炼这种特殊材料就需要自觉去营造这种特殊环境。

"自讨苦吃"

明代万历年间有个叫吕坤的官员曾说，做官都是苦事，为官原是苦人，官职高一步，责任便大一步，忧勤便增一步。古人尚且有如此认识，共产党的干部觉悟自是高出一个境界。确是如此，"党给我唯一的'特权'，就是带头吃苦。"这句话可谓是共产党人"特殊性"的最好代言：共产党人正是以这种"特权"反对特权、克服特权的。

共产党的"官"原本就是人民公仆、人民的勤务员，但这是自觉自愿的苦官，又是自得其乐的苦官。云南省原保山地委书记杨善洲，在位时从不为家人办事，不为家乡办事，退休后又谢绝了按规定到昆明安家养老的待遇，拒绝了家人希望他回家团聚的愿望，而是回到大亮山为乡亲们办了一件事：还给下一代一片森林，一片绿洲！人们称赞他："当官一场手空空，退休又钻山沟沟；二十多年绿荒山，拼了老命建林场。"

杨善洲去世时，把价值几个亿的森林留给了大山里的群众。有人曾劝他何必自讨苦吃，他这样回答：入党时我们都向党宣过誓，干革命要干到脚直眼闭，现在任务还没完成，我怎么能歇下来？如果说共产党人有职业病，这个病就是"自讨苦吃"。

没有干部的"辛苦指数"，怎有群众的"幸福指数"。为了让人民的日子过得更舒服一些，宁愿少享受一些待遇；为了给群众多一些方便，宁愿自己多吃点苦多受些累，这正是共产党人自觉的崇高追求。具体到军队内部，像士兵委员会、军人代表大会制度的建立，军事民主、政治民主、经济民主的实行，官兵一致、政治平等原则的确立，不仅在中国军事史上是前无古人的

---

① 《建国以来毛泽东军事文稿》中卷，军事科学出版社、中央文献出版社 2010 年版，第 285 页。

深刻变革，在世界军事史上也是罕见的。而这些无一例外都是为了限制权力消除特权的，都是让各级领导干部"不舒服"的。如果领导不带头，这些制度断不可能得到彻底执行。

治国就是治吏。高薪未必养廉，低薪也未必养廉。就拿清朝的吏治来说，看似以严著称，实则逼良为娼，面上的俸禄不可能养家糊口，私下不腐败岂不真是官不聊生了。或许有人会担心，强调吃苦受累会不会影响执政党的吸引力，以致曲高和寡削弱自身力量。可以肯定，这只会淘汰掉投机分子而不会失掉真正的同志，因为靠利益和好处吸引来的决不会是先进分子。

当然，作为执政党的先进分子自觉以组织为家，组织就要主动为其当家，提供满足其个人家庭需要的适当生活待遇，使其不致为个人生计奔波而耗费过多的精力。需要厘清的是，高薪或低薪的逻辑是相对于"理性人"而言，作为"特殊材料"且只能是少数的共产党人，追求的当然是先进分子的逻辑：以奉献为乐。作为先进分子的组织，保持纯洁性无比重要，其中关键的一条就是能不能做到吃苦在前享受在后。现阶段共产党员的自律准则是"先公后私"，这比一味强调大公无私更加实际也更有生命力，但这个格调必须守住，否则就没有先进性可言了。

一般而言，先进分子总归是少数。领导干部就是先进中的先进、关键中的关键，只能是贡献大、索取少、自讨苦吃的那一少部分人，这样的"官"惟有真正的先进分子才会有兴趣追求。

换句话说，如果那些个人本位、享乐本位者对官位避之惟恐不及了，反倒是判断党风廉政建设或吏治成效的一个靠谱的风向标，倘若依然趋之若鹜跑官要官恐怕就有问题了。从这个意义上讲，坚持全面从严治党治军，就在很大程度上排除了那些怀有各种动机觊觎官位的投机分子，此可谓解决选人用人难题的釜底抽薪之法。这也正是反复强调保持共产党人的初心、保持共产党人先进性纯洁性的深远意义所在。

不讲"人情"

新中国成立后，毛泽东的一位亲戚希望能在长沙谋个"厅长方面位置"，托人给毛泽东的长子毛岸英带信。毛岸英在回信中认真地陈述了自己的意见：新的时代，这种一步登高的"做官"思想已是极端落后了，而尤以通过我父亲即能"上任"，更是要不得的想法。新中国之所以不同于旧中国，共产党之所以不同于国民党，毛泽东之所以不同于蒋介石，毛泽东的子女妻舅之所以不同于蒋介石的子女妻舅，除了其他更基本的原因以外，正在于此：少数人统治多数人的时代已经一去不复返了。靠自己的劳动和才能吃饭的时代已经来临了。"反动派常骂共产党没有人情，不讲人情，如果他们所指的是这种帮助亲戚朋友、同乡同事做官发财的人情的话，那么我们共产党正是没有这种'人情'，不讲这种'人情'"。①

1950 年 10 月，朝鲜战争的战火烧到了鸭绿江边。毛泽东号召全国人民抗美援朝保家卫国，新婚不久的毛岸英主动申请入朝参战。毛泽东表示支持，并亲自向彭老总求情，算是走了个"后门"。10 月 18 日，毛泽东向中国人民志愿军下达入朝作战命令，在第一批入朝的志愿军名单中，就有毛岸英。毛泽东身边的工作人员一开始都不同意，因为他们知道毛主席一家为革命已经作出了多么大的牺牲。前来劝阻的人，得到的只是这样的回答：正因为毛岸英是我的儿子，他才应该去，别人的性命也是性命，不能搞特殊。开国领袖立身为旗，为全国人民作出了榜样。

"为有牺牲多壮志，敢教日月换新天。喜看稻菽千重浪，遍地英雄下夕烟。"一个月后，1950 年 11 月 25 日，毛岸英同志牺牲在朝鲜战场，年仅 28 岁。又一个多月后，得知毛岸英牺牲在朝鲜战场的消息，毛泽东强忍丧子之痛，缓缓地说："打仗总是要死人的。中国人民志愿军已经献出了那么多指战员的生命，他们的牺牲是光荣的。岸英是一个普通战士，不要因为是我的儿

---

① 薄一波：《若干重大决策与事件的回顾》上卷，中共中央党校出版社 1991 年版，第 158 页。

子，就当成一件大事。"① 这是毛泽东一家为中国人民的革命事业献出生命的第六位亲人。

换个镜头。1948年，在国民党统治大陆的最后关头，为挽救濒临崩溃的金融危机，由蒋介石的大公子蒋经国亲自挂帅，在上海掀起"打老虎"运动。手持尚方宝剑的蒋经国为表决心，放言"只打老虎，不拍苍蝇"。结果打到宋美龄的外甥、前行政院长孔祥熙长子孔令侃头上时，陷入"人之常情"的利益纠葛，最后在蒋介石的直接干预下不了了之，整个打虎运动也就偃旗息鼓无疾而终。而由此引发的金融券风暴令国民党在半壁江山仅余的民心丧失殆尽，不过一年国民党集团即黯然败退台湾。蒋介石的得意门生杜聿明，在被俘后一针见血点出了国民党军战败的原因：战事毁于人事，战术毁于权术。其实还应该加上一条：人心毁于人情。

在蒋氏父子"打老虎"三年后，新生的人民政权轰轰烈烈开展了"反贪污、反浪费、反官僚主义"运动，先后任天津地委书记的刘青山和张子善两个"大老虎"很快被查处。据当时负责此项工作的中央人民政府节约检查委员会主任薄一波回忆，在"三反"运动紧张的日子里，毛泽东几乎每天都要听取汇报，甚至经常坐镇"中节委"，直接指导督促。刘青山、张子善执行枪决的公审大会前夕，有的同志为这两个土地革命时期的老干部求情。毛泽东告诫说，"正因为他们两人的地位高，功劳大，影响大，所以才要下决心处决他们。只有处决他们，才可能挽救20个，200个，2000个，20000个犯有各种不同程度错误的干部。"② 共产党人不是不讲人情，但首先讲的是人民之情，而不是一党之情、一家之情、一己之情。

中国人情社会源远流长，人情观念根深蒂固，既有复杂的社会文化背景，也与个体的生存生活环境有着密切关系。如果说资本主义社会的秘密在于"资本"的统治，那么在中国传统社会里，人情就是一种重要的"资本"，

---

① 《人民日报》，2019年7月11日第15版"为了民族复兴·英雄烈士谱"。

② 薄一波：《若干重大决策与事件的回顾》上卷，中共中央党校出版社1991年版，第152页。

一定的人情网络意味着一定的社会控制力、经济生产力、政治经营力、文化影响力。因为人是社会动物，在一定的关系网络中竞争生存，就需要一种安全感，通常都会找个依靠才好放心地生活。这个依靠既可以由先进政党、人民政府、法治环境来保证，也可能是由宗族、宗教或者各种非正式组织、小团体来提供，而更多的则是靠与己相关的人情网络来支撑。

依此而论，人情关系多与生存利益挂钩，而触动利益往往比触动灵魂还难，所以人情网络一旦形成，千丝万缕，盘根错节，尾大不掉。这在专制政体下，凭一二开明君臣或维新改革派是无法撼动的。现代政党出现后，特别是以马克思主义为指导的无产阶级政党，以最开阔的眼界、最无私的立场，形成了足以冲破重重人情网络的强大组织力和社会改革力。这是亘古未有的，恰也彰显了其历史意义：保证执政党的先进性纯洁性，当是跳出历史周期率的生命线。

历史悠久的人情社会顽强惯性不可能一次性扭转，也不会一劳永逸地根除。欲根治"小圈子""小团伙"，必须给同志、给群众以可靠的依赖；欲要依靠群众，也必须先给群众一个依靠。这就要把先进政党的组织体系，打造成为党内同志的贴心人、人民群众的当家人，让每一名同志找到组织像找到家一样，让每一个老百姓找到组织像找到靠山一样。相反，如果组织不靠谱，靠不上、靠不着、靠不住，无论是党员还是群众自然就会去靠小圈子，这也是非正式组织层出不穷的源头，是攀附之风、圈子文化难以扼止的内生逻辑。反过来讲，这也正是组织工作的价值所在：把同志团结起来，把群众组织起来，用正式组织取代非正式组织。

2018年10月1日施行的《中国共产党纪律处分条例》，在违反政治纪律行为中，列举了"在党内搞团团伙伙、结党营私、拉帮结派、培植个人势力等非组织活动"；在违反组织纪律的行为中，列举了"党员领导干部违反有关规定组织、参加自发成立的老乡会、校友会、战友会等"，以及在干部选拔任用工作中"有任人唯亲、排斥异己、封官许愿、说情干预、跑官要官、突击提拔或者调整干部等违反干部选拔任用规定行为"。这些足以说明，锻造共产党人的"特殊材料"仍是现在进行时，是艰巨而长期的任务。

永远在路上

古老的希腊神话里有个叫塞壬的海妖，拥有天籁般的歌喉和娇艳姿容，因与缪斯比赛音乐落败而被拔掉双翅。后来她时常游弋在海岛或礁石附近，用蛊惑人心的歌声使得过往的水手倾听失神，致使航船触礁沉没，据说无人幸免。英雄奥德修斯得知塞壬那令凡人无法抗拒的致命歌声后，在率领船队驶过这片海峡时采取了严密的防范措施：命令水手用蜡塞住耳朵，用绳索将自己绑在桅杆上，并告诫部下经过这片海域时不要理会他的命令和手势。不久，他就听到了那令人销魂的歌声，拼命挣扎着要解除束缚，叫喊着令水手们驶向那传来歌声的地方。但没人理他，船队一直向前，最终安全通过了这个死亡之海。

塞壬的歌声象征着常人无法抗拒的欲望，然而顺利过关的原因并非只是奥德修斯超人般的意志，更关键的是制度性约束：到一定界限时就把自己绑在桅杆上，无论发生什么情况也不能违规。信任不能代替监督，事实也一再证明，在诱惑面前，连自己都不能相信。

国民党军队学共产党军队是学不像的，因为立场不同；但共产党军队面临"国民党化"的诱惑却始终存在，因为同根同族同一种文化基因。一旦放弃斗争的精神，一旦放弃"特殊材料"的锤炼，强大的人性驱动和顽固的腐朽文化随时可能侵入健康肌体。换言之，一旦忘记"毛泽东化"，必然陷入"国民党化"的泥淖。

"敌人的武力是不能征服我们的，这点已经得到证明了。资产阶级的捧场则可能征服我们队伍中的意志薄弱者。可能有这样一些共产党人，他们是不曾被拿枪的敌人征服过的，他们在这些敌人面前不愧英雄的称号；但是经不起人们用糖衣裹着的炮弹的攻击，他们在糖弹面前要打败仗。"[1] 这是执政

---

① 《毛泽东选集》第4卷，人民出版社1991年版，第1438页。

前夕，毛泽东在党的七届二中全会上向全党发出的警报。过去面对面的敌人已经变成了心中之贼，作为胜利者，最后的对手只能是自己，最可怕的敌人就在内心里。名、利、舒适，诸如此类源于人性本能的力量是持久的、巨大的、难以抵抗的。正因为难，所以毛泽东请来"德先生"，让人民来监督我们，帮助我们不犯或少犯错误。

除了人民的监督，毛泽东还创造性地总结出一个有力的武器：自我批评。早在党的七大的政治报告中，毛泽东就提出"有无认真地自我批评，是共产党区别于其他政党的显著标志之一。"在夺取全国胜利的前夕，他又强调"我们有批评和自我批评这个马克思列宁主义的武器。我们能够去掉不良作风，保持优良作风。"从理论渊源看，基于理性考察的反思、质疑、批判，是认识论的关键环节，是人类思想进步的阶梯。德国哲学家康德断言"一切哲学始于批判"，马克思向来也把哲学作为批判的武器，"辩证法不崇拜任何东西，按其本质来说，它是批判的和革命的。"可以说，共产党人的旗帜——马克思主义，本质就是批判的哲学。

当然，毛泽东更多是从实践角度，着眼于人的思想作风改造，来打造这一批评武器的。"我们曾经说过，房子是应该经常打扫的，不打扫就会积满了灰尘；脸是应该经常洗的，不洗也就会灰尘满面。我们同志的思想，我们党的工作，也会沾染灰尘的，也应该打扫和洗涤。'流水不腐，户枢不蠹'，是说它们在不停的运动中抵抗了微生物或其他生物的侵蚀。对于我们，经常地检讨工作，在检讨中推广民主作风，不惧怕批评和自我批评，实行'知无不言，言无不尽'，'言者无罪，闻者足戒'，'有则改之，无则加勉'这些中国人民的有益的格言，正是抵抗各种政治灰尘和政治微生物侵蚀我们同志的思想和我们党的肌体的唯一有效的方法。"[1]

让我们回到毛泽东与黄炎培先生的"窑洞对"。所谓的"历史周期率"，乃是先进分子组党之前的历史。无论耳闻或亲见，尽管也有各种党派，但不

---

[1] 《毛泽东选集》第3卷，人民出版社1991年版，第1096页。

过是为一己、一家、一团体而奋斗，而绝无一个真正践行全心全意为人民服务的政党。其兴也勃焉，其亡也忽焉，也就不奇怪了。但真正和广大人民站在一起的政党，宁能败乎？倘若败了，历史岂不是终结了吗？这才是跳出周期率的内在底气，也正是基于这份底气，毛泽东可以自信地回答：我们已经找到新路。这是两条腿行走着的康庄大路，一条是民主监督，一条是自我净化、自我完善、自我革新、自我提高。

今日长缨在手，何时缚住苍龙？在新中国成立后国防委员会第一次会议上，毛泽东指出："人民的希望，人民所需要的方向，再加上我们自己的各种努力，过去可以北伐，可以解放全中国，可以开始进行国家的建设。今后，在人民拥护的基础上，加上我们的努力，就一定能够战胜帝国主义的侵略和解放台湾，也一定能够建设一支现代化的革命军队。"①

传统兵法通常关注的是"仗"怎么打，而毛泽东兵法的真正厉害之处，在于"兵"怎么建。"毛泽东化"的人民军队是无敌于天下的！当然，这个结论是基于以往历史实践的总结和合乎逻辑的推理，仍属于"知"的范畴；至于在新的实践中知行能否合一，还要靠新的实践去回答。

实践永无止境，考验亦无止境，每一代人的合格答卷都代替不了下一代。"周期率"如同悬在头上的达摩克利斯之剑，时刻警醒着人民军队永久奋斗！

---

① 《毛泽东文集》第6卷，人民出版社1999年版，第357页。

人民国防篇

新中国成立前夕，毛泽东在中国人民政治协商会议第一届全体会议的开幕词中，郑重申明："我们的国防将获得巩固，不允许任何帝国主义者再来侵略我们的国土。"①

关于国防事业，毛泽东早在抗日战争时期就有过大量论述，见诸于所作的文章、报告、演说、声明中，涉及到国防政府、国防力量、国防经济、国防教育、国防部署、国防准备、国防动员各个方面。其要点鲜明体现在党的七大上毛泽东作的《论联合政府》政治报告中：在一个半殖民地的、半封建的、分裂的中国里，要想发展工业，建设国防，福利人民，求得国家的富强，多少年来多少人做过这种梦，但是一概幻灭了。"没有独立、自由、民主和统一，不可能建设真正大规模的工业。没有工业，便没有巩固的国防，便没有人民的福利，便没有国家的富强。一八四〇年鸦片战争以来的一百零五年的历史，特别是国民党当政以来的十八年的历史，清楚地把这个要点告诉了中国人民。"②

谁的国，谁来防，怎么防，这是国防建设的基本问题，惟有人民政权方能彻底解决这一问题。历史业已证明，人民乃国防之本，举凡国防事业诸个方面，乃至一切国防潜力，均建立在人民政权的基础上。一切正确的国防政策，亦应从紧紧依靠人民群众这一点出发。

---

① 《毛泽东文集》第5卷，人民出版社1996年版，第344页。
② 《毛泽东选集》第3卷，人民出版社1991年版，第1080页。

第七章　铜墙铁壁

1932 年 10 月，中共苏区中央局在江西宁都召开全体会议，对毛泽东和他在红军实行的战略战术进行错误的批评和指责，无视三次反"围剿"取得胜利的宝贵经验，而冠之以"右倾主要危险""消极怠工""不尊重党领导机关"等帽子。会后不久，临时中央先是以要毛泽东主持苏区政府工作的名义把他调回后方，接着撤销了他所担任的红一方面军总政治委员的职务。

1933 年 6 月，蒋介石在南昌行营召开军事会议，制定第五次大规模"围剿"中央革命根据地的新军事策略，并在庐山连续举办三期军官训练团。经过半年精心准备，蒋介石自任总司令，调集百万大军，分北路、南路和西路磨刀霍霍大举"围剿"中央苏区。直接领导第五次反"围剿"斗争的最高军事指挥者博古、李德等，采取了消极防御战略方针和"短促突击"战术，中央红军在正规战、阵地战、堡垒战的硬拼消耗中接连失利，被迫后撤，完全陷入被动境地。已被解除党和红军中领导职务的毛泽东，抓住国民党内部发生"福建事变"的难得时机，极力向临时中央建议，以红军主力突破敌之围攻线，突进到以浙江为中心的苏浙皖赣地区，向广大无堡垒地带寻求作战，将战略防御转变为战略进攻，威胁敌之根本重地。这个建议被拒绝，红军错失打破"围剿"的契机。

1934 年 1 月中旬，中共临时中央在瑞金召开六届五中全会，不顾当时的危险敌情，照搬共产国际第十二次执委会决议，判断"中国的革命危机已到了新的尖锐的阶段"，认为第五次反"围剿"斗争将决定中国"苏维埃道路与殖民地道路之间谁战胜谁的问题"，断定这个问题会在最短的历史时期内得到解决，并继续执行前一段错误的战略战术。

1934 年 1 月 27 日，在江西瑞金召开的第二次全国工农兵代表大会上，被取消军事发言权的毛泽东依然充满信心地讲到："国民党现在实行他们的堡垒政策，大筑其乌龟壳，以为这是他们的铜墙铁壁。同志们，这果然是铜墙铁壁吗？一点也不是！你们看，几千年来，那些封建皇帝的城池宫殿还不坚固吗？群众一起来，一个个都倒了。俄国皇帝是世界上最凶恶的一个统治者；当无产阶级和农民的革命起来的时候，那个皇帝还有没有呢？没有了。铜墙铁壁呢？倒掉了。同志们，真正的铜墙铁壁是什么？是群众，是千百万真心实意地拥护革命的群众。这是真正的铜墙铁壁，什么力量也打不破的，完全打不破的。"①

就是这个真正的"铜墙铁壁"，共产国际派来的洋专家视而不见，喝过洋墨水的"百分之百"的布尔什维克们也置若罔闻。于是第五次反"围剿"也就失掉了最大的靠山，根据地丢了，中央红军被迫长征。经历惨痛的失败教训乃至生死攸关的考验，毛泽东重新回到中央和红军的领导岗位，这个"铜墙铁壁"重放光芒。日本侵略者在这里碰壁了，国民党反动派在这里碰壁了，号称"世界第一"的美军也在这里碰壁了。

1953 年 9 月 12 日，毛泽东在谈到抗美援朝战争时说，"作战的双方，都把自己的战线称为铜墙铁壁。在我们这方面，确实是铜墙铁壁。我们的战士和干部机智，勇敢，不怕死。而美国侵略军却怕死，他们的军官也比较呆板，不那么灵活。他们的战线不巩固，并不是铜墙铁壁。"②

然而，如此昭然可见的铜墙铁壁，为什么总会有人视而不见甚或不以为然？

组织起来

四分五裂的旧中国，"一盘散沙"是久已加之于国民的名号了。站在人民立场的对面，拿着放大镜也不会相信群众竟会是铜墙铁壁；不掌握阶级分

---

① 《毛泽东选集》第 1 卷，人民出版社 1991 年版，第 139 页。

② 《建国以来毛泽东军事文稿》中卷，军事科学出版社、中央文献出版社 2010 年版，第 173 页。

析武器的同志，也难以看到那里会有一个铜墙或铁壁在的。可见，人民群众与铜墙铁壁之间还有一道隐形的机关。鲁迅先生在《无声的中国》讲演中揭示了其中的道理："大家不能互相了解，正像一大盘散沙。"人多未必力量大，一颗颗分散的沙砾无法凝聚起强大的力量。而不让沙子变成墙壁，恰是侵略者和反动统治者奴役人民的法子。

1900 年，八国联军发动侵华战争，先后攻陷天津、北京，所到之处烧杀淫掠，尸横遍野，人民遭受空前浩劫，战后签订了中国近代史上赔款数目最大的不平等条约《辛丑条约》。虽然这只是近代以来签署的一系列不平等条约中的一个，但其中赔偿白银的数额，4 亿 5 千万两，让后人唏嘘不已。4 亿 5 千万，恰是当时中国的人口数目，一人赔一两的耻辱啊！追求进步的人们警醒了，孙中山先生疾呼：中国人"如果成一片散沙，是不好的事，我们趁早就要参加水和士敏土，要那些散沙和士敏土彼此结合来成石头，变成很坚固的团体"。[①]

中国人民遭受的苦难在一步步加深，中国社会也在酝酿着深刻的变动。五四运动后，全国宣传新思潮的刊物如雨后春笋般涌现。1919 年 7、8 月间，毛泽东在他主导创办并担任主编的《湘江评论》上，分三期连载发表了长篇论文《民众的大联合》。文中开宗明义指出，"国家坏到了极处，人类苦到了极处，社会黑暗到了极处。补救的方法，改造的方法，教育，兴业，努力，猛进，破坏，建设，固然是不错，有为这几样根本的一个方法，就是民众的大联合。我们竖看历史。历史上的运动不论是那一种，无不是出于一些人的联合。较大的运动，必有较大的联合。最大的运动，必有最大的联合。"[②] 这是毛泽东最早公开发表的赞颂俄国十月革命及其影响的文章，鲜明回答了世界上什么力量最强的革命之问，并从革命党的成立，溯源吾国民众大联合的新纪元。我们知道了，我们醒觉了！刻不容缓的民众大联合，我们应该积极

---

① 《孙中山选集》，人民出版社 1981 年版，第 718 页。
② 《毛泽东早期文稿》，湖南人民出版社 2008 年版，第 312 页。

进行！文章最后呼吁，吾国民众的大联合，不是没能力，而是我们没练习。皇帝当家的时候，是不准我们练习能力的。政治，学术，社会，等等，都是不准我们有思想，有组织，有练习的。"中华民族原有伟大的能力！压迫愈深，反动愈大，蓄之既久，其发必速。我敢说一怪话，他日中华民族的改革，将较任何民族为彻底。中华民族的社会，将较任何民族为光明。中华民族的大联合，将较任何地域任何民族而先告成功。"①

抗日战争爆发后，毛泽东在《论持久战》中再次向国人申明了民众大联合的要义："敌人一向看不起我们，东四省得了便宜之后，加之以冀东、察北的占领，这些都算作敌人的战略侦察。他们得来的结论是：一盘散沙。据此以为中国不值一打，而定出所谓'速决'的计划，少少出点兵力，企图吓溃我们。十个月来，中国这样大的团结和这样大的抵抗力，他们是没有料到的，他们把中国已处于进步时代，中国已存在着先进的党派、先进的军队和先进的人民这一点忘掉了。"②

如何把一盘散沙转化为铜墙铁壁？毛泽东给出了明确答案："战争的伟力之最深厚的根源，存在于民众之中。日本敢于欺负我们，主要的原因在于中国民众的无组织状态。克服了这一缺点，就把日本侵略者置于我们数万万站起来了的人民之前，使它像一匹野牛冲入火阵，我们一声唤也要把它吓一大跳，这匹野牛就非烧死不可。"③毛泽东在中国历史上的一大贡献，就是从基层社会开始，建立起贯彻到底的全民组织体系。政治回归众人之事，人民以自觉的整体力量登上历史舞台，能动地主导历史进程，这是开天辟地的大事。

一盘散沙再多无力，一个个孤悬的原子同样汇集不成什么力量，而一旦组织起来就能爆发出改造世界的惊人能量。从这个意义上说，组织起来的人民何尝不是威力最大的"原子弹"呢！而掌握了发动群众的武器，无异于破

① 《毛泽东早期文稿》，湖南人民出版社 2008 年版，第 359 页。
② 《毛泽东选集》第 2 卷，人民出版社 1991 年版，第 504 页。
③ 《毛泽东选集》第 2 卷，人民出版社 1991 年版，第 511 页。

解了开启核聚变的密钥。为什么在武装到牙齿的强敌面前，毛泽东敢于轻描淡写地宣告"一切反动派都是纸老虎"；为什么面对超级霸权的核讹诈，毛泽东依然波澜不惊地宣告"原子弹是纸老虎"；为什么在一切敌人面前毛泽东敢于战斗到底而没有丝毫的妥协性？因为他真正掌握了把人民组织起来的武器，掌握了铜墙铁壁的铸造术。只要人民在，什么敌人都不怕，而"把中国全部毁灭，炸到海底下去，是有困难的，中国人是会永远存在的。"①

人民需要组织，组织离不开先进政党。1927年1月4日至2月5日，毛泽东回到湖南实地考察了湘潭、湘乡、衡山、醴陵、长沙五县的情况，写成了《湖南农民运动考察报告》，其中第二部分的题目就是"组织起来"。报告指出湖南农民全数中，差不多组织了一半，"农民既已有了广大的组织，便开始行动起来，于是在四个月中造成一个空前的农村大革命。"②

1933年11月，为了解乡苏工作情况，毛泽东在中央苏区的长冈乡和才溪乡进行了详实的调查工作。在之后写的《才溪乡调查》报告中他明确指出："将乡的全境划分为若干村，依靠于民众自己的乡苏代表及村的委员会与民众团体在村的坚强的领导，使全村民众像网一样组织十苏维埃之下，去执行苏维埃的一切工作任务，这是苏维埃制度优胜于历史上一切政治制度的最明显的一个地方。"③这里指出的组织工作，正是对传统乡村治理或剥削阶级统治模式的革命。

1943年11月，毛泽东在中共中央招待陕甘宁边区劳动英雄大会上，作了一个题为《组织起来》的讲话，收录在《毛泽东选集》第三卷中。讲话开门见山指出："我想讲的意思，拿几个字来概括，就是'组织起来'"。④就是把群众组织起来，把一切老百姓的力量、一切部队机关学校的力量、一切男女老少的全劳动力半劳动力，只要是可能的，就要毫无例外地动员起来，组

① 《建国以来毛泽东军事文稿》中卷，军事科学出版社、中央文献出版社2010年版，第244页。

② 《毛泽东选集》第1卷，人民出版社1991年版，第14页。

③ 《毛泽东文集》第2卷，人民出版社1993年版，第325页。

④ 《毛泽东选集》第3卷，人民出版社1991年版，第928页。

织起来，成为一支劳动大军。

这次讲话的背景是轰轰烈烈的延安大生产运动。抗战初期，陕甘宁边区和八路军、新四军的财政开支，相当一部分是国民党颁发的军饷和华侨、国际友人的捐赠。抗战进入相持阶段后，由于日军作战逐步转向敌后战场，在根据地实行烧、杀、抢"三光"政策，加之国民党消极抗日积极反共政策，陕甘宁边区和各抗日根据地的经济财政发生严重困难。1941年4月20日，毛泽东复电在重庆的周恩来："请问国民党，对八路是否还准备发饷，如发则已，否则我们将向全国全世界（包括苏联在内）募捐，发起普遍的募捐运动（我们真正准备这样做），学叫化子讨饭吃的办法，因为国民党迫得我们没有路走，我们将要饿死了。"① 事非经过不知难，当时局势之严峻，后人在"南泥湾变成了陕北的好江南"唱词中是无法体验的。

求人不如求己。毛泽东在干部动员大会上直接提出这样的问题："饿死呢？解散呢？还是自己动手呢？饿死是没有一个人赞成的，解散也是没有一个人赞成的，还是自己动手吧。"② 组织群众的过程，也就是实践群众路线的过程。毛泽东、朱德等中央领导人带头参加生产劳动，经常利用休息时间开荒、种菜；周恩来、任弼时还参加中央直属机关纺线比赛，被评为"纺线能手"。自己动手，丰衣足食。毛泽东后来讲，"感谢"那些封锁我们的人，促使我们学得了经营经济事业的经验。特别是创造了组织农民群众的互助合作形式，如变工队、扎工队、互助组、合作社，组织起来进行生产，大大提高了劳动生产率。有了打仗的军队，又有了劳动的军队，"我们的军队有了这两套本领，再加上做群众工作一项本领，那末，我们就可以克服困难，把日本帝国主义打垮。"③

星星之火，可以燎原。零星之火要想不自生自灭，只有组织起来，"唤起工农千百万，同心干"，才有可能形成燎原之势。"组织起来"可谓毛泽东

① 《毛泽东文集》第2卷，人民出版社1993年版，第333页。
② 《毛泽东文集》第2卷，人民出版社1993年版，第460页。
③ 《毛泽东选集》第3卷，人民出版社1991年版，第928页。

从事革命活动的神器，那么什么叫组织？1964 年 6 月 16 日，毛泽东在政治局常委和各中央局第一书记会议上提出要把民兵好好整一下，并作了一番解释："什么叫组织？就是民兵，有基干民兵、普通民兵。组织有战士，有班长，有排，有连，有人说当过三个月的民兵，精神面貌就大大不同了。这叫组织。"① 虽然这只是针对民兵组织这一个案而言，远较现代的组织概念简单，却道出了先进政党组织工作的真谛：它不是自然而然的，必须主动为之，为着一定目标排列组合，发挥 1+1 > 2 的效能；它的对象是最大多数人，而不是小圈子、小团伙、小撮人；它的本质是发动群众自己管理自己，自己解放自己。更为重要的是，这种组织力来自共同愿景，不仅是用枪杆子武装人民，关键是给人民以政治武器，也就是政治武装。"政治上动员全军全民起来奋斗，是最重要的具体的条件之一。……条件中的最基本条件，是全军全民的广大的政治动员。"②

1953 年 9 月 12 日，毛泽东在谈到抗美援朝战争的意义时指出，"帝国主义侵略者应当懂得：现在中国人民已经组织起来了，是惹不得的。如果惹翻了，是不好办的。"③ 这里既指出了抗美援朝胜利的根本原因，也揭示了国防问题的根本："谁的国，谁来防"。可以说，中华人民共和国的成立，历史性地解决了这个根本问题，形成了人民国防人人防的亘古未有之格局，从而在极端困难的形势下，不惧八面来风，胜似闲庭信步。归根到底一句话，人民国防就要围绕"人民"做文章，这是我们的最大特色，也是最强大的非对称优势。

以人民为中心

开国大典前夕，毛泽东为人民英雄纪念碑起草碑文："三年以来，在人民

---

① 《建国以来毛泽东军事文稿》下卷，军事科学出版社、中央文献出版社 2010 年版，第 230 页。
② 《毛泽东选集》第 2 卷，人民出版社 1991 年版，第 512 页。
③ 《建国以来毛泽东军事文稿》中卷，军事科学出版社、中央文献出版社 2010 年版，第 175 页。

解放战争和人民革命中牺牲的人民英雄们永垂不朽！三十年以来，在人民解放战争和人民革命中牺牲的人民英雄们永垂不朽！由此上溯到一千八百四十年，从那时起，为了反对内外敌人，争取民族独立和人民自由幸福，在历次斗争中牺牲的人民英雄们永垂不朽！"短短 115 个字，"人民"出现了 8 次。

我们的国家叫人民共和国，我们的政权叫人民政权，我们的权力机关叫人民代表大会，我们的政府叫人民政府，我们的军队叫人民军队，我们的法院叫人民法院，我们的警察叫人民警察，我们银行叫人民银行，我们的货币叫人民币，我们的宗旨是全心全意为人民服务……"人民"这个定语或主体，是否预示着中华文明史的原力觉醒？！

从词源来看，"人民"由"人"和"民"两个词根并列复合而成，"人"意义自明，"民"则有庶民义，指向相对君臣阶层而言的普通百姓。"人民"合成一个词出现在古籍中，大致有两层意思：一是泛指人类，如《韩非子·五蠹》中"上古之时，人民少而禽兽众"；二是指庶民百姓，如《孟子·尽心下》中"诸侯之宝有三：土地、人民、政事。"从语法上看，汉语中"人民"与"人们"意思相近用法却大有区别，比如前面有数量词或表示多数的词语时，就不能用"人们"这个集合名词，"广大人们"就讲不通了。但翻译成世界上其它语言大多无此差别，像英语"people"，法语"gens"，并没有"人民"和"人们"的不同涵义。从社会语言学的角度看，"人民"并不是一个普通名词，而是一个有着特定内涵的政治概念。特别是在毛泽东语境里的"人民"二字，表达的含义已迥异于古代，只能置于特殊的时代背景中方能得以确切的理解。

古人讲，名不正则言不顺。在一些关键词语上较较真，是思考和讨论能够沿着扎实的台阶深入下去的必要保证。相反，如果在基本概念上含含糊糊，差不多，大概齐，则是科学研究的大敌，也是阻碍思考步步深入的樊篱。

1949 年 6 月 30 日，为纪念中国共产党成立 28 周年，毛泽东写下了《论人民民主专政》，阐述了即将成立的中华人民共和国的国家性质，其中明确指出："人民是什么？在中国，在现阶段，是工人阶级，农民阶级，城市小资产阶级和民族资产阶级。"① 这个定义反映了一定时期的社会政治关系，具有特定的阶级和历史背景。

1957 年 2 月 27 日，毛泽东在《关于正确处理人民内部矛盾的问题》中，对人民做了更加明确的界定：为了正确地认识敌我之间和人民内部这两类不同的矛盾，应该首先弄清楚什么是人民，什么是敌人。人民这个概念在不同的国家和各个国家的不同的历史时期，有着不同的内容。拿我国的情况来说，在抗日战争时期，一切抗日的阶级、阶层和社会集团都属于人民的范围，日本帝国主义、汉奸、亲日派都是人民的敌人。在解放战争时期，美帝国主义和它的走狗即官僚资产阶级、地主阶级以及代表这些阶级的国民党反动派，都是人民的敌人；一切反对这些敌人的阶级、阶层和社会集团，都属于人民的范围。"在现阶段，在建设社会主义的时期，一切赞成、拥护和参加社会主义建设事业的阶级、阶层和社会集团，都属于人民的范围；一切反抗社会主义革命和敌视、破坏社会主义建设的社会势力和社会集团，都是人民的敌人。"② 可见，毛泽东关于"人民"的定义是一脉相承的，始终代表着推动社会发展和历史前进的大多数人。在当代，人民是指全体社会主义劳动者、社会主义事业的建设者、拥护社会主义的爱国者和拥护祖国统一的爱国者。

深入理解"人民"这一概念，离不开中华民族源远流长的民本思想。在中国最古老的历史文献集《尚书》里，即有"民惟邦本，本固邦宁"的观念。《孟子》里说得更明白："民为贵，社稷次之，君为轻"。老百姓是天，老百姓是地，像这样有极大包容度的民本理念，是中华文明独特的治国理政资源。不过从后人的视角看，古老的政治文明播下的是民种，早期收获的却是龙种，"真龙天子"家天下恰是国家共同体意识的腐蚀剂，也是近代中国在外侮面前一盘散沙的直接原因。皇帝轮流坐，只是庶民苦。无论怎样改朝换代，世袭的家天下政体难以生成深层的国家认同理念。与此同时，民间基于血缘纽带

① 《毛泽东选集》第 4 卷，人民出版社 1991 年版，第 1475 页。
② 《毛泽东文集》第 7 卷，人民出版社 1999 年版，第 205 页。

的宗法理念和治理体系始终未曾中断，并因其特有的组织协调功能而被民众视为个体社会生活的有效保障，进而凝结为宗法社会意识形态。可见，君主集权必须依靠宗族体系才能贯彻到基层末端，宗族势力无疑又会对冲消耗执政者的社会治理资源。庶民命运与国家之间始终缺少一个联系的纽带，或许只有皇权体制内的一干人等或帮闲的御用文人，才有雅兴奢谈什么家国天下，却无法在普通民众心里哺育国家共同体意识和国防观念。由此，从最基层的农民入手，把群众组织起来，重建基层社会，是收拾人心治国理政的固本之策，也是巩固人民国防的基础工程。

中国社会的千年之变发轫于近代，有了历史唯物主义这个理论武器，植根于中华优秀传统政治文化的厚土，毛泽东对"人民"这个词语作了化腐朽为神奇的创造性改造，使之成为人民群众决定自己命运、主导历史进程的主体概念。不妨说，人民，就是这块土地上永久的主人，就是生于斯长于斯的命运共同体成员。

值得注意的是，"人民"是个集体概念，不同于"公民""国民"等称呼，任何个人都不能自称为人民。于是，就有了一个谁代表人民的问题。历史一再发出告诫，要警惕对这个词的笼统化、空洞化甚至狭隘化，特别是防止被别有用心地滥用，"以人民的名义"各行其私甚至行反人民之实。须知，"人民"不是任人打扮的小姑娘，不是谁有权力、谁权力大谁就可以自称代表人民。谁能代表人民，最终还是人民说了算。对于这一点，共产党人的革命导师列宁始终保持着清醒头脑："在人民群众中，我们毕竟是沧海一粟，只有我们正确地表达人民的想法，我们才能管理。"①

在这一点上，毛泽东同样保持着异乎常人的清醒与坚定。他屡屡告诫同志们，必须明白：群众是真正的英雄，而我们自己则往往是幼稚可笑的，不了解这一点，就不能得到起码的知识。1960年5月27日，英国陆军元帅蒙哥马利与毛主席谈起领袖与人民的话题，他问道："人民并不经常知道什么对

① 《列宁选集》第4卷，人民出版社2012年版，第695页。

他们最有利，领袖必须带领他们去做对他们有利的事情。"毛泽东则坚定地回答："人民是懂事情的。终究还是人民决定问题。"①1963年8月9日，来访的索马里总理问到如果人民不表明要独立，那怎么办呢？毛泽东毫不迟疑地回答："那没有办法，毫无办法，只有等待人民觉醒，起来斗争。"②

人民的概念是历史的具体的，并将与时俱进不断丰富发展。人民的对立面是反人民，而人民内部也会有矛盾。正如毛泽东指出的，任何人群中都会有三种人：先进的、落后的和中间的。人民是历史的主人，并不意味着天然就是觉悟的主人，天然就能当家作主，还需要自己解放自己，需要自己的先进分子去启蒙去引领。而先进分子仅仅是人民中的一分子，是人民中较早觉悟的分子，并不能凌驾于人民之上。尽管先进分子有时走在人民前面，也确实代表着人民利益，但也必须努力去说服人民、启发人民、引领人民，而不能越过这个阶段代替人民去创造历史，更不能把自己看得比人民高明。这是一个根本立场问题，在这一点上必须坚决彻底而不能有丝毫疑惑动摇，否则就会犯根本性错误。从这个意义上讲，唯物史观不仅是思想认识问题，更是立场问题。

天若有情天亦老，人间正道是沧桑。人民创造历史，而历史往往是曲折的。若要少一些曲折，有两个条件是不可或缺的：一个是人民要善待自己的优秀分子，善待优秀分子对历史进程的规律性总结，以及对未来发展的高瞻远瞩；二是优秀分子必须紧紧依靠人民，把人民的工作做通，组织起来一起向前走。概而言之，先进的理论务要掌握群众，群众务要掌握先进理论，两者缺一不可。

"人民万岁！"开国领袖情不自禁喊出的这个口号，翻翻历史这是破天荒的事。在毛泽东的心里，为何对"人民"推崇至此？从唯物史观看，人民是历史的主人，是创造人类历史的终极动力，无论站在什么立场上也否认不

---

① 《建国以来毛泽东军事文稿》下卷，军事科学出版社、中央文献出版社2010年版，第98页。
② 《建国以来毛泽东军事文稿》下卷，军事科学出版社、中央文献出版社2010年版，第185页。

了这一铁律；从共产党人的宗旨看，人民是服务的对象、依靠的力量，为人民打江山、为人民执政、为人民服务，就是共产党人存在和奋斗的价值所在。

毛泽东不仅是在理论上，更是本着朴素的阶级感情对待人民。他见不得普通群众受苦，听不得穷苦百姓的哭声，受不了善良的人民被欺压。在他的一系列文稿和讲话中，"人民群众"常常连在一起用，但指向的分明是一个个具体的穷人、受压迫的人、受苦受难的人，这是他终其一生的牵挂。如果只记着一个空泛的"人民"概念，而不去关注一个个具体的人，无异于叶公好龙。"中国人民正在受难，我们有责任解救他们，我们要努力奋斗。要奋斗就会有牺牲，死人的事是经常发生的。但是我们想到人民的利益，想到大多数人民的痛苦，我们为人民而死，就是死得其所。"[1] 无论过去多少年，人民群众还是一如既往地爱戴着人民领袖！世上没有无缘无故的爱，不是站在老百姓的立场上，是无法想明白个中缘由的。

不忘初心，方得始终。2018 年 3 月 20 日，习近平总书记在十三届全国人大一次会议上郑重承诺："一切国家机关工作人员，无论身居多高的职位，都必须牢记我们的共和国是中华人民共和国，始终要把人民放在心中最高的位置，始终全心全意为人民服务，始终为人民利益和幸福而努力工作。"[2] 以人民为中心，彰显了新时代党治国理政的最鲜明特色。

人类命运共同体

20 世纪 40 年代，"战国策"派思潮的代表人物林同济先生，著一雄文《战国时代的重演》，其中对当时的国际局势有这样的分析："我们细察二百年来的世界政治，尤其是过去半个世纪的天下大势，不得不凛然承认你和我这些渺小体魄，你和我竞竞集凑而成的中华民族，已经置身到人类历史上空前

---

① 《毛泽东选集》第 3 卷，人民出版社 1991 年版，第 1005 页。
② 《习近平谈治国理政》（第三卷），外文出版社有限责任公司 2020 年版，第 139 页。

的怒潮狂浪当中了！我们的时辰八字，不是平凡，乃恰恰当着世界史上'大战国时期'露骨表演的日子。这段热剧，在 16、17、18 三世纪早已渐呈雏形，就好像我们的'春秋时代'在许多方面也都是'战国七雄'的先驱一般。"①

　　这是一个独特的视角，跳出自古以来基于华夏的天下观，立于全球看全球，展现了近代以来"放眼看世界"的一个重要维度。早在 15 世纪中叶，奥斯曼土耳其帝国兴起，先后占领小亚细亚和巴尔干半岛，控制了从西方通往东方的传统陆上丝绸之路和海上丝绸之路。西欧的商人和贵族迫切希望另辟新路，绕过地中海与东方重新取得联系。位于欧洲最西部伊比利亚半岛的葡萄牙，因其得天独厚的濒海条件最先开始大规模的海洋探索，经过几代人的探险，终于开通了绕道非洲南端好望角直达印度的新航路，并到达被称为"香料群岛"的印度尼西亚。

　　葡萄牙人在非洲西海岸的航行以及向东持续扩张，刺激了同属伊比利亚半岛上的西班牙人，他们积极寻找另一条通往东方的新航路。葡萄牙人往东，西班牙人则从欧洲向西航行，通过以哥伦布为代表的持续探险活动，开辟出大西洋通往美洲的新航路，从此结束了美洲与世隔绝的状态。之后麦哲伦率领船队继续西行又发现了"太平洋"，虽然并没有带来太平，但作为人类历史上第一次环球航行，仍是不朽之壮举。

　　从 15 世纪末到 16 世纪初的大航海时代，开辟了许多新航道和贸易路线，促进了地球上各大洲之间的沟通，开启了所谓"全球化"的新纪元，人类进入真正意义的世界史。然而，随之而来的则是殖民掠夺和垄断贸易，正如恩格斯所指出的，"葡萄牙人在非洲海岸、印度和整个远东寻找的是黄金；黄金一词是驱使西班牙人横渡大西洋到美洲去的咒语；黄金是白人刚踏上一个新发现的海岸时所要的第一件东西"。②

　　西方列强主导下的全球化历程，无不以暴力和战争为开路先锋。1648

---

① 雷海宗，林同济：《文化形态史观·中国文化与中国的兵》，吉林出版集团 2010 年版，第 57 页。
② 《马克思恩格斯全集》第 21 卷，人民出版社 1965 年版，第 450 页。

年，在欧洲三十年战争的血腥洗礼下，打出了一个《威斯特伐利亚和约》，列强凭实力排座座，成为近代国际关系的奠基石。之后历次世界格局的划分，包括维也纳体系、凡尔赛—华盛顿体系、雅尔塔体系，都是靠枪杆子谈出来的。资本主义世界史的真相，其实与自由、平等、博爱之类的宣言相去甚远。"资本来到世间，从头到脚，每个毛孔都滴着血和肮脏的东西。"以殖民战争为先锋，以资本利润为目标，以列强争霸为主线，所谓的全球化就是这样一路"化"来的，旧中国也是这样被"化"进去的。

一部世界近代史，强权争霸，大国称雄，颇似春秋战国时代的大中华格局，只是历史背景换成了全球化下的大"地球村"。"我们中国人的一般思想立场，无形中已渗透了所谓'大同'局面下的'缓带轻裘''雍雍熙熙'的懒散态度。直到今天，我们还不免时时刻刻高提着'大一统'时代的眼光来评量审定'大战国'的种种价值与现实。……置身火药库房，却专门喜欢和人家交换'安详古梦'。这恐怕是我们民族性中包含的最大的危险。大同可以为人们最后的理想。'战国'必须是我们入手的途径。要取得谈世界和平的资格，先栽培出能作'战国之战'的本领。"① 林同济先生在抗战时期的这番见解，今天看来，由于时代条件所限自有进一步拓展之必要，但其历史视野的深刻与锐利仍大有其价值。

新中国成立前夕，在中国人民政治协商会议第一届全体会议上，毛泽东向全世界庄严宣告："我们的民族将从此列入爱好和平自由的世界各民族的大家庭，以勇敢而勤劳的姿态工作着，创造自己的文明和幸福，同时也促进世界的和平和自由。"② 这一政治宣示，也是中华文明和合理念的告白。但是，毛泽东对国际政治向来都是察其本质的，明确告诫一心向往和平的人民，世界上从有历史以来，没有不搞实力地位的事情，反对弱肉强食必须靠实力说话。20 世纪 60 年代毛泽东提出"两条腿"战略："有些人说，要世界和平，

---

① 雷海宗，林同济：《文化形态史观·中国文化与中国的兵》，吉林出版集团 2010 年版，第 67 页。
② 《毛泽东文集》第 5 卷，人民出版社 1996 年版，第 344 页。

就不要反对帝国主义，免得帝国主义不高兴，因此各国都不要搞反对帝国主义的斗争。我看还是两条腿走路。各国人民起来对压迫者进行反抗，这是一条腿，而且是一条重要的腿，也许是第一条腿；跟它们一起在桌面上开大国会议，讲什么裁军，解决德国问题等，这也是一条腿。两条腿走路，世界大战就难于打了。如果只有一条腿，要帝国主义不打世界大战，就没有保证。"①

　　谁是我们的敌人？谁是我们的朋友？这个问题是革命的首要问题。这是《毛泽东选集》第一卷第一篇的第一句话，今天读来仍然如此鲜活，置于国际斗争格局下完全适用。这个革命的首要问题无非就是两个字："集"与"分"。一个是把我们的人搞得多多的，一个是把敌人的人搞得少少的。新中国成立后，毛泽东在一系列讲话或谈话中，回答了独立自主的新中国如何在全球化的"大战国"时代保卫胜利果实、维护世界和平的问题，逐渐形成了世界格局下的"人民国防"思想。

　　1954 年 7 月 7 日，毛泽东在中共中央政治局扩大会议上讲到，我们要对许多国家，比如英国、法国、加拿大这一类国家，比如印度、缅甸这一类国家，凡是有可能的，都要进行工作。同时对美国要使它分化，使它孤立，孤立以后它总要分化的。在目前世界上这样四分五裂的形势下，一块铁板那样的事情是不可能的。"总之，国际上我们就是执行这个方针，只要在和平这个问题上能够团结的，就和他们拉关系"。②

　　两年后，在党的八大预备会议上，毛泽东又进一步阐释了世界人民大团结问题："一个地方有一个地方的全局，一个国家有一个国家的全局，一个地球有一个地球的全局。现在地球以外不去讲，因为交通路线还没有打通。如果发现火星或者金星上有人，那个时候我们再来交涉关于团结他们，建立统一战线的问题。现在我们是讲党内、国内和全世界的团结问题。我们的原则，

---

① 《建国以来毛泽东军事文稿》下卷，军事科学出版社、中央文献出版社 2010 年版，第 77 页。
② 《建国以来毛泽东军事文稿》中卷，军事科学出版社、中央文献出版社 2010 年版，第 217 页。

就是不管你什么人，外国的党，外国的非党人士，只要是对世界和平和人类进步事业有一点用处的，我们就应该团结。"①

全球化时代的人民国防，要义还是依靠人民，团结全世界爱好和平的人民，在"地球村"里建立最广泛的和平阵线。毛泽东运筹"三个世界"的战略布局，就是一个经典案例。1962年1月3日，毛泽东在会见日本客人时说，"社会主义阵营算一个方面，美国算另一个方面，除此以外，都算中间地带。"② 后来又讲到"我看中间地带有两个，一个是亚、非、拉，一个是欧洲。"③ "我们把中间世界分为两部分。中间世界即所谓第三世界。第一个第三世界是亚洲、非洲、拉丁美洲。第二个第三世界包括像法国、日本、加拿大以及欧洲其他一些国家。"

1970年6月19日，毛泽东在会见索马里政府代表团时进一步指出，"现在报纸上经常吹美国、苏联、中国叫做大三角，我就不承认。他们去搞他们的大三角、大四角、大两角好了。我们另外一个三角，叫做亚、非、拉。"

1974年2月22日，毛泽东在会见赞比亚总统卡翁达时，明确提出划分"三个世界"的战略思想："我看美国、苏联是第一世界。中间派，日本、欧洲、加拿大，是第二世界。咱们是第三世界。"

要想在错综复杂的国际格局下纵横捭阖得心应手，没有自己的基本队伍是靠不住的，没有根据地也是不牢固的。从中间地带到"三个世界"的战略设计，特别是促成第三世界的大团结，在国际上产生了深刻影响，有力保证了世界格局的战略平衡和稳定。

你打你的，我打我的，体现的是战略定力。战略定力基于战略远见，战略远见源自战略目标的清醒坚定。毛泽东以战略家的视野，顺应全球化潮流，分析把握国际局势，合纵连横，又集又分，大开大合，牢牢掌握着斗争的主动权。

---

① 《毛泽东文集》第7卷，人民出版社1999年版，第90页。

② 《建国以来毛泽东军事文稿》下卷，军事科学出版社、中央文献出版社2010年版，第130页。

③ 《建国以来毛泽东军事文稿》下卷，军事科学出版社、中央文献出版社2010年版，第196页。

1960 年 5 月 27 日，毛泽东问来访的蒙哥马利元帅："你是英国人，你到法国跑过，你去过两次苏联，现在你来到了中国。有没有这种可能，英、法、苏、中在某些重大国际问题上取得一致意见？""如果英、法、苏、中四国能够比较接近，事情就会好些。"① 四大国构成"亚欧之弧"，这一打破姓资姓社铁幕的设想，在当时可谓石破天惊，对今天搞国际战略的学者和政治家也颇有启发意义。

1973 年 2 月 17 日，毛泽东在中南海会见基辛格时说，"我跟一个外国朋友谈过，说要搞一条横线，就是纬度，美国、日本、中国、巴勒斯坦、伊朗、土耳其、欧洲。"这是"一条横线"的国际战略格局构想，显示出此一时彼一时纵横四海的战略运筹艺术。

哪里有压迫，哪里就有反抗。新生的中华人民共和国在列强打压和长期封锁下，展示出敢于斗争善于斗争的一面，这是外国先生逼着我们学会的。然而这并不是一个好先生。地理大发现在人类文明史上书写了极为重要的一页，却没有找出一条人类共同命运关照下的互联互通之路，相反走向了殖民、剥削和奴役之路。此后霸权主导的世界格局，遵循的是弱肉强食的丛林法则，强化的是"真理只在大炮射程之内"的实力逻辑。理性的探索结出非理性的果子，这就是真实历史的吊诡之处。20 世纪的两次世界大战更是让人们充分领教了战争的残酷，也再次证明阻挡人类互联互通的，并不是地理因素，而是人为因素。

历史的巨轮驶入 21 世纪。爱好和平的中国人民以前所未有的积极姿态全面融入世界，却发现"地球村"仍未脱离丛林法则，霸凌主义只要不合一己之利，就毫不犹豫变脸为全球化的搅局者。中国没有理由不反对这样的"先生"。国强必霸的逻辑决不适于强起来的中国，因为中华文明从来没有这样的文化基因。世界上越来越多的有识之士，也逐渐认识到崇尚天下大同的古老中国智慧里，蕴藏着解决当代人类和平发展问题的一条新路。

---

① 《建国以来毛泽东军事文稿》下卷，军事科学出版社、中央文献出版社 2010 年版，第 90 页。

早在"地球村"概念之前的数千年，中国便有了天下观念。自号"世界室主人"的新儒家代表人物张君劢先生，曾精到论述了中华文明的"天下观念"：我祖宗只知注重文化，故其对于天下观念与国家观念，其间并无划分之界限。仅以文化为标准，只须异族承受我之文化，即可把他当作自家人看，这哪里还有国家观念，这完全是天下观念。所以诸子百家中，天下观念特别发达。《春秋》之言曰："夷狄进于中国则中国之。"孔子曰："四海之内皆兄弟也。"此皆由"天下一家"思想产生出来的。"'天下'为我国士大夫心目中人类之唯一政治组织，至于国与国之对立，在海通以前，为吾国人梦想所不到。"①

　　中华文明的一个重要特点就是兼容并蓄，春秋时期便形成了兴灭继绝的天下观，对多元文化持包容开放的心态，各美其美，美美与共，无内无外，天下一家，协和万邦，世界大同。这一"天下观"固然囿于观天下的方位和历史局限，"普天之下莫非王土"不过是一朝之天下、一王之天下、一域之天下，并非当下意义的"世界"概念，但天下大同的种子一直孕育在传统文化的土壤里。马克思在《中国革命与欧洲革命》中提到一个"两极相逢"的观点，"一极"指的是西方资本主义殖民体系，这是一路战争一路剥削开拓全球化的一极；另外"一极"便是中华民族的天下体系，是与殖民侵略倾向迥然不同的一种文明。这"一极"里蕴含着天下一家的全球化基因，在今天全球化浪潮中被强力唤醒后，便生发出人类命运共同体的理念，成为新时代指引人类社会向何处去的一盏明灯。

　　世界和平需要维护，但真正的"铜墙铁壁"不是靠筑墙坚壁、闭关锁国，而是修路架桥、交流互通，有话好好说，有事好商量。1970年7月13日，毛泽东在会见法国政府代表团时讲到，"世界上的事就是要商量商量。国内的事要由国内人民自己解决，国际间的事要由大家商量解决，不能由两个大

---

① 张君劢:《政制与法制》, 清华大学出版社 2008 年版, 第 11 页。

国来决定。"①

2014 年 5 月 21 日，习近平主席在亚信峰会的主旨讲话中讲到一个同样的观点："亚洲的事情归根结底要靠亚洲人民来办，亚洲的问题归根结底要靠亚洲人民来处理，亚洲的安全归根结底要靠亚洲人民来维护。"② 这是与西方霸权思维迥异的中国思维方式，是"天下观"与"和合"理念的体现，也是跨越"修昔底德陷阱""金德尔伯格陷阱"的理性选择。

宇宙只有一个地球，人类共有一个家园。追求超越一切对手的绝对强势并不是最安全的方案，世界上还有比丛林法则、零和博弈更好的选择，这就是新时代中国提出的全球化方案：构建人类命运共同体。搭载着人类命运共同体理念的"一带一路"，告别西方主导的以战争为主题、以霸权为主导的旧全球化，展现出一条新型全球化之路，为世界和平与发展掀开新的一页。2017 年 2 月，联合国社会发展委员会第 55 届会议通过的决议中，首次明确写入"构建人类命运共同体"的愿景。随后，人类命运共同体理念又相继载入联合国安理会决议、联合国人权理事会决议，逐渐成为国际话语体系的重要组成部分。随着时间的推移，越来越多的人们终将重新发现这个"世界史上的一件大事"，也必将重新审视筑桥修路互联互通与筑墙退群以邻为壑这两条前途迥异的世界治理和人类发展之路。

如果从春秋战国时代算起，从华夏"大一统"的天下观到今天"地球村"里的天下观，从局限于夷夏之辨的国际观到基于主权国家的世界体系，从中国之中国到世界之中国，这的确是翻天覆地的大变化，诚可谓"千年未有之大变局"。变化的是局势，不变的是初心。中国自古至今都是天下大同、和平共处的创建者维护者，无论是传统的丝绸之路，还是当今的"一带一路"，都是走向人类命运共同体的和平合作之路、共商共建之路。

和平共处不是一厢情愿的事，丛林法则也不会自动消失，有国无防换不

① 《建国以来毛泽东军事文稿》下卷，军事科学出版社、中央文献出版社 2010 年版，第 368 页。
② 习近平：《论坚持推动构建人类命运共同体》，中央文献出版社 2018 年版，第 113 页。

来天下太平，人类命运共同体需要世界人民共同呵护。为把"地球村"建成人类共有的美好家园，必须学会"两条腿"走路：既要善于讲和，又要敢于斗争，反对并制止霸权主义给世界和平造成的战争威胁。全球化时代的人民国防，是"地球村"里全体人民共同的事业。全世界一切爱好和平的人民团结起来，将是真正意义上的无敌于天下。因之，人民兵法，也就是人类命运共同体的兵法。

第八章 "两件大事"

"中国魂者何？兵魂是也。有有魂之兵，斯为有魂之国。"这是1899年梁启超先生在《中国魂安在乎》一文中的呐喊。从兵魂入手重铸国魂，乃近代之急务，可谓死生之地、存亡之际的痛彻领悟。然而，追溯中国的兵魂，还要从很久以前说起。

"无兵的文化"

战士，战之"士"；士兵，"士"之兵。这个"士"字在汉语中其实是颇有地位的，排在古代所谓的士农工商"四民"之首。从社会上的称呼来看，大凡以"士"名者，大多是有些地位、有所担当、受到尊敬的人。戚继光在《练兵实纪》"练胆气"卷中对军中之士曾有专论："凡军称曰军士、战士、力士、勇士、义士、士卒。夫必称曰士者，所以贵之也。朝廷之命名贵士如此，所以望之出力疆场，卫国保民，其责非轻。"依这个"士"字的本义尚可想像"兵"原来的样子，然而历史呈现的还有另一种面孔。诸如"好铁不打钉，好男不当兵"，以及"兵痞""兵匪""兵灾""兵荒马乱"，这些旧时代广为流传的巷陌俚语，背后隐藏着怎样的社会心理变迁？

近代史学大家雷海宗，把"兵的精神"视为"明了民族盛衰的一个方法"，批判性提出一个"无兵的文化"命题，可谓匠心独运。他从"兵"的角度考察中国历史，认为在秦朝以上人民能当兵，肯当兵，对国家负有责任；秦朝以下人民不能当兵、不肯当兵，对国家不负责任，此即谓之"无兵"。无兵的文化只是一种历史观察视角，无兵的政治则造成了被动挨打、丧权辱国的不尽史实。"二千年来中国总是一部或全部受外族统治，或苟且自主而须受深厚的外侮；完全自立又能抵抗外族甚至能克服外族乃是极少见的例外。这种长期积弱局面的原因或者很复杂，但最少由外表看来，东汉以下永未解决的兵的问题是主要的原因。"[1]

这实际上挖掘出了一段遗失的真正"士"的兵史。直至春秋时代，军事仍可说是贵族阶级的事业，当兵不是下贱之事，乃是社会上层阶级的荣誉职务。当时史书中的人物从上至下充盈着尚武气概，没有一个不能上阵不愿上阵的。"在整部的《左传》中，我们找不到一个因胆怯而临阵脱逃的人。"[2]循着这个线索可知，那时的"士"还是文武兼备的，贵为万世师表的孔夫子亦晓通六艺，远非后世四体不勤的文人形象。只是这个"士"后来渐渐变成知识分子阶层的专称，文与武的分离开始出现，士与兵的隔离逐渐形成。

从古代君主专制下的国家治理模式看，文治与武功的对立始终是存在的。兵变之忧是历代帝王的心头大患，出于巩固自身政权的算计，执政之日起也就埋下了尚文抑武乃至富国弱兵的种子。秦始皇统一六国之后，就下令收缴天下兵器，铸成十二铜人，以为可保天下太平万世永续。两汉以降，重文轻武已成难以逆转之势。到了唐代，著名诗人杜牧鉴于安史之乱痛感人材应"才兼文武"，并在《注孙子序》中直言"不知自何代何人分为二道，曰文，曰武，离而俱行，因使缙绅之士不敢言兵，或耻言之；苟有言者，世以为粗暴异人，人不比数。呜呼！亡失根本，斯最为甚。"

文武缺一岂道乎！武德缺失之下，文德便不由自主往畸形进化，人心日渐散漫，自私自利发达，国家、国事、国防概不关心。小则畏事，大则畏死，怯懦、软弱、苟且、虚伪、卑劣，这些品性大约是"文"化太久了就容易生的病。这个"文"化病，青年毛泽东即已觉察。1917年4月1日，毛泽东在《新青年》杂志第三卷第二号上发表了一篇论文《体育之研究》，署名二十八画生。作为政治家、军事家、思想家的毛泽东，公开发表的第一篇文章是这篇体育论文。文章开门见山指出，"国力苶弱，武风不振，民族之体质日趋轻

---

① 雷海宗，林同济：《文化形态史观·中国文化与中国的兵》，吉林出版集团2010年版，第237页。
② 雷海宗，林同济：《文化形态史观·中国文化与中国的兵》，吉林出版集团2010年版，第194页。

细，此甚可忧之现象也"，呼吁"体育于吾人实占第一之位置"；同时分析了国人不好运动的原因，其中一条就是历来重文轻武羞齿短后的积习，也就是"好汉不当兵"的陈腐观念。毛泽东在文中赞同"文明其精神，野蛮其体魄"的主张，鲜明提出"夫体育之主旨，武勇也。"①欲文明其精神，先自野蛮其体魄；苟野蛮其体魄矣，则文明之精神随之。这里的体育，强调的其实就是尚武精神，也指出了一条恢复文武兼备的国民风尚，以武化民重铸刚健爽朗中华武德的具体途径。

文武分离，武德缺失，并非文化所肇，实乃军制之映射。汉代以来由半征兵制而至募兵制，由募兵以至于无兵而专靠羌胡兵、流民兵，直至乱世兵匪不分。民众眼里的军人，抵御外侮尽辱使命，倒是作为治民之具让人印象深刻。"从兵的身份上说，都不是直接由民间产生的，大半都是民间的流浪分子，甚至外族的浪人。他们既不直接出于民间，与一般的民众自然没有多少情感上的联系。对于国家他们也很难说有多大的忠心，不过皇帝养他们，他们替皇帝卖死就是了。一般的民众处在大致安定的大帝国之内，渐渐都不知兵。"②盛世民不知兵，平时军民分立，乱世兵民对立，尤兵的文化每况愈下，鄙视乃至仇视兵的社会心理遂日渐隆盛。

被恩格斯评价为"全世界公认的权威人士"的军事家若米尼，曾鲜明提出一个如何看待军人职业的观点："我总认为，不论国家实行什么制度，作为一个英明的政府，其一贯的宗旨应该是：提高军职的地位，以培养居民的光荣感和英勇精神。否则，这个政府就可能受到子孙后代的谴责，就可能使国家遭到拜占廷帝国的命运。"③

开天辟地头一回，人民有了子弟兵。不同于历朝历代的帝王军、私家军、绿林军、雇佣军，共产党缔造的人民军队，完全来自人民，又以全心全意为人民服务为根本宗旨，代表着中华民族最优秀的子孙。并不是每一支军

---

① 《毛泽东年谱（1893-1949）》上卷，中央文献出版社 2013 年版，第 25 页。

② 雷海宗，林同济：《文化形态史观·中国文化与中国的兵》，吉林出版集团 2010 年版，第 215 页。

③ （瑞士）若米尼：《战争艺术概论》，解放军出版社 2006 年版，第 96 页。

队都能自称"人民子弟兵",只有爱人民的军队才能收获人民的爱。从"好男不当兵"到一人参军全家光荣,从"仇兵"的旧时代到优兵爱兵的新社会,一改数千年"无兵的文化",彰显了复兴中华武德的深远历史意义。

尚武精神乃救国之道。军队是尚武精神的主要载体,人民则是尚武精神的不竭源泉。意大利政治哲学家马基雅维利曾讲:造就最强大国家的首要条件不在于造枪炮,而在于造就其国民的坚定信仰。更早的哲人亚里士多德也有一句类似的名言:思想的防线是一个国家最廉价和最有效的国防。中国近代革命先驱孙中山先生,则如是解读先秦哲学家孟子的国防思想:所谓固国家不以山溪之险,威天下不以兵革之利,其道何在?精神为也。大道至简,殊途同归,古今中外亦然。全民国防意识实在是国防力量的根基,也是和平时期最基础的战争准备。然而,人民子弟兵不是自然而然的名分,也不是一劳永逸的称号。

对兵的轻视乃国防之大患,"小"兵还是"士"兵,并非说说而已的小事,反映的是兵之魂、国之基。或许现在的"兵"无法再回到历史上"士"的时代,军事领域也不可能把优秀人才尽收囊中,但国防和军队事业应当和其它先进领域一样,成为有志之士施展才华实现人生价值的地方,成为最优秀人才的一个主动选择,这是"让军人成为全社会尊崇的职业"的一个风向标。

"夫所谓爱国心与自爱心者,则兵之魂也。而将欲制造之,则不可无其药料与其机器。人民以国家为己之国家,则制造国魂之药料也,使国家成为人民国家,则制造国魂之机器也。"梁启超先生在百年前倡导的国魂兵魂,随着新中国的成立得以实现。然而,消除无兵的文化,仍是任重道远。

什么落后才挨打?

"兵不强则不可以摧敌,国不富则不可以养兵。"从《孙膑兵法·强兵》的这句话可以看出,先人即已认识到富国与强兵这一对矛盾的复杂性。国富才能养兵,然而国富不等于兵强,也不必然导致强兵。相反,历史上国富之时往往忽略养兵,太平盛世成了滋长刀枪入库马放南山和平思维的培养基。自古以来,天下一统的华夏特色意识形态,对穷兵黩武警惕有余,对弱兵怠武反思不足。直到近代西方列强以炮舰开路把中国打进全球化时代,击碎了统治者的天下大梦,也教给中国人一个血淋淋的真理:落后就要挨打!

战败、赔款、屈辱,一部近代史留下的不只是痛彻肺腑的记忆,还应有对"什么落后才挨打"的追问。是经济落后吗?是装备落后吗?历史的真相虽然冷酷但无疑是最客观的。2018 年 9 月,在甲午海战古战场辽东半岛的大连庄河海域,考古发现沉睡海底 124 年的北洋水师主力舰"经远舰"。这艘德国造的最早一批装甲巡洋舰,在黄海大战中随"致远舰"冲击日本舰队,在被重创后毅然向敌舰撞去,却不幸被四艘日舰合围集火击沉。2015 年 11 月,在附近海域发现的"丹东一号"沉船,已被确认是甲午海战中邓世昌指挥撞向敌舰的"致远舰"。随同今天的水下考古,打捞出的还有一段尘封的历史。且不说这两艘一流军舰,徒然成了撞向敌舰的"自杀式炮弹"。组建于 19 世纪 80 年代的北洋水师,军舰实力在亚洲首屈一指,旅顺军港亦为东亚最大船坞。北洋舰队的旗舰"定远号"排水量达 7000 吨级,是当时远东最大型军舰,其火炮口径、射程等方面均居"亚洲第一",然而在甲午海战中的结局是被迫搁浅自毁。其姊妹舰"镇远号"被敌掳去后编入日本舰队,成为日本海军第一艘铁甲战列舰,在敌营又服役了十七年。

挨打,不可简单归因于泛泛的"落后",按照英国经济史学家安格斯·麦迪森在《世界经济千年史》中的算法,1820 年大清的国内生产总值占世界的32.9%,高居世界之首。甲午海战时中国的 GDP 是日本的 4 倍,又是以一流军舰对阵。无奈国虽富而军不强,器不弱而战力弱,把一部近代史演绎成世界一流经济大国被任意宰割的屈辱史。

"诗界千年靡靡风,兵魂销尽国魂空。"富甲天下的大宋王朝命运,亦是殷鉴不远。当时经济社会之繁荣,文化之兴盛,科技之发达,不仅在周边邦国遥遥领先,即使以现在的全球视野看,尽管对 GDP 占比会有不同解读,但宋代的中国处于世界领先地位是毋庸置疑的。特别是宋朝的人才选拔制度尤为发达，造就了一个竞争相对公平、流动性变强、颇具开放性的平民社会。然而，两宋历经三百余年，却屡遭周边的契丹、女真、蒙古等经济落后但尚武好战部族的侵扰。从北宋到南宋，一路向南直到海角崖门，偌大王朝被北方游牧民族整体征服，这在大一统后的中华史上还是首次。从徽、钦二帝被俘，到宰相陆秀夫背少帝在崖山投海自尽，"靖康之耻"犹未雪，"崖山跳海"无归处，徒留下一幕幕令人唏嘘的历史悲剧。马上得天下，马放南山治天下，重文轻武导致朝代更迭的命运何其相似耳。

唯有真的勇士，敢于直面不堪回首的历史，方能走出"时人无暇哀之、后人哀之又不鉴之"的历史怪圈。古今中外的历史业已表明，没有一个强国是建立在弱军的基础上的。这里隐含着一个血的教训：富而不强最可怕，军事落后才挨打。因为穷的时候国防压力还不突出，富起来就有很多人惦记了。富而不强更易引狼入侵，甚至会出现以小欺大的咄咄怪事，蕞尔小邦亦有恃无恐来分一杯羹。军力不强遭人欺在现代也不乏其例，世界主要产油国科威特，富甲天下却是有国无防，被伊拉克占领全境竟是以小时计。

作为东方大国，近代却饱受列强侵略瓜分之辱，站立起来的中国人民对此刻骨铭心。1950 年 9 月 25 日，毛泽东在全国战斗英雄和劳动模范代表会议上强调："中国必须建立强大的国防军，必须建立强大的经济力量，这是两件大事"。[①] 这两件大事概而言之就是富国强军。简简单单四个字，实为治国安邦千古难题，每件大事单独看都不容易，而最难的是两者的平衡协调。解决好了，实现富国与强军的统一，必为盛世无疑；解决不好，一条腿强一条腿弱，必定摔跤甚至一跌不起。

新中国成立后，毛泽东运筹人民国防的思考与实践，为解决这一千古难题留下许多宝贵启示，尤其体现在两种思维方式上：底线思维与辩证思维。所谓底线思维就是立足于最坏的可能去做准备，虽然理论上存在战争可以避

---

① 《毛泽东文集》第 6 卷，人民出版社 1999 年版，第 95 页。

免和不可避免两种可能性，但我们应当以有可能挨打为出发点来部署我们的工作。国之不存，夫复何言！无论在国防投入上遇到多大困难，砸锅卖铁也要守住国家基本安全需求的底线，而且要立足最困难的局面多留几手。

20 世纪 60 年代中期，为有效应对国防紧张局势，毛泽东提出从准备应付帝国主义早打、大打出发，把国防放在第一位，抢时间把"三线"建设成具有一定规模的战略大后方。"就是这一点，请你们各大区、各省注意。现在没事，打起仗来怎么办？将来敌人打进我们的国土，我敢肯定，不如南越。现在省、地、县委都不讲武了，只讲文了。"①1969 年 4 月 28 日，毛泽东在中央全会上重申："无论哪一年，我们要准备打仗。人家就问了，它不来怎么办呢？不管它来不来，我们应该准备。……而主要的是要有精神上的准备。精神上的准备，就是要有准备打仗的精神。不仅我们中央委员会，要使全体人民中间的大多数有这个精神准备。"②

历史无法假设。那个年代是新中国国防压力最大的时期，四面八方的战争威胁前所未有。备战、备荒、为人民，准备就是威慑，没有准备就要吃亏。敢打真备的战略抉择是和平的压舱石，越讲缓和越要备战，讲准备可能讲出一个和平局面，讲和平可能要讲出一个什么战争来。后来的历史也证明了这一点，之所以能保持住大体稳定的战略均势，国防上的这些必要准备功不可没。这就是底线思维，是关乎生死存亡的战略抉择线。

另一个是辩证思维，也叫唯物辩证法。欲求长治久安，永远不挨打，就要在"打"字之外做文章。1956 年 4 月 25 日，毛泽东在中央政治局扩大会议上发表了著名的《论十大关系》，其中有一段关于原子武器的经典论述："你对原子弹是真正想要、十分想要，还是只有几分想，没有十分想呢？你是真正想要、十分想要，你就降低军政费用的比重，多搞经济建设。你不是真正想要、十分想要，你就还是按老章程办事。这是战略方针的问题，希望军委

---

① 《建国以来毛泽东军事文稿》下卷，军事科学出版社、中央文献出版社 2010 年版，第 225 页。
② 《建国以来毛泽东军事文稿》下卷，军事科学出版社、中央文献出版社 2010 年版，第 359 页。

讨论一下。"① 减少些国防，多搞些工业，正是为了加强国防。我们一定要加强国防，因此一定要首先加强经济建设，这就是国防建设与经济建设的辩证法。

毛泽东打了一个形象的比方，国防是"拳头"，经济是"屁股"，屁股坐稳了，拳头打出去才有力量。反过来，屁股要想坐稳，拳头必须有威慑，临时抱佛脚是不顶事的。改革开放后，邓小平也明确阐述了这一辩证关系："军队装备真正现代化，只有国民经济建立了比较好的基础才有可能。所以，我们要忍耐几年。先把经济搞上去，一切都好办。现在就是要硬着头皮把经济搞上去，就这么一个大局，一切都要服从这个大局。"② 要想不挨打，强军是必须的；要想军事不落伍，经济建设就必须搞上去。对任何一个国家而言，财力物力人力都是有限的，投到这里多一点别处就少一点，一段时期可能是国防优先，一段时期可能是经济优先，如何抉择？极高明而道中庸，当不着重抓经济这一手就会影响国防建设时，就应优先把经济搞上去；当不着重抓国防这一手就足以影响国家安全时，就应突出把国防建设搞上去，而最终目的还是要保持均衡发展。

强国必强军，这里并没有绝对的先后、轻重之分，任何时候都不能把"富国强军"拆开来片面对待。国富而军不强的惨痛教训历历在目，而一味强调军备最终拖垮经济伤及民生，则将不打自败。这两件大事构成辩证发展的矛盾统一体，那一件落后了都将面临挨打的命运。因此，解决这一千古难题的要旨，就是在总体国家安全观的统摄下，如何以最小投入产生最大国防效益。

人民国防离不开人民，就像鱼儿离不开水。寓军于民好比放鱼入水，穷兵黩武则无异于竭泽而渔，而发展经济就是先放水后养鱼，但只知积水成渊却忘了养鱼，水也会生病难以长久。富国强军的实质，就是把国防和军队建设全面融入人民的汪洋大海，在充分吸纳社会先进思想力、生产力、科技力、管理力中保持先进的国防力，这就是"两件大事"的要义所在。

---

① 《建国以来毛泽东军事文稿》中卷，军事科学出版社、中央文献出版社 2010 年版，第 308 页。
② 《邓小平文选》第 3 卷，人民出版社 1993 年版，第 128 页。

第九章　科技强军

当今时代，国防强大与否，科技是硬道理。尽管科技强国防未必就强，但科技落后与国防落后几近成为同义词。科技是第一生产力已成共识，科技是核心战斗力也有明论。在迈向世界一流军队的新长征中，科技是绕不开的"大渡河""腊子口"，怎么闯过这一关？

科学技术这一仗必须打好

二十世纪五六十年代，毛泽东与众多中外科学家探讨过一个现代物理学的前沿问题：基本粒子还能不能继续分割下去？1955 年 1 月 15 日，在中央专门讨论发展原子能事业时，毛泽东就向钱三强详细询问关于质子、中子的组成问题。后来，他在《自然辩证法研究通讯》上读到日本物理学家坂田昌一关于电子也是可分的文章，于是又专门请周培源、于光远等科学工作者来谈论这个问题。

之后，毛泽东又陆续同诺贝尔物理学奖获得者杨振宁、李政道探讨基本粒子可分不可分和宇宙守恒不守恒的问题。美国物理学家谢尔登·格拉肖也数次访华受到毛泽东接见，并就基本粒子还能不能继续分割进行讨论。毛泽东从对立统一的哲学观点出发，认为物质是无限可分的，质子、中子、电子和更小的物质也应该是可分的，一分为二，对立统一，直到无限。后来更小的物质组成确实在科学实验中被陆续发现。

基本粒子完全不"基本"了，那该怎么称呼？在 1977 年第七届夏威夷粒子物理学年会上，谢尔登·格拉肖提议将构成物质的所有这些假设的组成部分命名为"毛粒子"。当然这并不是对粒子命名的最终方案，但是充分表达了一个科学家对一个哲学家深刻见解的敬意，也成为世界科学史上的一段佳话。

靠科学吃饭

作为革命家的毛泽东，对社会科学的关注与投入无疑要比自然科学多。不过，毛泽东在青年时代经过新文化运动"赛先生"的洗礼，头脑中已深深打下了科学的烙印，终其一生都对自然科学抱有浓厚兴趣。在长期的革命斗争中，他以极大的注意力倡导实事求是精神，一贯主张要把革命精神和严格的科学态度统一起来，强调"共产主义者的思想和行动总要稍为科学一点才好"。

1940年，毛泽东在陕甘宁边区自然科学研究会成立大会上讲到，"马克思主义包含有自然科学，大家要来研究自然科学，否则世界上就有许多不懂的东西，那就不算一个最好的革命者。"当时紧张繁重的革命工作，客观上使他无法投入更多时间来学习自然科学，但他始终念念不忘萦怀于心。

1941年，毛泽东百忙之中给远在苏联的毛岸英和毛岸青兄弟俩写了一封短信，舐犊之情溢于言表。但强调的只是一事："你们长进了，很欢喜的。岸英文理通顺，字也写得不坏，有进取的志气，是很好的。惟有一事向你们建议，趁着年纪尚轻，多向自然科学学习，少谈些政治。政治是要谈的，但目前以潜心多习自然科学为宜，社会科学辅之。将来可倒置过来，以社会科学为主，自然科学为辅。总之注意科学，只有科学是真学问，将来用处无穷。"①

在延安整风运动中，针对教条主义的学风和装腔作势借以吓人的八股文风，毛泽东直言："马克思列宁主义是科学，科学是老老实实的学问，任何一点调皮都是不行的。我们还是老实一点吧！"②强调"无产阶级的最尖锐最有效的武器只有一个，那就是严肃的战斗的科学态度。共产党不靠吓人吃饭，而是靠马克思列宁主义的真理吃饭，靠实事求是吃饭，靠科学吃饭。"③

---

① 《毛泽东文集》第2卷，人民出版社1993年版，第327页。
② 《毛泽东选集》第3卷，人民出版社1991年版，第800页。
③ 《毛泽东选集》第3卷，人民出版社1991年版，第835页。

解放后，在讨论"五四宪法"草案时，毛泽东着重指出，"我们除了科学以外，什么都不要相信，就是说，不要迷信。中国人也好，外国人也好，死人也好，活人也好，对的就是对的，不对的就是不对的，不然就叫做迷信。要破除迷信。不论古代的也好，现代的也好，正确的就信，不正确的就不信，不仅不信而且还要批评。这才是科学的态度。"①之后在党的全国代表会议上他又强调，"只要我们更多地懂得马克思列宁主义，更多地懂得自然科学，一句话，更多地懂得客观世界的规律，少犯主观主义错误，我们的革命工作和建设工作，是一定能够达到目的的。"②

毛泽东在会见外宾时曾讲，自己是搞政治的，不懂科学。但毋庸置疑，毛泽东的科学意识是根深蒂固的，不仅限于社会科学，而且广泛涉猎自然科学，始终关注世界科技前沿，对最新的一些科技知识向来是兴致盎然，可谓是政治家里的"科技粉"。

向现代科学进军

新中国成立后，一面是世界科技革命浪潮涌动的大势，一面是我国经济技术远远落后于世界强国的状态，这不能不引起毛泽东的深思。作为尊重实力的唯物主义者，对科技这一现时代最强大的实力，也不能不给予足够重视。

1956年1月，中共中央在北京召开关于知识分子问题的会议。在京的中共中央委员、候补中央委员，各省、市、自治区党委和26个省辖市市委书记或副书记，以及各部门、各方面的负责人共1279人参加。毛泽东在会上提出要进行技术革命、文化革命；要搞科学，要革愚昧和无知的命。强调搞这样的革命，单靠大老粗，没有知识分子是不行的，要求在比较短的时间内造就大批的高级知识分子，同时要有更多的普通知识分子，并号召全党努力学习科学知识，同党外知识分子团结一致，为迅速赶上世界科学先进水平而奋斗。

---

① 《毛泽东文集》第6卷，人民出版社1999年版，第330页。
② 《毛泽东文集》第6卷，人民出版社1999年版，第393页。

周恩来代表中央作《关于知识分子问题的报告》，指出在社会主义时代，比以前任何时代都更加需要充分地提高技术、发展科学和利用科学知识；强调现代科学技术正在一日千里地突飞猛进，人类正处在一个新的科学技术和工业革命的前夕，我们必须急起直追，"向现代科学进军"。①

1956年3月，国务院成立科学规划委员会，汇集600多位科学家，并邀请近百名苏联专家，编制《1956—1967年科学技术发展远景规划纲要》，确定了包括原子能、无线电等内容的12个带有关键意义的重点项目或课题。同时对计算机技术、半导体技术、自动化技术等特别重要而在我国比较薄弱的环节，制定了四项紧急措施。在这个12年规划指导下，新中国的科学事业实现了跨越式发展，发展了原子能、电子学、半导体、自动化、计算机、喷气和火箭等新兴学科，成功爆炸原子弹、氢弹，实现了石油自给，大大缩小了同世界先进科学技术水平的差距，并促进了科技成果物化转化国防化。铁一般的事实证明，中国科技人员的智慧并不逊于西方，只要发挥好社会主义制度的优越性，中国人民是完全有能力赶超世界先进科技水平的。

1963年9月，毛泽东审阅《关于工业发展问题（初稿）》时加写了一段文字："我国从十九世纪四十年代起，到二十世纪四十年代中期，共计一百零五年时间，全世界几乎一切大中小帝国主义国家都侵略过我国，都打过我国，除了最后一次，即抗日战争，由于国内外各种原因以日本帝国主义投降告终以外，没有一次战争不是以我国失败、签订丧权辱国条约而告终。其原因：一是社会制度腐败，二是经济技术落后。……如果不在今后几十年内，争取彻底改变我国经济和技术远远落后于帝国主义国家的状态，挨打是不可避免的。"②

3个月后，毛泽东在听取聂荣臻汇报十年科学技术规划时又强调，"科学技术这一仗，一定要打，而且必须打好。过去我们打的是上层建筑的仗，是

① 《中国共产党历史》第2卷（上册），中共党史出版社2011年版，第385页。
② 《建国以来毛泽东军事文稿》下卷，军事科学出版社、中央文献出版社2010年版，第194页。

建立人民政权、人民军队。建立这些上层建筑干什么呢？就是要搞生产。搞上层建筑、搞生产关系的目的就是解放生产力。现在生产关系是改变了，就要提高生产力。不搞科学技术，生产力无法提高。"①

尽管科技是人类文明公器，科技领域的竞争也不同于你死我活的战场对抗模式，但新中国第一代领导人打赢科技这一仗的意志和决心不容置疑。正如毛泽东所指出的，就自然科学本身来说，是没有阶级性的，但是谁人去研究和利用自然科学，是有阶级性的。一些发达国家以其惯有的霸凌主义思维，把科技成果当成剥削工具、遏制工具、封锁工具，践踏公理，肆意妄为。在这样的国际环境下，打科技仗就是争夺战略立足点和生存发展空间，是国运之战、复兴之战，一定要打，必须打赢。

1964 年 12 月 13 日，毛泽东修改周恩来报送的《政府工作报告》第四稿，在报告第一部分谈到实行技术革命采用新技术一处，加写了一段话。其中写到："我们不能走世界各国技术发展的老路，跟在别人后面一步一步地爬行。我们必须打破常规，尽量采用先进技术，在一个不太长的历史时期内，把我国建设成为一个社会主义的现代化的强国。"②他还将报告中的"我们应当更有信心用比较短的时间，迎头赶上科技技术先进国家的水平"一句中的"迎头赶上"改为"赶上或超过"。

科学技术是现代战争的核心战斗力，是国防领域最活跃、最具革命性的因素。历史地看，长期封闭运行的农业社会结构，培育了国人向往和平和谐和气的精神基因，体现在国防理念上就是防御意识有余而主动塑造不足。新中国成立后，积极防御的国防政策成为基本方略。这里的"积极"二字强调的是基于防御的一种主动态势，这种主动性在新的历史条件下首当其冲体现在国防科技上，这就是科技强军。这是一场硬仗，也是一次新的长征。

向科技进军，首先得搞清楚从哪里出发。

---

① 《建国以来毛泽东军事文稿》下卷，军事科学出版社、中央文献出版社 2010 年版，第 210 页。
② 《毛泽东文集》第 8 卷，人民出版社 1999 年版，第 341 页。

从"李约瑟难题"说起

2018 年以来，在美国发起的贸易战中，中美科技之争成为国际社会关注的焦点。其实，这一问题由来已久。近代以来，在中西文明的激烈碰撞中，西方占据科技优势是众所周知的事实，而科技落伍也是中国陷入被动挨打局面的主要因素。在世人的印象中，积贫积弱的旧中国几乎与科技落后是相提并论的。而长期处在西方中心主义强势统治之下的科学界，悠久的中国科技史也一度被冰藏，甚至被诬称为"科学外史"。然而，是不是自古以来中国在科技上就一直落后于西方？讲到这一点，就不能不提到一个人：李约瑟。

20 世纪初，科技史学界普遍认为古代中国在农业及工艺品制造等方面有着独特天赋，在将自然知识应用于生产生活实际需要上有着广泛的实践成果，这方面无疑是高于西方诸民族的，只是并未产生对世界有重大影响的历史性科技发明。不过还有另一种声音，英国近代生物化学家、科技史专家李约瑟，以宏大的视野和扎实的研究，考证出传统中国其实有着大量科技成果。他公开提出关于人类科学发展史的一个基本观点：在公元前 1 世纪以迄公元 15 世纪漫长的一千六百年间，中国科技一直超越于西方，而西方的现代科学则是自文艺复兴开端。

从流传甚广的"中国古代无科学"论，到截然不同的"中国科技长期优胜说"，可以说是拜李约瑟一举之力。尽管对中国科技长期优胜的结论一直有着种种不同意见，但李约瑟对中国科技史料探赜索隐详细扎实的考证功夫是值得尊重的，而且作为中国人似乎也愿意听到这样的结论，特别是由一个外国人提出的。然而，李约瑟最有价值的贡献尚不在于对过去中国的判断，而在于对未来中国的思考：中国传统科技向来优胜，后来为什么停滞了？这被称之为"李约瑟难题"。

科技是国家强盛之基，创新是民族进步之魂。毋庸讳言，近代中国在科技上被西方列强落下的不是一两步，而是被甩开了几条街，这严重压抑了中国人"赶上或超过"的自信心。今天的中国，快步走在民族复兴的征程中，比以往任何时候都更加需要强大的科技创新力量。植根于传统文化厚土的自信力，是激发科技创新原力的"密钥"；而没有历史文化支撑的科技赶超，则是难以持久的。因之，在这个问题上不能不较较真，用科学的态度回答好"李约瑟难题"。

德国思想家卡尔·雅斯贝尔斯在《历史的起源与目标》一书中，首次把公元前500年前后同时出现在中国、西方和印度等地区的文化突破阶段，称之为人类文明的"轴心时代"。在这个时期，各大文明都出现了伟大的精神导师：古希腊的苏格拉底、柏拉图、亚里士多德，古印度的释迦牟尼，中国的老子、孔子……。而古希腊不仅是西方哲学的摇篮，还被认为是现代科学遥远而强大的源头。黑格尔就曾讲过，"一提起希腊这个名字，有教养的欧洲人，尤其是我们德国人，就会产生一种家园感。"

那么，为什么说古希腊是现代科学的主要源头？陈方正先生在《继承与叛逆：现代科学为何出现于西方》一书中，对西方科学传统作了深入系统的梳理，不妨作一简述。作为典型的地中海文明范式，古希腊支离分隔的滨海地理环境，造就了独特的小城邦治理模式。论辩式的城邦政治，广泛的航海贸易和移民活动，使得个体有着相对较大的自主空间，逐渐形成与农耕文明重视经验传承相异的心智取向：精确计算、理性思辨、质疑推理、探索幻想，此中的科学基因清晰可见。与其它主要文明以宗教信仰或者哲理为思想模式、以人生为终极关怀不一样，希腊科学以理性探究为特征。特别是追求严谨论证严格证明的数学，与所有古代文明中的实用型计算迥然相异，成为现代科学的原始基础和起点。而其它大河流域文明虽然不乏悠久的科学历史，却始终未能脱离实用技术形态。何以如此？陈方正先生从西方科学传统的四个特征入手作了深刻解读。

首先，西方科学史最瞩目、最令人震惊的，是它的数学传统之悠久。其起点远在古希腊之前的埃及中皇朝和巴比伦的旧皇朝即汉谟拉比时期。科学史上有一种广为认同的观点：以数学化为特征形成西方科学传统，以实用为宗旨形成东方科技传统，致用与致知，中西自始分途。需要厘清的是，科学与技术是不同的概念，而科学与现代科学也是不同的概念。科学也许是多元多源的，而现代科学则是有确指的。"现代科学的出现毫无疑问是通过数学科学，即开普勒、伽利略、牛顿等的工作获得突破，而且此后300年的发展显示，现代科学其他部分也莫不以数学和物理学为终极基础。"① 可以说，人类科学史始终是心中有"数"的。数的概念，以至数学的诞生，可谓是人类最匪夷所思的伟大创造。

这里隐含着一个西方科学的核心问题：为什么公元前6世纪的毕达哥拉斯能够糅合地中海东岸许多完全不同的文明传统，而创造出结合宇宙奥秘探索与永生追求的特殊教派？毕达哥拉斯，这个笼罩在科学诞生迷雾中的传奇人物，被认为对希腊数学有创始之功。他倡导"万物皆数"的观念，后来成为希腊精确科学的种子，因而有"数学之父"美誉。

第二点是西方科学传统呈现的"中心转移"现象：表现为西方科学发展往往集中于一个中心区域，而这中心是不断移动、游走，并非长期固定的。它说明具有非常特殊形态和内在逻辑的西方科学，必须有非常特殊的社会、环境、文化氛围和人才的结合才能够发展，但这样的结合显然是极其稀有和不稳定的，因此科学发展中心需要经常转移，以在适合其继续生长、发展的地区立足。由于广义的"西方世界"是具有复杂地理环境和包含多种民族、文化与文明的广大地区，它从未真正统一于任何单独政权，因此在其中适合科学立足、发展的地区总是会存在的。

第三个特点就是宗教传统。虽然在现代观念中科学与宗教严重对立，但那只不过是17世纪以来的新发展而已。在此之前，科学与宗教有着密切关系，甚至可以说是共生的。"毕达哥拉斯视宇宙奥妙之探索为超脱轮回，获得永生之道，其教派视数学发现为绝顶秘密，相传泄露此秘密者甚至可以被处死。……同样，如最近数十年的深入研究所揭露，牛顿不仅仅究心于科学探

---

① 陈方正：《继承与叛逆：现代科学为何出现于西方》，三联书店2009年版，第28页。

索，其宗教信仰之认真、坚定也远远超乎想象。"[①] 就个体而言，科学大突破需要焚膏继晷的苦思冥索，其精神上之高度与长时间集中，对于常人而言是极其不自然的，甚而是无法做到的事情。

最后一点，西方科学传统最特殊而迥然有异于中国、印度或者伊斯兰科学之处，在于它先后发生了两次"突变"，即"新普罗米修斯"革命（开创了古希腊科学）和牛顿革命（开创了现代科学）。这两次革命无论在探究方法、问题意识或者思维模式上，都相当彻底地推翻了其前的传统。

综上所述，西方科学发展既有强韧久远的传统，又无固定地域或者文化背景的桎梏，因而在旧传统中注入新意从而整体改造之，使之脱胎换骨便成为可能。可见，西方科学并非只是其众多学术领域里面的分支，而是整个文明精神的体现。欲真正认识西方科学及其背后的精神，需要同时全面地了解西方哲学、宗教，乃至其文明整体，尤其是西方科学大传统。

现代科学为何出现在西方，可以找到合理的解释，但因此垄断科学发展史则是毫无根据的。即便是在古代中国，找到科学的基因并非难事。对此，毛泽东曾有一段持平之论，"有人认为中国历来就没有自然科学，这是不对的。中国自有人类生活以来都要吃饭，要吃饭就要进行生产，就有自然科学的萌芽，后来并逐渐发达，不过过去没有把自然科学发展成为一个体系罢了。"[②] 这句话里包含了"李约瑟难题"的中式表述：现代科学为什么没有在中国产生？

探讨"李约瑟难题"，目的尚不在争昔日的你高我低，而在于搞清楚发展现代科学需要什么样的环境条件，真正厘清妨碍现代科学发展的诸内外因素，勇于从解剖近代中国科技落伍的症结中把准前行的方向和路径。这是打赢科技仗的必由之路。

打科技仗同样离不开知己知彼，我们不妨从科技原力的层面作一回答。

---

① 陈方正：《继承与叛逆：现代科学为何出现于西方》，三联书店 2009 年版，第 634 页。
② 《毛泽东文集》第 2 卷，人民出版社 1993 年版，第 270 页。

科学的价值是什么？"科学家研究自然，并非因为它有用处；他研究它，是因为他喜欢它，他之所以喜欢它，是因为它是美的。……当然，我在这里所说的美，不是打动感官的美，也不是质地美和外观美；并非我小看这样的美，完全不是，而是它与科学无关；我意指那种比较深奥的美，这种美来自各部分的和谐秩序，并且纯粹的理智能够把握它。"① 显然，这里除了我们熟悉的人伦之美、道德之美，还有一个科学之美的园地。

有人曾给科学下过一个奢侈的定义：所谓科学，就是通过国家出钱来满足科学家的好奇心。的确，科学研究中的元创新大多是"无中生有"，主要来自原创主体的思维活动，需要宽松自由的科研生态。有学者认为，现代科学主要源头的古希腊，由于普遍使用奴隶劳力，令社会上层获得从容、自由探究大自然的兴趣和闲暇。这种观点，虽是对养成科学思维习惯所需环境条件的一种历史解读，但满足这种求知的好奇，欣赏到这种科学之美，的确是一件奢侈的事情。为生计而疲于奔命的庶民百姓，恐怕无暇顾及。而能不能出现，或者什么时候才开始出现以科学为生的阶层，则是现代科学发展的基础条件。

再从文化传统看，中国人当然有自己的独特禀赋，人伦道德高度发达，这一点自有五千年历史之确证。然而，中国传统文化又有其未充分发展的空间，重视人与社会本身，远高于对自然界的关注，偶有探索外在物质世界的兴致但不足以带动主流；讲究人情世故的传统社会环境和生存法则，培养的是循规蹈矩随声附和的思维方式，异想天开不受待见，批判思维成长受限；加之民众识字困难，文化程度普遍不高，现代科学成长之必要的思想市场和社会土壤严重不足。

客观而言，古代中国对人类有重大影响的发明创造，主要源于生产生活的实际需要，故知其然而无暇究其所以然，大多止于技术层面，其深层的数学原理少有问津。大概出于思考活动的经济和生产生活的实用，相比抽象的

---

① （法）昂利·彭加勒：《科学与方法》，商务印书馆 2010 年版，第 12 页。

纯科学，人们对技术层面的东西会更感兴趣。当然这并非中国独有的现象，毕竟艰深的科学思考并非大多数人的本能选择。即使在西方，科学家的尊贵地位也只是现代才有的事。

据李醒民先生考证，1833 年，在剑桥召开的英国科学促进协会的会议上，休厄尔（W·Whewell）仿照"艺术家"（artist）的提法，建议用"科学家"（scientist）一词称呼出席会议的人。当时，该词的含义相当狭窄，专指那些缺乏正规训练，或者与研究机构的关系并不密切，但在科学上却很有能力的人。甚至直到 20 世纪初，那些不愿被人视为眼界狭窄的"科学家"们，宁愿使用"科学人"（man of science）来称呼自己，而避用科学家的称谓。可见，西方人并非天然就热爱科学、崇尚科学、擅长科学。现代科学的崛起，其实经历了漫长的发展、复杂的演进甚至惊心动魄的斗争。

剖析科学传统，文化是一个重要因素，这里需要警惕和反对的是"种族——精神论"观点。笼统而言，传统中国素有重伦理而轻物理的文化心理特征，但伦理与物理并非中西文化之必然分野。相比以宗教为主体的文明型态，中国传统文化显示出高度理性的特征，与现代科学理念并不违和。毋宁说，中国传统文化里并不缺少科学的基因，缺少的是成长发育的环境。

比如，中国古代不是没有数学，而是没有发展出以了解数目性质或者空间关系本身为目的，以严格证明为特征的纯数学；也不是没有对于自然规律的探究，而是没有将数学与这种探究结合起来，发展出数理科学传统；尤其不缺少支撑现代科学发展的实证精神、实验元素，甚至对古希腊科学崇尚纯粹理论思辨而轻视实用的传统作出了关键性弥补。其实，动手与动脑的合流，恰是现代科技工作不可或缺的要件，长于动手而逊于思索的文化固然无力发展出现代科技，而囿于动脑的文化也不足以支撑现代科技的发展。

近代以来的科技史表明，不是主动征服科技就是被动接受科技征服。在西方列强用坚船利炮轰开古老中国的大门之前，封闭保守的社会生活中，科学即便不是"无用之学"，也是"闲暇之事"，于生计、于仕途、于中国式学问无甚大益。从而，社会一流心智的精力大多耗费在人事、伦理、官场等经世致用之途上。

中国人接触西方科学始自 17 世纪，那是刚刚睁眼看世界的阶段。随着现代科学逐渐深入中国，君主集权体制的自然免疫催生了一些诸如"体用之论"的观点。但在西方科技无与伦比的征服力下，追求实用的文化传统很快就敞开了怀抱。可以说，近代中国接受西方科学，是民族面临生死存亡和被开除"球籍"的全面危机下的被动选择，充满了落后就要挨打的屈辱记忆。

有一种观点认为，传统社会的专制体制下，个人心智难以自由发挥，是科技无法顺利成长的一个因素。由此亦可看出，民主与科学，"德先生"与"赛先生"，虽然没有直接因果关系，但不排除它们有共同的根源，甚至是互为因果互相促进的。这个逻辑，既揭示了近代中国何以科技落伍的制度因素，也展现了当代中国的明显制度优势。新中国成立后，特别是改革开放以来取得的令世人瞩目的科技成就，彰显了中国特色社会主义的强大生机活力和制度自信，雄辩回答了"李约瑟难题"的制度之问。当然，在这个问题上既不能妄自菲薄，亦不可妄自尊大，落后无需惊惶失措，进步亦不必沾沾自喜。

科学乃人类公器，最忌门户之见。人类文明史的踪迹，业已展示了科学发展核心在亚、非、欧、美等多个不同区域之间转移的趋势。西方不亮东方亮，其开放性本质必然导向"百川汇海"。它不属于哪一种特定文化传统，无论哪个种族、哪个地域、哪个国家，哪里思想解放，科学便在哪里扎根发芽、开花结果。

科学是人类文明的瑰宝，是近代以来决定历史发展的枢纽，而且决定性地影响着现在和未来。"李约瑟难题"学界可以继续回答下去，但对于实践者而言，与其追问现代科学为何源于西方，不如致力于当下中国如何发展现代科学。

中国人的好学精神举世无双，一切皆有可能，大可不必从"向来优胜"中获取自信。当可基于虚怀若谷海纳百川的文化自觉，坚定科技自信，光大中华文明之"物"理精神，厚培科学发展之土壤。新中国成立以来，科技事业突飞猛进，古老中华文明的科学基因已经唤醒。我们既有请来的"赛先生"，也有自己土生土长的"赛先生"。在尊重人类科技发展史和前人成果的基础上，可以自信地说，中华文明有足够的容纳力融合力创新力，足可让现代科学在这里扎根结果，为世界科技发展贡献出中国智慧，开创人类科技文明的东方时代。

科技是现代战争的核心战斗力，也是现代国防的核心竞争力。从近代中国新文化运动呼唤"赛先生"，到新中国成立后提出"向科学进军"，从改革开放迎来"科学的春天"，到新时代打造人类科技创新高地，古老的中华大地上，科技原力已经觉醒。向科学进军，我们已经迈出了坚实的一步。

国防之本

"我们没有别的本钱，只有一桩，就是老百姓。"[1] 老百姓是人民战争的最大本钱，也是人民国防的最大本钱。本钱者，生存发展之凭借，必须牢牢守住且要珍惜，精打细算，源源不断。

有人说，解放军打的是"人海"战术。并非如此。打仗当然要靠人，就传统战争的战法而言，集多打少大致也就体现在人数上的优势。抗美援朝战争打到第四次战役时，美军摸到了志愿军的战役界限——"七天攻势"，这是由后勤保障能力的界限决定的。而作为战略家的毛泽东，则摸透了美军的战争界限——"美国的规律是不愿意打长。他们的战争大概都是四年左右。"[2]

毛泽东从人口维度分析了其软肋，指出真正要打大仗他们还会感到人力不足，打个中等规模的仗，比如在越南打的仗，美国都感到人力困难，特别是飞行员。[3] 就大战略而言，无论战争形态如何演变，人口都是战争的基本要素，人永远是战斗力的决定因素。这是理解人民战争思想的基点，也是发掘人民国防力量之源的基点。至于"人海"战术之说，显然无法相提并论，与

① 《建国以来毛泽东军事文稿》中卷，军事科学出版社、中央文献出版社 2010 年版，第 232 页。
② 《建国以来毛泽东军事文稿》下卷，军事科学出版社、中央文献出版社 2010 年版，第 346 页。
③ 《建国以来毛泽东军事文稿》下卷，军事科学出版社、中央文献出版社 2010 年版，第 351 页。

人民战争的战略战术风马牛不相及。

不管时代条件如何发展,人民都是战争和国防的最大依靠。过去打仗,赢得了广大民众就拥有了牢不可破的根据地;当今时代,科技革命迅猛发展,真正持久的竞争优势在于吸引和造就更多优秀人才。人民战争开始转向人才战争,赢得人才就拥有无穷智慧无穷创造,就拥有国防建设的最坚固根据地。

重器之"重"

东方尚谋,西方重器,体现在传统军事领域尤为明显。尚的是谋,谋的是略。"略"者,从田各声,本指古代井田的界线,后引申为规划田地之义。清人段玉裁注曰"凡经界曰略。"进而扩展到政略、经略、战略,凡一定界限内的全局性思维皆可归入"略"。有人将"战略"形象比喻为"在地图上划圈圈",倒是蛮符合它的本义。可知,农耕社会原本有经略谋略的基因,这里不仅盛产小农意识,也是大局大略的原产地。

现存最早的古代中国图书目录《汉书·艺文志》,将当时的书籍分为六类,兵书即为其中之一。兵书又分为权谋、形势、阴阳、技巧四种。"技巧者,习手足,便器械,积机关",其实就是兵器类书,排在书志末之又末了。

20世纪80年代出版的《中国兵书知见录》[1],著录中国历代兵书3380部,其中存世兵书2308部,但专论兵器的少之又少。这只是纸上谈"兵"而已,其实中国古代在器械制造方面并非弱项,武器装备工艺水平长期领先于世界。春秋战国时期已有弩车、云梯、轒辒、抛石机等装备,汉代就出现了大型箭弩和火箭,可谓十八般兵器样样俱全,进攻、防御、远程、近战不一而足。

或许由于古代中国谋略过于发达,造成重道轻器思想的流行,遂将器械之类视为奇技淫巧,此可谓"略"胜一筹;相对而言,西方军事思想素有重器传统,其兵学著述多见于战史战例、战争纪录,以描述器械制造、筑城工程、训练规范见长,抽象论述少,拿来就能用,此可谓"器"胜一筹。不过

---

① 许保林:《中国兵书知见录》,解放军出版社1988年版。

从中国传统兵学的视角，这些就过于简单而不足为道了，乃至于有"西方古代无兵书"的说法。自近代以来，西方科技蓬勃发展，"器"在战争中的作用更加凸显。西方大国科技至上的国防观居于主流，谋求军事科技优势的社会认同度高，重视武器装备研发的传统一脉相承，且长期执世界高新武器之牛耳，而同时期的中国却陷入停滞而远远落后了。

从中西两种不同特色的军事传统，回到人与武器的关系。不论是重器还是重略，归根结底是重人。恩格斯有一句名言，枪自己是不会动的，需要有勇敢的心和强有力的手来使用它们，"赢得战斗胜利的是人而不是枪"。在战争制胜问题上，人是决定性因素，新式武器的出现并不能决定战争的最终结局，这一点是毋庸置疑的。

需要重新审视的是，随着战斗力中"器"的地位日益凸显，人与武器的互动并进结构呈现出新的趋势：通过研发出具有决定性意义的战争重器，从而体现人的决定性作用。正是基于这一点，毛泽东坚定地指出："我们的技术要赶上和超过国际水平。管他什么国，管他什么弹，原子弹、氢弹，都要超过。"[①]

批判的武器不能代替武器的批判。在战斗力问题上，必须老老实实承认，战争是实力的对抗，物质力量只能用物质力量来摧毁。欲谋胜敌，先谋胜器，研究武器就是研究作战，筹划装备就是筹划打仗，高明的战法离不开高科技重器。从而，国防建设的一个重要基点，就是想尽一切办法、集中一切力量，先把不吃亏的武器搞出来，把能打胜仗的利器搞出来，然后才是部队如何充分发挥武器性能打胜仗的问题。

反过来讲，现代战争中，战法选择余地、运筹帷幄的空间受制于武器装备性能，战略战术上的灵活机动更多地物化为武器装备性能的灵活机动。也就是说，两支装备大致相同"重器"的部队，战法也会高度趋同。这不是说战法的地位降低了或不重要了，而是把战法转化到武器装备上，物化为"以

---

① 《建国以来毛泽东军事文稿》下卷，军事科学出版社、中央文献出版社 2010 年版，第 290 页。

能击不能""致人而不致于人"的武器性能，这便是科技是"第一重器"时代揭示的战法逻辑。当然，打仗有没有把握，不能把宝全押在武器装备上。

作为战斗力的两大基本要素，人与武器的结合从未如此紧密，人的因素从未如此直接地体现在先进科技上，物化在武器装备上。乃至可以说，重视武器装备因素也就是重视人的因素。这里的逻辑是辩证而非单向的，欲铸造一流武器装备，必要有一流铸剑师；有了一流的装备技术，亦必有一流的驭剑人方能发挥其威力。前者着眼于打什么仗造什么武器，后者着力于有什么武器打什么仗。铸剑在人，砺剑在人，驭剑在人，亮剑还在人，支点都在人才。

因此，真正的国之重器不在一两件先进武器，而在人才。人才，是军事领域最为活跃最为核心的要素，是建设现代化国防的第一资源。如果说核心技术是国之重器，那么核心人才就是重器之"重"。硬实力，软实力，归根到底是人才实力。

其实古人也讲过类似的道理，"选天下之豪杰，致天下之精材，来天下之良工，则有战胜之器矣。"这个战胜之器，不惟兵器之器，更是人才重器。当今时代，科技正前所未有地影响着人类生产生活，也前所未有地影响着战争形态的变革。拥有科技优势就赢得制胜先机，从来没有像今天这样现实而迫切。美军当下正在加紧实施"第三次抵消战略"，抵消什么？无非就是国之重器。那么，靠什么来反"抵消"呢？关键的一条：吸引人才。有了人才，什么武器都可以搞出来用起来。大国重器"井喷"般列装，靠的是科技人才的"井喷"般涌现。

人民国防的要害，即在于如何把人口众多转变为人才济济，把人民优势转变为人才优势，把人力资源大国转变为人才强国。换句话说，能不能吸引到一流人才、一流心智为国防科技事业焚膏继晷接续攻关，成为能不能打赢科技这一仗的关键筹码。

人才“磁场”

一流人才向何处去？当下，许多地方的高新科技园区热衷于冠以“××谷”之名。一马平川何以称“谷”？且不说那个硅谷，这里不妨把“谷”视为人才洼地，其要义即在于能否产生吸引人才的强大磁场。

2018年9月27日，一篇《离职能直接影响中国登月的人才，只配待在国企底层？》的文章引爆网屏，主角是西安航天动力研究中心副主任设计师张小平，他被一家民营企业挖走后年薪由十几万直达百万。这个名噪一时的“张小平事件”虽有炒作成分，倒是引出了一个极具价值的话题：如何吸引和保留人才？

2019年1月8日，每年一度的国家科学技术奖励大会上，国家最高科技奖的奖金额由每人500万元人民币调至800万元人民币，并且全部由获奖者个人支配。让科学家成为最受尊敬的人，让科技工作者无后顾之忧，让不求名利的贡献者名利双收，事实给出了最有力的回答。

这不由得让人想起“两弹元勋”邓稼先的一段轶事。有一次，老同学杨振宁问他搞“两弹”拿到了多少奖金？邓稼先伸出两个指头回答：20元，原子弹10元，氢弹10元。这并非玩笑话，当时为表彰“两弹”研制人员颁发的特等奖有1万元奖金，单位人人都有份，于是又分为10元、5元、3元三个等级发，老邓拿的还是最高等。显然，这主要是一种精神嘉奖，而非物质奖励。昔日的精神褒奖，今日的名利双收，都体现了不同时代对科学价值与科学家的尊重。

岁月已逝，老一辈科学家的高风亮节仍然打动着无数追求高尚的人们。荣誉是至高无上的，但并不排斥物质。可观的收入从而保障体面的生活，是衡量科技创造价值的客观指标。特别是在社会主义市场经济背景下，当一批批科技达人将知识财富转化为物质财富时，当一批批科技工作者通过科技致富实现人生价值时，尊重知识尊重人才尊重创造就不只是号召，而有了结结实实的份量，这也是“对科技人才是不是真重视了，是不是真尊重了”极有说服力的回应。

情怀固然不能当饭吃，也不足以抵挡高薪的"磁吸效应"，但也不能不把情怀当干粮。人并不是为吃饭而活着，没有精神食粮的支撑，一切终将失去意义。其实薪酬达到一定程度，其激励效应就会递减；人达到一定层次，就会琢磨"意义"这种东西。对成就感、荣誉感、自由度等精神层面的需求，无疑更能长久激发干事创业的奉献情怀和创造活力。

体制内科研人员流失，薪酬低是一个原因；但有没有一个让技术人员一心一意"干型号"的管理机制，是更重要的原因。如果说高额的薪酬是人才磁场的硬作用力，那么精神和机制层面的软作用力可能更加持久绵长。

俗话说，水往低处流，人往高处走。抗战时期，偏居一隅的小城延安，何以如此艰苦卓绝的生活环境，吸引了那么多进步人士纷至沓来？"我们都是来自五湖四海，为了一个共同的革命目标，走到一起来了。"艰苦如斯，引力如是。延安还是重庆？指示了人才向何处去的路标。

解放后，为了捍卫新生的中华人民共和国，为了打破帝国主义的核讹诈、核威胁、核垄断，一批才华横溢、风华正茂的科技英才，毅然放弃大城市甚至国外的优厚生活条件，义无反顾来到"死亡之海"的罗布泊，干惊天动地事，做隐姓埋名人，在极端艰苦的环境里一干就是几年、十几年、几十年。这足以证明，真正吸引人才的，在物质生活之上，还有更高层次的东西。

民族危难之际的革命圣地延安是人才"磁场"，"两弹一星"精神的发源地罗布泊也是人才"磁场"。这到底是一种什么样的"场力"！为国为民，侠之大者。比起优越的物质生活待遇，崇高的使命有着无可比拟的吸引力，可谓人才磁场的"第一场力"。

一流事业方能吸引一流人才。在真正的先进分子那里，利益不是万能的；报效国家的机会，实现人生价值的舞台，才是难以抗拒的。这种高尚的使命感，比之物质享受的满足感，有着更强大的引力，激发着人们为之奋斗为之奉献。"一不为名，二不为利，但工作目标要奔世界先进水平。"邓稼先这句朴素的表达，正是对使命追求的最好诠释。

什么是"两弹一星"精神？中国第一颗原子弹试验总指挥张爱萍上将曾这样解读："原子弹不是武器，可能永远都不会用到它的。它只是一种精神，中华民族自强不息的精神！""倒了这种精神，就只好去乞讨了。"①在一定的条件下，精神具有不可估量的威力。这种力量需要一个内核来凝聚，这也是一种"核聚变反应"。在无数中华儿女的眼中，罗布泊上空的那片蘑菇云，是民族精神的高度凝聚和巨大释放，是一种令人激情燃烧的精神动能。

在一穷二白的基础上，直接干成高精尖的科技大工程，倘若不能团结凝聚一大批科技英才是无法想像的。这里还体现了人才磁场的另一种特殊"场力"，姑且称之为领导魅力。1957年3月10日，毛泽东在全国宣传工作会议期间谈到，"说共产党不能领导科学，这话有一半真理。现在我们是外行领导内行，搞的是行政领导、政治领导。"②在科技文化领域，外行领导内行是由来已久的话题，这也反映了知识分子群体的一个特征：对尊重的需求更加强烈，对僵硬的科层化管理体制更加敏感。

"千军易得，一将难求"。打赢科技仗不仅需要一大批科技干才，还需要一支科技帅才队伍，从而实现一流人才领导一流人才。中国第一颗原子弹理论设计的总负责人邓稼先，既是一位杰出的科学家，也是一名出色的科技工作领导人，从他身上可以看到科技帅才的一些特有品质。

据邓稼先的亲属回忆，他和同志们相处非常大方，大家到他那里去开会，很自然地翻他的衣袋找好烟抽，翻他的抽屉找糖和点心吃。他在基地和同志们抢吃妻子托人捎来的酸三色糖，有时和大家排着队轮番跳人马，弓着身让别人双手按在他的背上跳过去，他都感到很开心。邓稼先与人相处从来没有身份上的等级感，很容易和群众打成一片。担任九院领导后，大家仍然亲切地称他为"老邓"，这是他赢得科技人才信任的一个重要因素。

毛泽东在谈到研制激光武器时曾指出，"要组织一批人专门去研究它。

① 张胜：《从战争中走来：两代军人的对话》，三联书店2013年版，第380页。
② 《毛泽东文集》第7卷，人民出版社1999年版，第264页。

要有一批人吃了饭不做别的事，专门研究它。没有成绩不要紧。"① 如果科技人才因为生计、生活或其它事务牵涉大量精力，而无法投入足够的时间来搞科研，就是极大的浪费。新时代，"天宫""天眼""蛟龙""悟空""墨子"，这一个个科技大项目的背后，都离不开把人才组织起来的科技"大管家"。科技工作的领导者，最大的职责就是集中精力为创新创造活动保驾护航，让科技人才拥有更大的技术决策权、经费支配权、资源调动权，让政策规矩、管理制度为人才的创造性活动服务，从而最大限度排除事务性干扰。如此方能形成人才洼地效应，造就科技创新高地。

有引力就有斥力。前面提到的所谓"登月人才"流失事件中，"排座座分果果"式的官僚化人才管理机制，是引发民意喧腾的沸点。如此激烈的人才争夺战中，里边的引力小，外边的吸力大，焉能不败！批判是科学的生命，质疑是创新的车轮，自由思考、平等交流之于科研工作如同阳光和空气，而僵化的科层管理则是创新创造的杀手。要想增强人才引力，就要化解人才斥力，破除掣肘限制，宽容失误失败，包容敢为人先，厉行学术民主，强化法治保障，营造相对宽松自由的科研环境，为优秀人才施展才华解除后顾之忧。

世界上并没有完美的科研体制，天上也不会掉下一支现成的科研团队。判断一种人才机制先进不先进、要不要改进，只要放开人才流动，用脚投票一试便知。从这个意义上讲，国防和军队改革的一个基本指向，就是有利于集聚和保留优秀人才，有利于激发人才创造活力创新潜力，有利于人才资源高效开发利用。改革号角也是人才"集结号"，改得好不好，改得到不到位，人才的去向就是风向标。

综上，人才磁场的"场力"，有市场力也有组织力，有物质力也有精神力，有硬作用力也有软作用力，而能吸引到人才就是硬道理。打人才仗，也要遵循知彼知己的原则，真正厘清优劣长短，不可泛泛而论。更高的待遇、更灵活的机制、更柔性的管理、更大的自主权、更宽松的创业环境，拿这些

---

① 《建国以来毛泽东军事文稿》下卷，军事科学出版社、中央文献出版社 2010 年版，第 210 页。

极具吸引力的条件到体制内挖人，确实很难抵挡。但是，只要勇于并善于借鉴他山之石，充分发挥党管人才的政治优势，既扬长又避短，激活"国字号"聚集人才的磁力，亦是难以匹敌的。

总结本篇要旨，如果把人民国防比作一个巨人，那么人民群众就是巨人立足的大地，富国强军分别是两条腿，武装力量好比是两只铁拳，国防科技就是心脏。如是，开启科技强军、人才强军的引擎，人民国防将无敌于天下。

结语　毛泽东兵法的思维特征

毛泽东是举世公认的战略家，看问题总是高一些、远一些、深一些，他的同志和战友们对这一点是打心底里佩服的，就连对手也不得不叹为观止。倒是毛泽东本人非常反感加诸于自己的这个"家"那个"家"，无论在对外交往还是国内宣传中，再三告诫不要吹捧。在党的九届二中全会上，他亲自指挥对林彪团伙炮制的"天才论"进行了坚决的斗争。毛泽东的军事战略思维固然有其鲜明特征，但并非什么"天才"使然，而是有着坚实支撑的。分而析之，在毛泽东兵法思维的地基上，起码有这样的四根支柱：彻底性、斗争性、能动性和实践性。

彻底性

1958 年 6 月 16 日，毛泽东同部分驻外使节谈话，"对形势不分析，天天怕人家，如亲美、崇美、恐美之类。我们六亿人的心理状态怎么样？是否已免于恐怖？我们是否也有点怕？我是有点怕的，也许你们是百分之百的马克思，不怕。……要打原子战争，那就打嘛，不是我们要打。打起来，即使人都死光了，五十万年以后又恢复原状，人还是会生长出来的。总之，要谈一谈形势，要谈彻底一些。"①

这种彻底性，在两个月之后的最高国务会议上，毛泽东讲得更加明白了："我们现在只有手榴弹跟山药蛋。氢弹、原子弹的战争当然是可怕的，是要死人的，因此我们反对打。但是这个决定权不操在我们手中，帝国主义一定要打，那么我们就得准备一切，要打就打。就是说，死了一半人也没有什么可怕。这是极而言之。……世界上的事情你不想到那个极点，你就睡不着

---

① 《建国以来毛泽东军事文稿》中卷，军事科学出版社、中央文献出版社 2010 年版，第 382 页。

觉。"① 一彻底反而安心了，大不了就是一战，不然总是十五个吊桶七上八下。

1969 年 3 月 15 日，毛泽东又强调了这一点："你占领你的，我打我的，地球总是照样转，你进来它转，你不进来它也转，人是搞不干净的，消灭不了的。你不可能从地球这边打进去，那边打出来，把地球都打穿了。"② 从这些谈话中，可以看出毛泽东兵法思维的一个典型特征：彻底性，就是站到极点看问题。

彻底有什么好处呢？一彻底必然导向两种思维路径，一是高线思维，一是底线思维。

所谓高线思维，表现为立场、方向、目标的彻底性。人民，只有人民，才是创造世界历史的动力。这就从根子上回答了必胜信心从哪里来的问题，人民兵法的无穷动能也正在于此。"就是要全心全意为人民服务，不要半心半意或者三分之二的心三分之二的意为人民服务。"③ 从这一维度看，双方较量的不仅是革命性，而是革命的彻底性。共产党人的最大优势就是彻底的革命立场，非如此不足以打败有革命性但并不彻底的强大对手。

一个人，初心不清晰，意志不坚定，想革命又不彻底，还有点权力野心，在残酷的革命斗争中势必会走向另一面。一个革命团队也是如此，若不能时时自我净化自我革新，也会不由自主地偏离初心，久而久之积重难返。所以，毛泽东才强调："在政治上要有一个正确的方向，但是光有这个正确的政治方向是不够的，过了三年五年，就把它丢了，那还不是枉然？所以，有了正确的政治方向后，还要坚定，就是说，要有'坚定正确的政治方向'。……有一些人，他们嘴上道德、气节乱喊一阵，但在政治上是不坚定的，中途会变节的，这是无道无德。"④

所谓底线思维，就是敢于做最坏的打算直面最坏的结果，立足最坏的可

---

① 《建国以来毛泽东军事文稿》中卷，军事科学出版社、中央文献出版社 2010 年版，第 417 页。
② 《建国以来毛泽东军事文稿》下卷，军事科学出版社、中央文献出版社 2010 年版，第 356 页。
③ 《毛泽东文集》第 7 卷，人民出版社 1999 年版，第 284 页。
④ 《毛泽东文集》第 2 卷，人民出版社 1993 年版，第 191 页。

能去做最艰巨的准备。1955 年 3 月，毛泽东在中国共产党全国代表会议上讲到，"不论任何工作，我们都要从最坏的可能性来想，来部署。无非是这些坏得不得了的事：帝国主义者发动新的世界大战，蒋介石又来坐北京，高饶反党联盟一类的事件重新发生，而且不只一个，而是十个，一百个。尽管有那么多，我们都先准备好了，就不怕了。你有十个，也只有五双，没有什么了不起，我们都估计到了。"①

其实早在党的七大时，毛泽东就鲜明提出一个"准备吃亏"的观点，强调许多事情是意料不到的，但是一定要想到，尤其是我们的高级负责干部要有这种精神准备，准备对付非常的困难，对付非常的不利情况。他在七大上作的结论中一连列了要估计到的十七条困难，其中包括"赤地千里"，没有饭吃，所有县城都丢掉。正是因为作了这样充分的估计，把困难想透想尽了，所以始终处于主动地位。

一彻底退路就没了，革命精神也就有了。思维上彻不彻底，不是靠嘴巴来证明的，而是靠实际行动来体现的。有时候，不彻底未必是思维上的糊涂，更可能是思维上的"精明"：怕麻烦怕吃苦怕牺牲，难得糊涂妥协了事。世界上怕就怕认真二字，共产党人最讲认真。要认真就得去准备吃大苦、耐大劳，甚至随时准备牺牲一切。说到底，这里的要害并不是思维方式问题，而是立场问题、实践问题、革命精神问题。

一彻底依赖就没了，自主权也就有了。毛泽东高人一等的战略思维，出神入化的军事指挥艺术，离不开坚定彻底的独立自主立场，这是他一贯高度警惕并视为命根子的东西。即便在国共合作时期，也牢牢把握住"统一战线中的独立自主"这一点，作为把抗日战争引向胜利之途的中心环节。独立自主、自力更生才有自由，即便出现极端情况也不会被动。如果依附他人受制于人就等于丢掉了军事行动的灵魂，失败也是早晚的事。

1958 年 7 月 22 日，针对"共同核潜艇舰队"问题，毛泽东召来苏联

---

① 《建国以来毛泽东军事文稿》中卷，军事科学出版社、中央文献出版社 2010 年版，第 265 页。

驻华大使尤金谈话，"为什么要提出所有权各半的问题？这是一个政治问题。……要讲政治条件，连半个指头都不行。你可以告诉赫鲁晓夫同志，如果讲条件，我们双方都不必谈。如果他同意，他就来，不同意，就不要来，没有什么好谈的，有半个小指头的条件也不成。在这个问题上，我们可以一万年不要援助。"

一彻底，心里就有底了，斗争精神也出来了。

斗争性

自信人生二百年，会当水击三千里。毛泽东的一生，是战斗者的一生。早在长沙求学期间，23岁的毛泽东便在日记中写道："与天奋斗，其乐无穷！与地奋斗，其乐无穷！与人奋斗，其乐无穷！"[1] 这种永不停歇的斗争精神，贯穿他的革命生涯。

为什么要斗争？并非个性使然，而是基于对事物矛盾本质的洞察，有其深刻的哲学内涵。毛泽东在《矛盾论》这篇哲学讲演中指出，一切事物中包含的矛盾方面的相互依赖和相互斗争，决定一切事物的生命，推动一切事物的发展；矛盾的斗争性是无条件的、绝对的，无所不在，贯穿始终。这是如何认识和对待斗争性的哲学依据。

1956年6月28日，毛泽东在同外宾谈话时指出，"世界上有好的东西，也有坏的东西，自古以来是这样，一万年后也会是这样。正因为世界上有坏的东西，我们才要改造，才要做工作。但是我们不会把一切都做好，否则我们的后代就没有工作可做了。"[2] 看来，矛盾是事物的常态，斗争性是革命者的伴侣，并非没事干了刻意找个对象来斗。

"中国的反动分子，靠我们组织起人民去把他打倒。凡是反动的东西，你不打，他就不倒。这也和扫地一样，扫帚不到，灰尘照例不会自己跑

---

① 《毛泽东年谱（1893—1949）》上卷，中央文献出版社2013年版，第24页。
② 《毛泽东文集》第7卷，人民出版社1999年版，第69页。

掉。"①"美帝国主义者很傲慢，凡是可以不讲理的地方就一定不讲理，要是讲一点理的话，那是被逼得不得已了。"②可以说，无论国内还是国外、历史还是现实，霸权主义者是决不会大发慈悲善罢甘休的，和平只能是斗争来的，决不会自动从天上掉下来。伟大的事业，也决不会遇不到困难，共产党人就是从艰难困苦中斗争出来的，就像过去曾经遇到过的许多困难那样，将来还会遇到更大的困难。而与各种困难作不懈斗争，恰是革命者存在的价值。

敢不敢是斗争性的第一要义。如果被吓住了，脑袋也就不会去想什么应敌之策了，一切斗争便无从发生。"胜利的信念是打出来的，是斗争中间得出来的。比如，美国人可以打的，这是一条经验。这条经验，只有打才能取得。"③毛泽东兵法中的斗争性品质，最可贵的就是在最困难的时候，在普遍丧失信心的时候，引领大家从黑暗中看到光明，从不利中看到有利，从劣势中看到优势，坚定排除万难去争取胜利的信心。在这种极端情境下，谋略反倒不是第一位的，必胜的信念才是决定性的。

革命乐观主义是斗争性的有力引擎。东风压倒西风！个把帝国主义是不够打的！愿意打多少年就跟他打多少年！毛泽东这些个性化语言彰显出的革命乐观主义精神，感染了无数世世代代饱受欺压的穷苦大众，激发了无穷的革命斗争伟力。当然，这种乐观主义不是逞强斗狠，而是基于斗争的辩证法则：战略上藐视，战术上重视。

1955年3月，毛泽东在中国共产党全国代表会议上指出，我们共产党人是以不怕困难著名的。我们在战术上必须重视一切困难。对于每一个具体的困难，我们都要采取认真对待的态度，创造必要的条件，讲究对付的方法，一个一个地、一批一批地将它们克服下去。根据我们几十年的经验，我们遇到的每一个困难，果然都被克服下去了。种种困难，遇到共产党人，它们就只好退却，真是"高山也要低头，河水也要让路"。这里就得出一条经验，它

① 《毛泽东选集》第4卷，人民出版社1991年版，第1131页。
② 《建国以来毛泽东军事文稿》中卷，军事科学出版社、中央文献出版社2010年版，第174页。
③ 《建国以来毛泽东军事文稿》下卷，军事科学出版社、中央文献出版社2010年版，第331页。

叫我们可以藐视困难。这说的是在战略方面，是在总的方面。不管任何巨大的困难，我们一眼就看透了它的底子。

"一切新生力量，就其性质来说，从来就是不可战胜的。而一切旧势力，不管它们的数量如何庞大，总是要被消灭的。因此，我们可以藐视而且必须藐视人世遭逢的任何巨大的困难，把它们放在'不在话下'的位置。这就是我们的乐观主义"①

善于分析强敌软肋，敢于解剖庞然大物，是毛泽东的拿手好戏，也是斗争性的关键一环。抗日战争初期，在日寇疯狂进攻下，中国军队在正面战场一败再败、一退再退，投降主义甚嚣尘上、弥漫神州。民族危亡之际，毛泽东作了冷静分析：敌强我弱，我有灭亡的危险，但敌尚有其他缺点，我尚有其他优点。敌之优点可因我之努力而使之削弱，其缺点亦可因我之努力而使之扩大。我方反是，优点可因我之努力而加强，缺点则因我之努力而克服。这也就是持久战为什么可以争取最后胜利的根据。

1959年3月3日，毛泽东会见拉丁美洲一些国家共产党领导人时，给美国算了十笔账，结论是"美国在全世界钉了许多桩子，把它自己的腿也钉在桩子上了。"②第二天，在会见美国共产党中央书记杰克逊时，毛泽东又打了个比喻，说美国就好像一个用双手抱着一大堆鸡蛋的人一样，鸡蛋堆得满满的，可是一动都动不得，稍一动，鸡蛋就掉下来了。

"无论从军事、政治、经济方面来看，美国都是扩张得非常大的。但这种扩张本身就决定它要灭亡，因为大家都要反对它，它越扩张得大，力量就越分散，反对的人也越多。这样，事情就会向它的意愿的反面发展了。"③后来会见英国的蒙哥马利元帅时，毛泽东再次讲到"有几百条绞索把美国捆起来，它在国外有二百五十个军事基地。"④

---

① 《毛泽东文集》第6卷，人民出版社1999年版，第393页。
② 《建国以来毛泽东军事文稿》下卷，军事科学出版社、中央文献出版社2010年版，第10页。
③ 《建国以来毛泽东军事文稿》下卷，军事科学出版社、中央文献出版社2010年版，第14页。
④ 《建国以来毛泽东军事文稿》下卷，军事科学出版社、中央文献出版社2010年版，第92页。

可见，现实斗争中并不存在绝对优势的一方，"我灭掉你跟你无关"的所谓降维攻击，毕竟只是科幻情景。

"世界上的事情，总是一物降一物，有一个东西进攻，也有一个东西降它。看《封神榜》就知道，哪有一个'法宝'是不能破的呀？那样多的'法宝'都破了。我们相信，只要依靠人民，世界上就没有攻不破的'法宝'。"[①]又敢斗又会斗，敢是前提，会是途径。不敢，会就谈不上；光有勇敢没有办法也没用。

正是基于这种科学的态度、必胜的信念、乐观的精神、灵活的方法，毛泽东在与国内外强敌的各种较量中，该斗斗，该谈谈，该和和，说打就打，说停就停，灵活机动，高度自由，创造出"你打你的、我打我的"斗争妙境。

能动性

"胜利不会自动向我们走来，我们必须自己走向胜利。"这句经常被引用的格言，蕴含着战场上的制胜密码。

以弱对强是中国革命战争的基本特点，而从弱变强是不会自动发生的。客观条件不行，就要抓住人的能动性这个最大变量作文章，在思想理论、谋略策略、战略战术、战斗意志诸方面胜敌一筹。

毛泽东在《论持久战》中精到地指出了这一点：思想等等是主观的东西，做或行动是主观见之于客观的东西，都是人类特殊的能动性。这种能动性，我们名之曰"自觉的能动性"，是人之所以区别于物的特点。"人类在战争中强烈地表现出这样的特点。战争的胜负，固然决定于双方军事、政治、经济、地理、战争性质、国际援助诸条件，然而不仅仅决定于这些；仅有这些，还只是有了胜负的可能性，它本身没有分胜负。要分胜负，还须加上主观的努力，这就是指导战争和实行战争，这就是战争中的自觉的能动性。"[②]

---

① 《毛泽东文集》第6卷，人民出版社1999年版，第404页。
② 《毛泽东选集》第2卷，人民出版社1991年版，第477页。

这种自觉的能动性，一开始就与反对主观主义相伴而行。中国革命，包括毛泽东本人，实在吃了主观主义特别是教条主义太多的亏。毛泽东的哲学名篇《实践论》《矛盾论》，主要就是为了回答这个问题；延安整风，"整"的主要也是这个东西。由此，自觉的能动性，首先体现的是实事求是的革命态度，强调一切从实际出发，通过符合于客观事实的正确思想来指导具体行动。

1930年，毛泽东在《反对本本主义》一文中首次使用了"思想路线"这一概念。本本主义，就是后来名之曰"教条主义"的东西，这是党早期犯错误的总根子。积贫积弱的旧中国，近代以来一直在当学生，睁眼向洋看世界，整个是落后者仰视先进者的姿态。久而久之形成一种崇洋迷信的僵化思维方式，在党内发展成为教条主义的思想路线，这也是学风问题的实质。

因此，毛泽东一贯强调对于马克思主义经典著作要尊重，但不要迷信，一有迷信就把我们的脑子镇压住了，就捆住了手脚，能动不得。"学风问题是领导机关、全体干部、全体党员的思想方法问题，是我们对待马克思列宁主义的态度问题，是全党同志的工作态度问题。既然是这样，学风问题就是一个非常重要的问题，就是第一个重要的问题。"① 可以说，中国革命和建设指导理论的几次飞跃，都是首先跃过教条主义这座大山，方才发挥能动性创造出来的。

这种自觉的能动性，是军事谋略的核心所在。"战争指挥员活动的舞台，必须建筑在客观条件的许可之上，然而他们凭借这个舞台，却可以导演出很多有声有色、威武雄壮的戏剧来。"② 这里讲的导演能力，即是自觉的能动性，又表现为三个评价指标：主动性、灵活性、计划性。抗日战争爆发后，毛泽东在《抗日游击战争的战略问题》和《论持久战》两篇重要军事论文中，均对这"三性"作了详细解读。

---

① 《毛泽东选集》第3卷，人民出版社1991年版，第813页。
② 《毛泽东选集》第2卷，人民出版社1991年版，第478页。

主动性也就是争取主动权、自由权，这是军队的命脉。"我要优势和主动，敌人也要这个，从这点上看，战争就是两军指挥员以军力财力等项物质基础作地盘，互争优势和主动的主观能力的竞赛"。① 这就是说，主动权不是任何一方所固有的，也不是现成的东西，是要有意识地去争取的东西。

灵活性又是什么呢？"就是具体地实现主动性于作战中的东西，就是灵活地使用兵力。灵活地使用兵力这件事，是战争指挥的中心任务，也是最不容易做好的。"② 打仗无非是一定物质条件下的斗智斗勇，要想略胜一筹就得棋高一着。坐着不动，只有被消灭；盲动妄动，还是被消灭；只有灵活机动，才能掌握主动多打胜仗。"我之胜利，就建立在深入的民众工作和灵活的作战方法之上。"③

计划性则是不言而喻的。凡事预则立，不预则废。没有事先的计划和准备，就不能获得战争的胜利。战场是最不确定的领域，因为战争有权改变一切，但越是这样越需要在筹划计划上高人一筹，这也正是自觉能动性的体现。毛泽东对此有着独到的领悟，在绝对流动的整个战争长河中，有其各个特定阶段上的相对的固定性——这就是我们对于战争计划或战争方针的根本性质的意见。如果否认一定时间内的相对地固定的战争计划或方针，就否认了一切，连战争本身，连说话的人，都否认了。战争就无从着手，成为毫无定见，这也不是、那也不是，或者这也是、那也是的战争相对主义了。

然而，"战术、战役和战略计划之各依其范围和情况而确定而改变，是战争指挥的重要关节，也即是战争灵活性的具体的实施，也即是实际的运用之妙。"④ 由之，计划性灵活性，都是能动性的体现。所谓计划没有变化快，恰是军事计划的主要特征。

这种自觉的能动性，还鲜明地体现在预见性上。1945 年 5 月 31 日，毛

① 《毛泽东选集》第 2 卷，人民出版社 1991 年版，第 490 页。
② 《毛泽东选集》第 2 卷，人民出版社 1991 年版，第 493 页。
③ 《毛泽东选集》第 2 卷，人民出版社 1991 年版，第 431 页。
④ 《毛泽东选集》第 2 卷，人民出版社 1991 年版，第 495 页。

泽东在党的七大上专门讲解了领导和预见的关系，可谓能动性的形象诠释。"什么叫做领导？领导和预见有什么关系？预见就是预先看到前途趋向。如果没有预见，叫不叫领导？我说不叫领导。……坐在指挥台上，如果什么也看不见，就不能叫领导。坐在指挥台上，只看见地平线上已经出现的大量的普遍的东西，那是平平常常的，也不能算领导。只有当着还没有出现大量的明显的东西的时候，当桅杆顶刚刚露出的时候，就能看出这是要发展成为大量的普遍的东西，并能掌握住它，这才叫领导。"①

这种自觉的能动性，充分展示了唯物辩证法。什么叫辩证的方法？就是对一切加以分析，不僵化不教条。中国是个辩证法的大国，传统兵法里的辩证智慧高深莫测。毛泽东则是唯物辩证法的大师，矛盾规律运用得出神入化。他深刻把握战争诸要素的矛盾双方相互渗透、相互转化的特点，提出了防御中的进攻、持久中的速决、内线中的外线、封锁中的反封锁、劣势中的优势、不利中的有利、被动中的主动等战略战术思想，对人与武器、精神与物质、同一性与斗争性诸范畴均有独到而精妙的创见。这种思维上的高超辩证方法，带来战略战术和行动上的高度灵活机动。

新中国成立后，毛泽东就如何观察国际形势提出若干观点，并强调不要把它作为一个什么决定、一个法律。作为一个法律就死了，作为一个看法就是活的。比如封锁问题，毛泽东指出，美国在我们这里来了个"大包干"制度，索性把金门、马祖，还有些什么大担岛、二担岛、东椗岛一切包过去，我看它就舒服了。它上了我们的绞索，美国人的颈吊在我们中国的铁的绞索上面。关于紧张局势，"紧张局势除了有害的一面外，还可以调动人马，调动落后阶层，调动中间派起来奋斗。"关于禁运，"我看，禁运对我们的利益极大，我们不感觉禁运有什么不利。禁运对于我们的衣食住行以及建设（炼钢炼铁）有极大的好处。一禁运，我们得自己想办法。"关于不承认问题，"不承认我们，我看是不坏，比较好，让我们更多搞一点钢，搞个六七亿吨，那

① 《毛泽东文集》第 3 卷，人民出版社 1996 年版，第 394 页。

个时候它们总要承认。"①

1956年9月30日，印尼总统苏加诺访华，与毛主席谈到关于恢复中国在联合国合法席位问题。他对中国不急于加入联合国的观点大惑不解，连续向毛主席发问一探究竟。毛泽东说了几条："我们要借这个题目做文章。如果联合国里有台湾的代表，我们一万年也不进去。""联合国里只能有一个中国，不能有'两个中国'""如果蒋介石的代表不走，我们就不去。我们还有很多文章好做。""第一是早一点，这当然是最好的。第二是迟一点，这也可以，我们也可以睡觉，不致于失眠。"②苏加诺感到毛主席的话很有味道，这个味道其实就是辩证法。

能动性思维的要点有破有立：破迷信教条，立灵活机动。毛泽东一贯反对迷信，没有一丁点教条，没有一丁点僵化。只要辩证法在手，办法总比困难多，这样不行就那样，人是不会被难死的。学习毛泽东兵法，就应当学到这种自信。毛泽东的军事实践业已证明，只要养成实事求是的思维习惯，最大限度地发挥能动性，兵法并非什么神秘莫测遥不可及之事。

实践性

毛泽东兵法从哪里来？

1963年5月，毛泽东审阅《中共中央关于目前农村工作中若干问题的决定（草案）》稿时，加写了一段文字，这就是后来人们所熟知的《人的正确思想是从哪里来的？》一文。

这篇千字文开门见山回答了一个哲学命题："人的正确思想是从哪里来的？是从天上掉下来的吗？不是。是自己头脑里固有的吗？不是。人的正确思想，只能从社会实践中来，只能从社会的生产斗争、阶级斗争和科学实验

---

① 《建国以来毛泽东军事文稿》中卷，军事科学出版社、中央文献出版社2010年版，第414－415页。

② 《毛泽东文集》第7卷，人民出版社1999年版，第145页。

这三项实践中来。"①

　　为了反对看轻实践的教条主义，早在第二次国内革命战争时期，毛泽东就在延安抗日军政大学专门作过《实践论》的讲演。虽题为实践论，讲的其实是认识论，通过实践发现真理、证实真理和发展真理。你要知道梨子的滋味，你就得变革梨子，亲口吃一吃，任何人概莫能外。"马克思、恩格斯、列宁、斯大林之所以能够作出他们的理论，除了他们的天才条件之外，主要地是他们亲自参加了当时的阶级斗争和科学实验的实践，没有这后一个条件，任何天才也是不能成功的。"②

　　对于自己写的一些东西，毛泽东也是采取这样的态度。1962 年 1 月 30 日，他在中共中央工作会议上讲到抗战时期自己写的一些论文，"那些论文和文件，只有在那个时候才能产生，在以前不可能，因为没有经过大风大浪，没有两次胜利和两次失败的比较，还没有充分的经验，还不能充分认识中国革命的规律。……如果有人说，有哪一位同志，比如说中央的任何同志，比如说我自己，对于中国革命的规律，在一开始的时候就完全认识了，那是吹牛，你们切记不要信，没有那回事。"③不干，半点马克思主义也没有；不打，半点属于自己的兵法也没有。

　　毛泽东向来对理论家之类的头衔不以为然。他首先是实干家，因为斗争的需要，为了总结实践经验解决实际问题，才有了一些文章，而不是单纯为创作而写作。"没有那些胜利和那些失败，不经过第五次反'围剿'的失败，不经过万里长征，我那个《中国革命战争的战略问题》小册子也不可能写出来。"④毛泽东的理论思考大多源于亲身实践，但并不囿于此，对前人的思考成果，无论是老祖宗的还是外国人的，其可取之处皆以拿来主义的态度广采博纳。

---

① 《毛泽东文集》第 8 卷，人民出版社 1999 年版，第 320 页。
② 《毛泽东选集》第 1 卷，人民出版社 1991 年版，第 287 页。
③ 《建国以来毛泽东军事文稿》下卷，军事科学出版社、中央文献出版社 2010 年版，第 135 页。
④ 《毛泽东文集》第 8 卷，人民出版社 1999 年版，第 263 页。

"七七事变"后，毛泽东开始着手研究抗日战争的战略问题，为此广泛搜集古今中外的军事著作。1937年12月28日他给郭化若去信，提出"应找些必要的参考书看看，如黄埔的战略讲义，日本人的论内外线作战（在莫主任处），德国克劳塞维茨的《战争论》，鲁登道夫的《全体性战争论》，蒋百里的《国防论》，苏联的野战条令等，其他可能找到的战略书，报纸上发表的抗战以来论战争的文章、通讯亦须搜集研究。先就延安城有的搜集（商借）来看。"①其涉猎之广可见一斑。

　　解放后，毛泽东在一次谈话时提到，"后来到陕北，我看了八本书，看了孙子兵法，克劳塞维茨的书看了，日本人写的军事操典也看了，还看了苏联人写的论战略、几种兵种配合作战的书等。那时看这些，是为了写《中国革命战争的战略问题》，是为了总结革命战争的经验。"②

　　毛泽东研究国际问题的秘书林克曾回忆，谈到克劳塞维茨的《战争论》，毛泽东的熟悉程度令人惊讶。英国蒙哥马利元帅访华时曾当面对毛泽东说，"我读过你关于军事的著作，写得很好。"毛泽东则回答："我不觉得有什么好。我是从你们那儿学来的。你学过克劳塞维茨，我也学过。"③

　　在抗日战争的危机关头，毛泽东十分关注对《战争论》的研究学习，曾在延安凤凰山自己的住处，亲自组织《战争论》研究会，还留下了写有研读《战争论》的读书日记。作为资产阶级革命时代军事理论经典的《战争论》，首次提出了"战争是政治通过另一种手段的继续"等观点。毛泽东在《中国革命战争的战略问题》《论持久战》等军事著作中，批判地继承了克劳塞维茨关于战争和政治的关系、战争的目的、战争"盖然性"等进步思想和规律性认识。

　　伟大的创新总是建立在学习继承前人优秀成果的基础上，从资产阶级革命到无产阶级革命，人民战争思想在毛泽东时代得以集大成式确立，代表着

---

① 　陈晋：《毛泽东读书笔记》上册，广东人民出版社1996年版，第531页。
② 　《建国以来毛泽东军事文稿》下卷，军事科学出版社、中央文献出版社2010年版，第113页。
③ 　《建国以来毛泽东军事文稿》下卷，军事科学出版社、中央文献出版社2010年版，第91页。

人类关于战争认识的新高峰，至今无出其右者。

然而，毛泽东对自己写的书并没有看得多么重。二十世纪五六十年代，毛泽东在同外宾及驻外使节谈到军事问题时，经常提起一个观点："军事学的本本越厚越没有用。"[①]"道理就是一点点，一讲就长了。"[②]"书厚了，就不记得了。话长了，也不记得了。"[③]他还特别讲到，"书是靠不住的，包括恩格斯写的书，也包括我自己写的书。""到了打仗时，要把它撇在一边，要自己创造经验。"[④]这里，点出了如何学用毛泽东兵法的要害之处。

其实，毛泽东大部头的军事理论专著并不多，更多的是留存于电报、批示、谈话、讲话中的军事观点，而且都是为着实际战争的急需而作。这些思想和观点来自于实践，又回到实战中加以验证和普及，因此一向言简意赅并不难懂。诚如其言，战争的学问拿在讲堂上，或在书本中，很多人尽管讲得一样头头是道，打起仗来却有胜负之分。问题出在哪里？

毛泽东道出了其中的奥秘："一切带原则性的军事规律，或军事理论，都是前人或今人做的关于过去战争经验的总结。这些过去的战争留给我们血的教训，应该着重学习它，这是一件事。然而还有一件事，即是从自己经验中考证这些结论，吸引那些用得着的东西，拒绝那些用不着的东西，增加那些自己所特有的东西。这后一件事是十分重要的，不这样做，我们就不能指导战争。"[⑤]

换句话说，读革命的书是一件事情，实行革命又是一件事情。熟知兵法不过是学习打仗这件事的前半截，后半截的使用才是更加重要的学习。这就是实践论的学习观，也是毛泽东思想的精髓所在。这一点，毛泽东在不同场合从不同角度多次予以强调。

---

① 《建国以来毛泽东军事文稿》下卷，军事科学出版社、中央文献出版社 2010 年版，第 296 页。
② 《建国以来毛泽东军事文稿》中卷，军事科学出版社、中央文献出版社 2010 年版，第 384 页。
③ 《建国以来毛泽东军事文稿》下卷，军事科学出版社、中央文献出版社 2010 年版，第 304 页。
④ 《建国以来毛泽东军事文稿》下卷，军事科学出版社、中央文献出版社 2010 年版，第 323 页。
⑤ 《毛泽东选集》第 1 卷，人民出版社 1991 年版，第 181 页。

1964 年 8 月 18 日，毛泽东在北戴河与部分同志谈到从必然王国到自由王国的哲学问题，对"自由是必然的理解"进行了解读，认为单是理解还达不到自由，自由是必然的理解和必然的改造。"吃了饭没事做，理解一下就行了？找到了规律要会用，要开天辟地，破破土，起房子，开矿山，搞工业。"[1] 这是从哲学层面阐释知行合一观。

我们常讲，没有革命的理论，就没有革命的运动。这里的逻辑并非是理论于前实践于后，而是以现实问题为导向的实践、认识、再实践的螺旋式运动：一方面，只有在革命运动中才能产生革命理论；另一方面，只有在研究解决实际问题中才能掌握革命理论。"马克思主义看重理论，正是，也仅仅是，因为它能够指导行动。如果有了正确的理论，只是把它空谈一阵，束之高阁，并不实行，那末，这种理论再好也是没有意义的。"[2] 联系到实际工作，倘若不是把理论武装作为实践运动中的一个必要环节，那么无论采取什么花样大招，都难以跳出学归学、用归用的怪圈。

打仗的学问是经验科学，只有在实战中才能真正掌握。而教条主义，不是思想上的愚蠢，就是懒汉做法。比如，"战略上藐视敌人，战术上重视敌人"。这一饱含辩证色彩的军事格言可谓众所周知，理解并不难，行之却不易。不妨深一步追问：这里的"重视"意味着什么呢？意味着肯吃苦、肯付出、肯牺牲、肯奉献。凡事都要重视固然是再好不过了，但要真重视就得真付出时间、付出精力，就得下比通常更多的功夫，这一点没有艰苦奋斗的精神显然是做不到的。而这里的"藐视"更是不易，不仅要无畏而且要大无畏才行。只有真正站在人民的立场，一切为了人民，从而真正拥有了人民这个靠山，才会有这种敢于藐视的魄力。

从一定程度上讲，毛泽东兵法本身就是与教条主义斗争的产物，学习毛泽东兵法最忌步入教条主义的泥淖。如果把战争比作一个复杂的暗箱，后人

---

① 《毛泽东年谱（1949-1976）》第 5 卷，中央文献出版社 2013 年版，第 389 页。
② 《毛泽东选集》第 1 卷，人民出版社 1991 年版，第 292 页。

可以通过以往的兵法解读以往的战争，但永远也不可能完全复盘真实的战争。所谓兵法之类，不是历史加之于我们的，而是我们加之于历史的，仅仅是理解战争暗箱的一个线索。再高明的兵法也不会自动打胜仗，无论是以往的战争还是以往的兵法，都不会给出一个未来战争的答案，唯有在"这个"战争中才能真正熟悉"这个"战争。

在战争中学习战争，也就是毛泽东强调的向敌人学习打仗。每一种战争形态甚至每一场战争，都包含着其特殊矛盾，要把握这一特点，就要从理论回到实践，从一般回到个别，从普遍性回到特殊性。掌握再多再高的军事理论，归根到底要看"这一个"敌人能不能打败。没有第二条途径，只有在"这一次"战斗中，向"这一个"敌人学习打败他的办法，这就叫具体敌人具体分析具体解决，这也是实践论的精要所在。

言至此，毛泽东兵法能学吗？学到后怎么用？过去好使现在还行吗？将来还能用吗？回答这些问题，还是回到毛泽东自己给出的答案："读书是学习，使用也是学习，而且是更重要的学习。从战争学习战争——这是我们的主要方法。没有进学校机会的人，仍然可以学习战争，就是从战争中学习。革命战争是民众的事，常常不是先学好了再干，而是干起来再学习，干就是学习。"[1] 显然，毛泽东兵法不是拆开就能用的锦囊妙计，最好的法子就是回到具体实践中，像毛泽东学习兵法那样学习毛泽东兵法。

毛泽东兵法从百战中来，在百战中检验，是一座取之不尽用之不竭的兵法宝库。或许从更长远的历史视野，更能体现出其分量。从孙子兵法到毛泽东兵法，中华兵法宝库里最璀璨的两颗明珠，中国军事史上最耀眼的两大里程碑。对前者的研究已是汗牛充栋，对后者的研究正方兴未艾。学习研究毛泽东兵法没有最终答案，必将随着不同时代的实践需要持续下去。

---

① 《毛泽东选集》第 1 卷，人民出版社 1991 年版，第 181 页。

代后记　让思想闪电照亮心灵沃野

——读《试看天下谁能敌》的联想与思考

王缓平

引子

我与庄可亭初次相识，是 2013 年春在一起研讨材料时。当时他在某大部机关当干事，戴副眼镜，文质彬彬，有几分书生气。写高层机关公文虽属初出茅庐，却很动脑筋，并不时冒出些思想火花，由此引起我的注意。我退休后不久，得知他到基层部队任职，工作抓得有板有眼，表现不俗，上级领导和群众皆认可满意。这是符合逻辑的。

2020 年抗击新冠肺炎疫情期间，可亭把一大本书稿拿给我看，让提提意见。我既未曾想到他在工作之余居然写出这样一本书，更未想到该书的立意、结构、见解、逻辑和论述文笔能达到如此水准，不由得刮目相看。仔细读过，我理解了他"写书"的心意，除予以充分肯定外，还鼓励他出版这本书，相信这对于青年官兵在基层实践中领悟传承好老一辈的优良传统，是颇有价值的。

可亭邀我为这本书作序，我坚决谢辞。因为按常理讲，作序者多为高官、名流或大家，我这三条都算不上，一个普通的军队退休干部而已。他后来又几次来电话，希望我能写个跋或代后记，言辞诚恳，情真意切。我思考半天，不敢妄言自己是这本书的第一位读者，但肯定是为数不多的早期读者之一，感觉这个请求亦不是不可。可亭是深谙"知我者谓我心忧，不知我者谓我何求"的，这本书里没有自吆自语，没有官话套话，没有无病呻吟，一如他自己所言，这是一本写给同志的书，交流的是战友们同关注同焦虑同求

256

索的话题，只是有了这样的经历，有了这样的思考，不妨和盘托出以奉知音。显然，若非知音，他是不会把自己呕心沥血之作随意出示于人。我虽称不上是出版此书的"始作俑者"，但看后给予他积极鼓励，为其注入的是自信自强的正能量。说我为出版此书"推波助澜"，亦属当之无愧，于是同意写点东西。

我们这些出生于上世纪50年代的老同志，崇敬毛泽东是由衷的。学习研究中国革命史特别是军事战争史，更深感毛泽东建军治军、统兵打仗的雄韬伟略。正如有人所言，与毛泽东生于同一个时代而又成为对手，实在是一种悲哀。可亭着眼中华传统兵法数千年之渊源与未来发展，试图用长时段的历史视野分析把握毛泽东兵法的不朽时代价值，其认知角度我不做评论。但毛泽东同志的确是中国近代以来最伟大的革命家、战略家、理论家、军事家，这一点毋庸置疑。

革命导师马克思在《〈黑格尔法哲学批判〉导言》中，讲过这样一句箴言："思想的闪电一旦彻底击中这块素朴的人民园地，德国人就会解放成为人。"如果仅把毛泽东兵法作为兵书来学习、研究和理解未免狭隘，它绝非仅限于指导战争的范畴，而是贯通于毛泽东全部革命实践和重要著作中的根本立场、科学态度、思想路线、工作方法。学习研究毛泽东兵法，需要学、思、践、悟蕴含其中的战略思维和战略视野，真正弄懂吃透其立场观点方法。若能达此境界，那就犹如"思想的闪电"照亮心灵的沃野，不敢断言我们将变得何等睿智，但起码会成为真正意义上的明白人。

一本好书能够引发读者万千思绪。几次读这本书，我曾随机产生诸多碎片式的感慨感悟。写这个代后记，曾想以"杂感"为副标题，又觉得不够庄重，还是谈些联想和思考。未必是这本论述"兵法"之书的主题，但还不算跑题。

人民至上

可亭将《试看天下谁能敌》分为三大篇："人民战争篇""人民军队

篇""人民国防篇",三大篇都不离"人民"二字。笔者感到,他找准或者说把握住了毛泽东兵法的真谛和精髓。

毛泽东兵法有一根贯穿其中的红线,这就是马克思主义的唯物史观,亦可理解为马克思主义的人民观。

我的老父亲1939年参加革命,淮海战役期间是山东支前民工总队一个部门领导。他曾声情并茂向我回忆起当年参战的难忘场面:炮火连天的大道小路,推车挑担的民工队伍川流不息;硝烟弥漫的江河湖汊,筑桥打夯的劳动号子不绝于耳。支前民工宁可自己饿肚子,运送的军粮一粒不动;遇有敌机轰炸奋不顾身救护伤员,用血肉之躯挡住飞来的弹片和子弹,一些民工献出了最宝贵的生命。陈毅元帅感慨"淮海战役的胜利是人民群众用小车推出来的",确实是过来人的内心感受。

弹指一挥间,70多年过去。历史车轮跨进中国特色社会主义新时代。2020年早春,面对新冠肺炎疫情肆虐这一史无前例的严峻考验,以习近平同志为核心的党中央坚持人民至上、生命至上,紧紧依靠人民群众,迅速打响疫情防控的人民战争、总体战、阻击战。人民战争思想在中华大地再显神威。

1000多万武汉人民顾全大局,坚忍挺过封城百天的日日夜夜,居家隔离无怨无悔;31个省市自治区和人民解放军医疗系统数万名精兵强将白衣为甲、逆行出征,10多天时间"火神山""雷神山"医院先后拔地而起,一座座方舱医院将患者应收尽收,医护人员挥汗如雨拼搏鏖战挽救生命;基层社区党组织和广大党员干部不惧艰险坚守一线,为居民送粮送菜送药排忧解难;14亿国人守望相助捐献大爱,满载医疗物资粮食蔬菜水果的车辆驰援武汉、湖北络绎不绝。中国人民以敢于斗争、敢于胜利的大无畏气概,铸就了生命至上、举国同心、舍生忘死、尊重科学、命运与共的伟大抗疫精神。这一幕幕感动了世卫组织官员,他们由衷发出"中国了不起"的肺腑之言。

事实胜于雄辩。在这场波澜壮阔的抗疫斗争中,以习近平同志为核心的党中央坚持以人民为中心,在世所罕见的大考中创造出世所罕见的奇迹。中国特色社会主义制度的优势充分彰显,党和政府在人民群众中的威望进一步提升。

写下这些文字时，我脑海里闪过这样的感慨：在严酷的战争年代，我们紧紧依靠人民群众夺取了一个又一个的胜利；在和平建设时期，仍然要始终同人民想在一起，干在一起，不断增强党在人民群众中的凝聚力感召力公信力。

人民性是马克思主义最鲜明的品格。始终同人民在一起，为人民利益而奋斗，是马克思主义政党同其他政党的根本区别。人民是历史的创造者，人民是我们党的工作的最终评判者。习近平总书记在十九届中央纪委二次全会的讲话中，专门引用了毛泽东的一段话："群众是从实践中来选择他们的领导工具、他们的领导者。被选的人，如果自以为了不得，不是自觉地作工具，而以为'我是何等人物'！那就错了。"语重心长、掷地有声。在这部作品中也看到了这段话。相信作者不是刻意迎合，而是悟出其要害所在。

"老百姓是地，老百姓是天，老百姓是共产党永远的挂念。老百姓是海，老百姓是山，老百姓是共产党生命的源泉"。我们讲知敬畏，首先要摆正自己和群众的位置，时刻不忘人民是自己的衣食父母，是自己生命、生活、工作、奋斗的根基和源泉。如此而已，岂有它哉！

不忘初心，就是不忘根本，不忘源头，不忘自己从哪里来，应当到哪里去；就是不忘习总书记讲的"我们永远是劳动人民的普通一员，必须保持同人民群众的血肉联系"。

来自大地，回归大地。万物皆然。

先做学生

"群众是真正的英雄，而我们自己则往往是幼稚可笑的，不了解这一点，就不能得到起码的知识""卑贱者最聪明，高贵者最愚蠢"。乍听这些话可能会觉得刺耳，但这确实是毛泽东同志讲的。

毛泽东向来认为，领导者如果尊重群众、相信群众、依靠群众，必须先做学生，后当先生。他对那种"下车伊始，就哇喇哇喇地发议论，提意见，这也批评，那也指责"的官僚习气深恶痛绝，认为"这种人十个有十个要失败。因为这种议论或批评，没有经过周密调查，不过是无知妄说"。而调查研究"没有满腔的热情，没有眼睛向下的决心，没有求知的渴望，没有放下臭架子、甘当小学生的精神，是一定不能做，也一定做不好的"。

《试看天下谁能敌》书中专设"没有调查就没有发言权"一节，列举了上世纪30年代毛泽东在中央苏区搞农村调查撰写的一系列调查报告，还详述了解放后毛泽东因《反对本本主义》一书失而复得满心喜悦之状。

毛泽东大力倡导的调查研究，早已成为我们党和军队开创工作局面必做的功课，成为常态化的工作方法。笔者上世纪80年代初调到军队高层政治机关，下部队第一课就是学调查研究，由新奇兴奋到习以为常，由懵懵懂懂到渐渐开窍，由捉襟见肘到得心应手。尤其跟着一些领导搞调研，增长不少见识，学会许多本领，至今时常怀念回味。

那时下部队调研，鲜见浮躁浮夸之气，真能在基层呆得住，同官兵融为一体打成一片。下去通常要住满月，很少跑面，蹲点为主，与连队官兵实行"五同"，即同吃同住同劳动同训练同娱乐。彼此关系融洽，没有等级观念，基本上是一天生两天熟，第三天便坐一起谈笑风生，拉家常说悄悄话。战士们感觉下连的首长像慈祥的父辈，而首长则视战士为孩子。有这样水乳交融的感情基础，还愁听不到真话，摸不到实情？每次下基层调研，总是收获满满。

那时下部队调研，首长很少讲话作指示，多是抱着学习求知的心态，认真倾听基层意见。笔者熟识一位来自野战军的老首长，上世纪90年代初调某基地任政治主官。他到任做的第一件事，就是拿出一个多月时间，跟机关干部和各科室领导、高级工程师"单兵教练"逐个交谈，不让任何人作陪。特别对一些资深高工，几乎个个都谈一天，让人家把心里话讲出来，忧虑烦恼吐出来，不满意的问题点出来。首长只静静地听，不懂则问，并不时记点什么。若一天不够，只要翌日没安排会议或其它活动，就接着谈。近两个月倾心交流，他很快熟悉情况进入状态，掌握了开展工作的主动权，事事抓到点子上，部队风气面貌很快大为改观。

那时下部队调研，少有浮光掠影浅尝辄止，总要刨根问底，把关注的问题和素材挖深摸透。1986年秋，笔者跟组织部的一位领导到某单位总结团党委建设经验，目睹他调研那个细呀，不仅蹲连队找副班长以上20多名骨干逐个交谈，还几次进战士宿舍看内务摆放，到训练场上看练兵劲头，进厨房看咸菜腌制，小本子记得密密麻麻。20多天调研，他对全团所有连队基本情况摸得门清，蹲点连队大部分战士都能直呼其名，掌握的事例和数字都在脑子里活起来，带我们总结经验信手拈来，用得恰到好处。老部长言传身教深刻影响着我，每次调研必"以十当一"深入挖掘，"以一当十"过细筛选，屡试不爽，饱尝甜头。

那时下部队调研，不唯书唯上，不先入为主，尊重客观事实，坚持实事求是。这里略费点笔墨，讲一段笔者十分敬重的一位老首长的真实故事。喜欢看革命战争题材纪实文学并稍有阅历的读者大多知道张正隆。1988年，他撰写的全景式呈现东北解放战争辉煌战史的长篇纪实文学《雪白血红》，出版后引起轰动。但有的同志反映这本书迎合"资产阶级自由化"思潮，应严肃处理。我所敬重的那位首长受命带工作组去调查。陪同的一位工作人员与笔者熟识，他满怀敬意地回忆说，来到张正隆所在单位，首长带他们召开不同层级座谈会，与机关和基层同志一一交谈，详细了解当事人的一贯表现。得知大多数同志都认可张正隆，首长又找本人单独谈话，并提出到他家看看。一走进他的家，首长心一沉，这是怎样的情景啊！面积狭窄的单元房，住着张正隆夫妇和女儿。每晚女儿就在饭桌上写作业，张正隆躲进散发着异味的小卫生间，坐马桶盖上支一把椅子写作。望着老张质朴的脸，首长久久难以平静，不相信这个同志会搞所谓的"自由化"。

这位首长回北京后，以翔实的事例和客观公正的分析作了有理有据的汇报，认为对张正隆应当正面教育为主，帮助这个同志走好以后的路，同时提出冷处理的具体建议被采纳。张正隆后来不负厚望勤奋创作，又相继推出《枪杆子1949》《一将难求》等一系列佳作，成为名闻遐迩的军事战争题材报告文学大家。笔者以为，这种尊重客观事实的调研，体现的恰恰是对党的绝对忠诚。因为这样做，才是对同志负责，对我们的事业负责，说到底，是对党的形象和威望负责。

光阴荏苒，时空转换。有那么一段时期，我们的调查研究悄然发生变化。坐在屋里听汇报、开座谈会、搞民主测评、看相关资料、投影仪前推材料、交换意见作指示，这些"套路"虽然驾轻就熟，却总觉得缺少点什么。而另一类"高效"调研更令人费解，一个单位呆半天甚至一两小时，走流程如折子戏。如此调研能听到多少真话、摸到多少实情，对实际工作又有多大用处？

可亭在书中讲，智能化程度再高的机器人，背后也站着一个或几个地球人。由此想到，无论智能化时代互联网、大数据、云计算怎样日新月异，多维的路径管道怎样便捷提供着海量信息资讯，要想获得真知灼见，掌握指导工作的主动权，恐怕依然离不开深入细致的调查研究。

习近平总书记深刻指出："领导干部要放下架子，甘当小学生，多同群众交朋友，多向群众请教。"实践证明，要当明白人，就得眼睛向下，尊重群众"在实践活动中所表达的意愿、所创造的经验、所拥有的权利、所发挥的作用"，下决心拿出一些时间和精力，沉到基层解剖麻雀，听听官兵心里话，先当学生，后做先生。

情怀的魅力

将革命的政治工作作为毛泽东兵法的内在属性和鲜明特色，是本书的一大亮点。

毛泽东兵法的逻辑其实非常朴素：任何情况下，人都是战争致胜的决定性因素。而政治工作的实质就是做人的工作，是教育人引导人激励人塑造人的工作。怎样做？

笔者对书中这段话深以为然："倘若不是把群众最关心的事放在心上，群众又怎会有闲情逸致去关心那些'高大上'的革命理想呢？离开了人的所思所盼又怎能做好人的工作？不想群众之所想、急群众之所急、解群众之所难，群众总归是要跑掉的。从这个意义上讲，如果把政治工作比作人民军队的生命线，那么人民群众就是生命线的生命之所系。"由此忍不住引申一番联想和感慨。

毛泽东这一生，见不得人民群众受苦受难，时刻牵挂着百姓的冷暖温饱，始终保持劳动人民的纯朴与本真，有着普通人的丰沛感情和炽热温度。这就是毛泽东的情怀，也是毛泽东伟大人格魅力的真实写照。笔者笃信，那种自视"我是何等人物"高高在上养尊处优者，那种自私冷漠缺乏人的真挚情感者，那种乐此不疲周旋于官场搞官僚主义形式主义者，那种惯于在大庭广众讲官话套话大话者，那种圆滑世故明哲保身事不关己高高挂起者，那种善打"太极拳"回避矛盾推诿责任不担当不作为者，那种目睹群众和部属遭遇困难无动于衷装聋作哑者，让他们做政治思想工作，肯定苍白无力。因为他们毫无情怀可言，不懂得只能用理解交换理解，用爱交换爱，用心交换心。

一位战争年代走过来的老首长讲，那时候的领导，一会儿军事干部，一会儿政工干部，要说有什么区别，就是后者更要突出以身作则的模范作用，更要体贴入微地爱兵带兵。政治干部讲话朴实得很，主要是行动棒，缺粮了吃少点，行军路上背多点，从指导员到教导员，步枪、冲锋枪、机枪、背包、锹镐、米袋子，不是帮战士背这个就是背那个。解放战争后期配了马，但屁股少有碰马鞍的，都让伤员病号骑。行动是最有力量的。嘴再笨，行动好，战士们就服你敬你听你的。光耍嘴皮子功夫，哪来的威信啊？

共产党人做工作，一靠真理的力量，二靠人格的力量。具体化形象化的人格，就是情怀。对下级来讲，往往领导一次真诚的交谈、一句轻松的玩笑、一顿朴素的便饭、一趟轻松的散步，就会生出深深的温暖和感动，从中体味到什么叫上下同心、战友情深。特别是部属遇到困难时，当领导的真诚伸出手拉上一把，就会产生巨大的影响力、感召力和凝聚力，就可能影响或改变他的一生。

今天的青年官兵，思想情绪愈加敏感细腻，复杂性多变性差异性空前增大。真诚炽热的情怀更是教育人激励人鼓舞人不可或缺的精神催化剂，成为开启心灵之门的一把密钥。我熟识的一位战友，从高层机关到导弹旅任主官，很快赢得人心打开局面。奥妙何在？官兵反映，这位领导不像是机关下来的，能跟大家敞开心扉交朋友，面对官兵困难疾苦设身处地换位思考，不以善小而不为，实实在在为基层办成了许多难事好事。全旅上下同心同德，全面建设几年上一个台阶，两次荣立集体三等功。这其中，情怀的力量是不可替代的。

情怀最能打动人。革命导师列宁讲过："没有'人的感情'，就从来没有也不可能有人对于真理的追求！"无论何时何地，真挚炽烈的情怀，永远是人世间一种弥足珍贵的精神瑰宝。

"大学校"

可亭在书中专写了一节"解放军是一所大学校"。革命战争年代，这所"大学校"培养了无数军之英才、国之栋梁，这里跟年轻的同志聊一聊我们这一代军人在这所"大学校"学习的经历。

说来惭愧。我给首长机关写材料 20 余年，不止一次使用"知识恐慌""本领恐慌"等词汇，却不知"本领恐慌"早在延安时期就提出来了，这可以说是读此书的一点新收获。笔者在新中国成立 5 年后出生，童年少年时代经历了国家经济困难时期和"文革"动乱，20 世纪 70 年代中期走进解放军这所大学校，"在校"学习整 41 年。若不以官职大小为尺度做自我评价，虽不属出类拔萃的优等生，也是一名收获满满的好学生。梳理一下，有这么几点体会：

机会皆有含金量。我们这代人在"文革"中荒废了学业，1977 年恢复高考我已当兵两年，无望圆大学梦。上世纪 80 年代初，第二炮兵学校办基层政工干部培训班，学期 10 个月。有人看不上，说这个班无文凭含金量太低。我虽刚提干不久且燕尔新婚，却毫不迟疑找领导报名。一则在团队做新闻报道工作，深感肚里"货"太少，有给知识充电的强烈愿望；二则觉得培训班虽只开设哲学、政治经济学、中共党史、军队政治工作、军事地形学5门课程，但错过学习知识的机会岂不犯傻？走进校门，我眼前仿佛打开一个全新世界，学习如饥似渴。天道酬勤，结业考试5门功课全优，为后来参加北京市自学高考打下坚实基础。至今回母校，我都深怀感恩之情。如果说，我投身部队政治工作30多年能取得一些成绩，那么正是在这里迈开了"学会学习"的第一步。"学会学习"就是养成学习习惯并深得其妙，所谓"三日不读书便觉面目可憎"，欲罢不能，非学不可。

跃上潮头冲把浪。党的十一届三中全会召开后不久，邓小平提出干部队伍要"革命化、知识化、专业化、年轻化"，全军掀起学习科学文化热潮。大概从这时起，我们机关干部首次领略到什么叫知识和本领恐慌。尽管大多已过"人到三十不学艺"的年龄，工作负担又很重，然而从大部首长到二级部长、处长，都有一种不惧冲浪、敢为人先的胆识，踊跃报名参加北京市党政干部基础科高等教育自学考试。周日只要不加班，这些老领导必挤出时间与我们年轻干事一道骑自行车，去人民大学、北京师范大学等名牌高校，听哲学、政治经济学、中国近代史、文学概论、写作、形式逻辑等讲座。工作之余，《雷雨》的艺术价值等新颖观点，成为大伙津津乐道的话题。我敬重的一位老领导，厨房四壁贴满写有名词概念和习题要点的纸条，边炒菜边默背，连盛饭洗碗也要瞅上几眼，那种痴迷投入，真像饿汉子扑到面包上，恨不能将所有知识一口吞进肚里。解放军这所大学校出来的学生错不了，多数同志参加自学考试一次通过。1984年金秋，我和3名同志走进中南海怀仁堂，从时任国家副主席王震手中接过北京市首届自学高考毕业证书。

它山之石可攻玉。一个就是跟老同志学经验找感觉。至今记得，我刚调组织部青年处起草通知，处长看后笑着摇头，说很简单一件事，到你这里就成了废话一大堆，随即拿起笔大刀阔斧七删八改。我在誊抄时反复琢磨，为什么要这样改？修改后比原先高明在哪里？日积月累聚沙成塔，我写各类公文找不同的感觉越来越到位，遣词造句变通能力越来越强，几年功夫脱颖而出，成为机关新一茬"笔杆子"。另一个是学习掌握现代办公手段增效益。我刚到机关时，写东西完全靠钢笔圆珠笔，点击电脑鼠标还是一个遥远的梦。1993年处里首次配备一台"四通"电脑打字机，我立刻走火入魔般苦练"五笔字型"，仅10天功夫便试着敲击键盘起草一篇讲话，一个通宵熬过，4000多字文稿首次用电脑完成。很快，我的输录速度敢跟专职战士打字员一比高下。之后20多年，用电脑敲出数不胜数的领导讲话、机关公文、党史军史资料、首长回忆录、报告文学等各色文体，深感没有一项技能是多余的。再就是博览群书开阔视野。人的一生很大程度上是由业余时间决定的。我虽然首批获得自学高考文凭，却从未有过"文凭到手，学习到头"的自满，"毕业"与"毕生"的辩证关系心如明镜。机关工作繁忙，突击任务甚多，每年一半以上时间在加班熬夜中度过，但我始终手不释卷，广泛涉猎。还有一点是收集资料学习借鉴触类旁通。那时没有"百度"等网络搜索引擎，受诸多老领导启发，自己也养成留存资料的习惯。浏览报刊常在引发思考的文章上标标划划，分门别类装进资料夹；看到哪篇文章有新意，必复印装订成册，写文章借鉴参考，受益颇多。时至今日，我依然坚持从网络和主流媒体上收集信息资料，认真浏览并存进电脑，点击"查找"调阅，事半功倍。

倾心投入不白忙。在高层机关写东西，都有被推翻的经历，年轻同志难免情绪沮丧，我则不然，因为有一种自信，"东方不亮西方亮"。有时这样写不满意换个思路表述，或放一段时间，还是那些内容也许会有不同结果。记得有次由我牵头执笔，撰写一篇追溯中国战略导弹部队早期摇篮的长篇通讯，因涉及一个时间点的争议，几易其稿都未通过。后来中央媒体约稿需此类文章，留存的文稿很快通过并整版见诸报端。从中感到，机遇只青睐有准备的头脑，每次投入都不会白忙活。宁可备而不用，不可用时无备。

"弱势"部门有作为。2006年，我由政治部副秘书长调编研室当主任。该室多是老同志，被大家视为最"弱势"的部门。我没有怨天尤人，更不妄自菲薄，只想立足岗位平台，争创一流成绩，做最好的自己。到任后系统阅研史料，学习掌握党史军史基础理论和有关知识，很快进入状态。在政治部首长点拨支持下，我和全室同志访谈90多位老首长老领导，帮助撰写回忆文章，编纂出版了纪念改革开放 30 周年大型文集《辉煌年代》、纪念建国 60 周年大型文集《与共和国一起成长》。有作为才有地位，有地位才有机会。编研室相继走出 7 名同志到其他部门担任领导职务，我之后的 3 位主任均走上军职领导岗位。

奋斗对谁都公平。2009 年春，第二炮兵军史馆筹建工作正式启动，由我具体负责总体方案设计、起草展陈脚本和筹建组织工作。我发挥在组织部工作多年、熟悉中心工作、大项任务和重大典型的优势，广泛调阅 500 多万字的史料，构思 3 个月撰写出 22 万字的展陈脚本。首长称赞我们的构思设计是一个"重大创新"；具体负责筹建工作的首长感慨说，让王缓平干这件事，真是找对了人。经过大家两年多辛勤努力，军史馆按时间节点如期建成，开放后广受好评。

退休 5 年多，我依旧闲不住。到部队指导史馆展陈调整，到军地院校讲部队建设发展史，负责砺剑精神微课堂和《砺剑》系列教育片史实把关及文字修订，参与筹建军种博物馆等，并先后入选全国国防教育专家、全军党史军史专家。如果说，当初让我当编研室主任，内心多少有点波动，那么今天再回首，我深深感激命运的安排，也愈加相信这句话：春天从你这里拿走的，秋天会加倍补偿给你。

写到这里，突然生出几分惶惑，本是为战友写书评，怎么用这么长的篇幅讲起自己的经历？是不是有"王婆卖瓜、自卖自夸"之嫌？仔细一想，未必。由可亭这本书引出"解放军是一所大学校"这个久违甚至已被淡忘的话题，我作为这所大学校里走出来的老战士，回眸我们这代人的心路历程和成长感悟，与后来者互励共勉，使之抱以更强的历史自觉和本领"恐慌"，学知识砺才干强素质增本领，走好新长征路，这是好事，说说无妨！

"刺激"与斗争

可亭把斗争性作为毛泽东兵法的重要思维基石。笔者以为，这把准了毛泽东军事思想的又一精髓要义。

毛泽东兵法是克敌致胜的兵法，克敌制胜的首要前提是毛泽东一贯倡导和坚持的敢于斗争、敢于胜利。没有这个"敢"字，一切皆为天方夜谭。

1949 年 4 月 20 日渡江战役打响，4 艘悬挂米字旗的英国军舰不顾人民解放军的严正警告，肆无忌惮闯进我防区公然挑衅。指挥渡江的陶勇将军一声令下"开炮"，"紫石英号"死鱼般躺在了江面。毛泽东后来见到陶勇，高兴地紧握住他的手：好家伙，你连外国军舰都敢打，去干海军吧！

毛泽东曾在《论人民民主专政》中，用生动形象的语言专门回答了"刺激论"的问题：

"'你们太刺激了。'我们讲的是对付国内外反动派即帝国主义者及其走狗们，不是讲对付任何别的人。对于这些人，并不发生刺激与否的问题，刺激也是那样，不刺激也是那样，因为他们是反动派。划清反动派和革命派的界限，揭露反动派的阴谋诡计，引起革命派内部的警觉和注意，长自己的志气，灭敌人的威风，才能孤立反动派，战而胜之，或取而代之。在野兽面前，不可以表示丝毫的怯懦。我们要学景阳冈上的武松。在武松看来，景阳冈上的老虎，刺激它也是那样，不刺激它也是那样，总之是要吃人的。或者把老虎打死，或者被老虎吃掉，二者必居其一"。

今天重温毛泽东 70 多年前反驳"刺激论"这段话，对比可亭书中的这段表述："历史的巨轮驶入 21 世纪。爱好和平的中国人民以前所未有的积极姿态全面融入世界，却发现'地球村'仍未脱离丛林法则，霸凌主义只要不合一己之利，就毫不犹豫变脸为全球化的搅局者"，感觉似曾相识燕归来。

历史是最好的教科书。1949 年，眼见国民党反动统治土崩瓦解，"无可奈何花落去"的美国政客抛出《中国的问题》白皮书，断言 4 亿多人口是不堪负担的压力，没有任何一国政府能够解决中国的吃饭问题，并对"共产党中国"全面实施封锁禁运，用今天的话讲就是制裁。毛泽东连发 5 篇檄文驳斥美国政客奇谈怪论，教育崇美恐美的人们丢掉幻想、准备斗争！封锁吧，封锁十年八年，中国的一切问题都解决了。站起来的中国人民自力更生，艰苦奋斗，不仅彻底解决了吃饭问题，而且建起独立完整的工业体系，有了自己的钢铁石油、自己的飞机坦克、自己的"两弹一星"，更有了自立于世界民族之林的底气和自信。

1950年6月25日，朝鲜爆发国内战争，美国立刻操纵联合国通过派遣所谓"联合国军"武装干涉朝鲜的决议。9月15日，美军在南朝鲜仁川大规模登陆，迅速越过三八线攻占平壤，将战火烧到鸭绿江。党中央和毛泽东同志权衡再三，决定派彭德怀率中国人民志愿军赴朝作战。历经两年零9个月的抗美援朝战争，我志愿军以无与伦比的忠贞、勇敢、坚忍和献身精神，付出19万多优秀儿女捐躯异国的巨大代价，累计歼灭美军11万人、南朝鲜军队25万人，最终赢得了跟世界上最发达国家最强大军队直面较量的胜利。1953年7月27日，美国代表在停战协议上签字。最后一任"联合国军"总司令克拉克哀叹：美国在一个错误的时间、错误的地点，与一个错误的对手，进行了一场错误的战争。

自鸦片战争以来，中国屡遭帝国主义列强欺凌宰割，虽有一次次抵御外侮的英勇斗争，但无一例外归于失败。伟大的抗美援朝战争，不仅使中华民族一扫历史屈辱，重新自立于世界民族之林，也让美国政治家和美军将领们意识到，中美爆发军事冲突对任何一方都没有好处，应努力避免这种局面出现，进而为我国争取了60多年的和平发展环境。抗美援朝战争打出了中国人的尊严和自信，是名副其实的立国、立威之战。

霸权主义的行径一再告诉世人，不是我们"刺激"人家，而是人家根本不讲公平正义，只承认弱肉强食的丛林法则，只想维护自己的霸主地位，看谁有可能构成威胁就搞掉谁。

改革开放40多年来，中国成为世界第一大货物贸易出口国、第一大外汇储备国，经济总量居全球第二，对世界经济增长贡献率超过30%。一心希望把中国变成所谓"自由化"国度的美国政客，看到我们不甘附庸便转而全力打压。有人怕中美关系倒退，怕彼此撕破脸，怕人家制裁。请问怕能解决什么问题？能改变美国政客敌视中国的战略？能改变美国独霸世界的野心？中国的成就是中国人民自己干出来的，不是人家恩赐的；我们的"四个自信"也不是天上掉下来的，是近一个世纪淬火磨砺锻打的。

习近平总书记强调，要克服重大风险挑战面前的"软骨病""恐惧症""无能症"，加强斗争历练，增强斗争本领，永葆斗争精神，以顽强意志应对好每一场重大风险挑战。这既是先见之明的战略考量，更是明智现实的选择。霸凌主义的本质就是欺软怕硬，最可行的应对之策就是敢于斗争、敢于胜利。中国不惹事，但也不怕事。保持强大战略定力，集中精力做好自己的事，千磨万击还坚劲，任尔东西南北风。

"让那些内外反动派在我们面前发抖吧，让他们去说我们这也不行那也不行吧。中国人民的不屈不挠的努力必将稳步地达到自己的目的。"今天重温毛泽东这段代表中国人从此站立起来的豪迈宣告，依然能够感受到强大的时空穿透力！

期待

1965 年 1 月 9 日，毛泽东会见了他的老朋友、美国著名记者埃德加·斯诺。斯诺谈到：我相信主席著作的影响将远远超出我们这一代和下一代。毛泽东以他特有的语言风格回答：你可能讲得过分了，我自己都不相信。随后又表示"这要看后人、看几十年后怎么看了。"

这是一位智者的回答，更是一位伟人的期许。

老人家在天之灵若能有知，一定会感到欣慰。在他离开这个世界已近半个世纪的今天，毛泽东思想依然在新时代中国特色社会主义伟大事业中熠熠生辉，包括可亭在内的年轻人，依然怀着崇敬的心情在研究他博大精深的思想和克敌制胜的"法宝"。

笔者不讳言，自己对于毛泽东著作特别是一些经典论述的学习掌握，多是"童子功"：从少年到青年时代，读毛主席的书是全社会之时尚。前面讲过，本书中许多毛泽东的重要论述，我读之有耳熟能详的亲切。作者是"新生代"，比我小整整 20 岁。他咿呀学语时，毛泽东这位伟人已经与世长辞。然而可亭却能够这样深入研读毛泽东的著作，这不能不说是一种难能可贵的红色基因传承。

对毛泽东的经典文献，我们许多人包括我自己，或许以为已经读过很多、知道很多，其实多是浅尝辄止知之未深，甚至称得上九牛一毛。能够把毛泽东著作的精髓要义读懂悟透，把感受启示系统梳理成章，这需要心血，需要工夫。特别是厚厚的八大本《毛泽东文集》、六卷《毛泽东军事文集》，笔者深感惭愧未曾通读，而可亭却读得认真仔细。作为从事文字工作几十年的"老机关"，我可以想象，为写这本书，可亭要怎样专心致志系统精读或浏览毛泽东浩如烟海的著作，否则不可能这样娴熟准确地旁征博引；可以想象，可亭大概要谢绝诸多聚会应酬类的活动，稍有片刻安宁，便凝神聚气琢磨问题，记下所思所悟，否则不可能有这样丰厚的思想储备；可以想象，可亭身为基层主官，每天要处理上下左右诸多事务，平时难得顾及家中妻儿，有点时间多在坐"冷板凳""爬格子"，否则这本书不可能问世。总之，这些在常人看来难以做到的事情，可亭却做到了，并且做得很出色，这也是让我刮目相看的重要原因。

毛泽东本人身体力行勤于读书，也热情鼓励下级读书，还为一名"秀才"题写过这样一句话：坚持数年，必有好处。此话听来质朴，实则寓意深长。昔日郭伯雄、徐才厚之流严重败坏军队政治生态，种种乱象不可胜数，弄得人心浮躁，视埋头读书者为傻瓜的大有人在。今日由于历史惯性使然，浮躁之风仍有一定市场。何况信息时代新技术新产品新诱惑实在太多，不说别的，仅翻看微信，就让多少人的时间碎片化。在这种情势下，可亭能够心无旁骛，结合工作实际专注学习研究毛泽东兵法，并悉心琢磨写成一本质量档次不俗的书，无论如何都是令人感动和敬重的事情。

党的十八大以来，在波澜壮阔的强军实践中，孕育形成了习近平强军思想，实现了马克思主义军事理论中国化时代化的新飞跃。学习强军思想，干好强军事业，需要各个领域各条战线各个层级的同志戮力同心共襄盛举。作为一名退休的老同志，我在这本书里看到了年轻一代对红色基因的接棒传承，看到了基层一线同志对强军实践的思考和担当。作者正值年富力强的人生黄金时段，在强军新长征中，只要锲而不舍一以贯之走好自己的路，我们就有理由对他抱以更大的期待，也相信他会继续给我们以新的惊喜。

笔者祝愿。

（全国国防教育专家，全军党史军史专家　王缓平）